“十二五”辽宁省重点图书出版规划项目

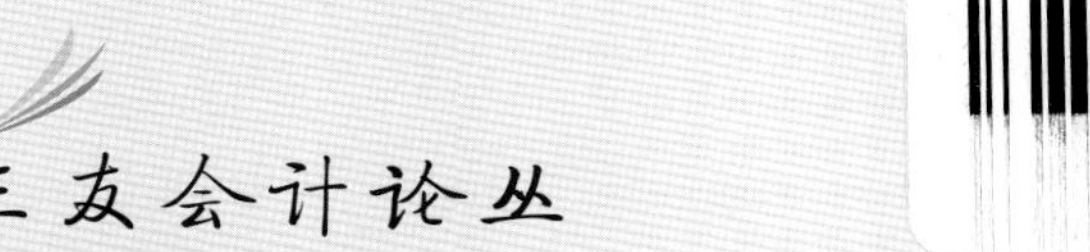

三友会计论丛

第15辑

SUNYO ACADEMIC SERIES IN ACCOUNTING

Research on China Information System Auditing Norms

中国信息系统审计规范研究

刘 杰◎著

东北财经大学出版社
Dongbei University of Finance & Economics Press
大连

图书在版编目（CIP）数据

中国信息系统审计规范研究 / 刘杰著. —大连：东北财经大学出版社，2016.8
（三友会计论丛 · 第15辑）
ISBN 978-7-5654-2406-9

Ⅰ. 中…　Ⅱ. 刘…　Ⅲ. 信息系统-审计-规范-研究-中国　Ⅳ. F239.6

中国版本图书馆CIP数据核字（2016）第178899号

东北财经大学出版社出版发行
大连市黑石礁尖山街217号　邮政编码　116025
网　址：http：//www.dufep.cn
读者信箱：dufep @ dufe.edu.cn
大连图腾彩色印刷有限公司印刷

幅面尺寸：170mm×240mm　字数：203千字　印张：13.25　插页：1
2016年8月第1版　　2016年8月第1次印刷
责任编辑：李智慧　孔利利　　责任校对：孟　鑫　王　瑜
封面设计：冀贵收　　　　版式设计：钟福建
定价：38.00元

教学支持　售后服务　联系电话：（0411）84710309

如有印装质量问题，请联系营销部：（0411）84710711

本书系

河南省教育厅人文社会科学研究项目“我国信息系统审计准则制定的动因、国际借鉴与路径选择研究”（项目批准号：2016-GH-262）的阶段性研究成果。

出版者的话

随着我国以社会主义市场经济体制为取向的会计改革与发展的不断深入，会计基础理论研究的薄弱和滞后已经产生了越来越明显的“瓶颈”效应。这对于广大会计研究人员而言，既是严峻的挑战，又是难得的机遇。说它是“挑战”，主要是强调相关理论研究的紧迫性和艰巨性，因为许多实践问题亟须相应的理论指导，而这些实践和理论在我国又都是新生的，没有现成的经验和理论可资借鉴；说它是“机遇”，主要是强调在经济体制转轨的特定时期，往往最有可能出现“百花齐放，百家争鸣”的昌明景象，步入“名家辈出，名作纷呈”的理论研究繁荣期和活跃期。

迎接“挑战”，抓住“机遇”，是每一个中国会计改革与发展的参与者和支持者义不容辞的责任。为此，我们与中国会计学会财务成本分会、东北财经大学会计学院联合创办了一个非营利的学术研究机构——三友会计研究所，力求实现学术团体、教学单位、出版机构三方的优势互补，密切联系老、中、青三代会计工作者，发挥理论界、实务界、教育界三方面的积极性，致力于会计、财务、审计三个领域的科学研究和专业服务，以期为我国的会计改革与发展作出应有的贡献。

三友会计研究所的重大行动之一就是设立了“三友会计著作基金”，用于资助出版“三友会计论丛”。它旨在荟萃名人力作及新人佳作，传播会计、财务、审计研究与实践的最新成果与动态。“三友会计论丛”于1996年推出第一批著作；自1997年起，本论丛定期遴选并分辑推出。

采取这种多方联合、协同运作的方法，如此大规模地遴选、出版会计著作，在国内尚属首次，其艰难程度不言而喻。为此，我们殷切地希望广大会计界同仁给予热情支持和扶助，无论作为作者、读者，还是作为评论者、建议者，您的付出都将激励我们把“三友会计论丛”的出版工作坚持下去，越做越好！

东北财经大学出版社

三友会计论丛编审委员会

前言

美国SEC前主席亚瑟·利维特（1999）在一次演讲中描述道：“今天，竞争、技术和全球化的力量势不可挡地汇集在一起，激发出伟大的创造，释放出全新的发现，燃起了一个信念，那就是人类的潜在能力是无穷的。每天，我们都能看到新概念、新发明、新规则在不可思议地重塑我们的世界。”[①]信息技术（Information Technology，以下简称IT）正在改变市场的结构，也改变着市场产品的生命周期，它正在不断重新调整生产和配送模式，也在不断引起组织结构和人们工作方式的重大改变。诚如McGowan所预言，为信息时代做好准备，并保持竞争力是我们这个时代唯一最重要的管理挑战（McGowan，1985）。时隔20多年，McGowan的这一论断为事实所证明，IT仍不断重新定义这个商业世界。企业利用IT建立信息系统以推动自身的生产、经营和管理活动的发展。信息系统提供的实时通信能力、分析计算能力以及协同共享能力已经成为现代企业生存与发展必不可少的条件。与此同时，信息系统与生俱来的脆弱性，如信息系统的安全性、数据处理的逻辑性等问题，通常也会给企业带来巨大的风险或损失。例如，审计署驻广州特派员办事处2002年在对某国有商业银行省分行进行2001年度资产负债表及信贷资产质量审计

① 李若山．注册会计师：经济警察吗？［M］．北京：中国财政经济出版社，2003：3.

工作中，利用计算机辅助审计，发现了14家关联企业联合骗贷3.51亿多元；审计署驻南京特派员办事处在对某商业银行信用卡业务应用软件系统进行审计时，查出该软件系统在开发、设计、运行、维护、管理、控制及核算等方面存在缺陷与漏洞。[①]经历大型灾难而导致系统瘫痪的企业，至少有40%无法恢复运营，而剩下的企业中，也有1/3在两年内破产（Gartner Group，2002）。企业最普遍存在的危机事件包括失去信息系统、失去关键员工、极端天气状况、失去通信系统等，其中失去信息系统被排在第一位（CIMA，2007），信息系统对企业的重要性由此可见一斑。信息系统的极大安全威胁也日益彰显对计算机信息系统性能和效益评价的重要性。为了减少信息系统发生错误、灾难及其安全受到威胁的可能性，除了加强信息系统的管理控制外，还必须定期对信息系统进行审计，发表有关信息系统安全性、可靠性、有效性以及效率性等的审计意见。

信息系统的脆弱性使得政府部门和企业越来越重视信息系统审计的重要性。国家审计署早在《2004至2007年审计信息化发展规划》中就明确提出要积极探索信息系统审计。在《2008至2012年信息化发展规划》中，审计署再一次提出要探索符合中国国情的信息系统审计，逐步加大对信息系统审计的力度，关注信息系统的可靠性和安全性，维护被审计单位和国家的信息安全，同时，还提到要开发适应审计需求的技术方法，其中包括信息系统审计问题研究，重点关注信息系统舞弊审计、信息系统安全性审计、信息系统内部控制审计。

没有规矩，不成方圆。信息系统审计同样也需要一种合理的制度设计来加以约束和规范，而这种合理的制度设计体现在信息系统审计方面则是合理、健全的信息系统审计规范体系。因此，信息系统审计工作要走上规范化的道路，必须建立一套科学、系统的信息系统审计规范体系，为信息系统审计工作的开展提供制度保障，明确信息系统审计人员的责任范围，从而满足社会各界对信息系统审计的期望和信赖，提供高质量的信息系统审计服务。与此同时，中国的信息系统审计专业服务已

① 董化礼，刘汝焯. 计算机审计案例选［M］. 北京：清华大学出版社，2003：138－139.

经开展了将近十年的时间，但一直缺乏一套完整的审计规范体系作为指导。现有的规范体系主要是对一般性的计算机审计方面的规定，专门用于信息系统审计的规范较少（庄明来、吴沁红、李俊，2008）。1993年，审计署颁布了《审计署关于计算机审计的暂行规定》，为审计人员开展信息系统审计提供了依据；1996年审计署颁布《审计机关计算机辅助审计方法》，详细规定了计算机辅助审计的概念以及包括的内容。2001年国务院办公厅颁布《关于利用计算机信息系统开展审计工作有关问题的通知》，规定审计机关有权检查被审计单位运用计算机管理财政财务收支的信息系统，在审计机关对被审计单位电子数据真实性产生疑问时，可以对计算机信息系统进行测试。2006年，中国注册会计师协会发布了《中国注册会计师审计准则第1633号——电子商务对财务报表审计的影响》，对审计人员对电子商务应了解哪些内容、应识别哪些风险以及对内部控制应如何加以评价都加以详细规定。2006年修订的《中华人民共和国审计法》从法律上明确了审计机关获取被审计单位与审计相关电子数据和电子计算机技术文档、检查财政财务收支信息系统的权力。上述规范都是在为信息系统审计工作的开展提供法律依据。直到2008年9月，中国内部审计协会发布《内部审计具体准则第28号——信息系统审计》，这是中国第一部真正意义上的信息系统审计准则。尽管如此，同西方发达国家相比，中国的信息系统审计规范可操作性不强，还有待于进一步建立与完善。

审计规范建设的完善程度可以反映出一个国家整个审计理论研究的先进程度，它同时也是审计理论研究的重点之一，构成审计理论结构的重要支柱；整个审计工作的全过程，自始至终都必须在审计规范的约束与引导下进行的，可以说，没有审计规范，就没有现实有效的审计行为活动，离开了审计规范，审计工作就将寸步难行（蔡春，1991）[①]。当前信息化环境下的审计理论严重滞后，与具体实践还有相当程度的脱节，理论研究与审计实践有时是两张皮，理论研究者与实务工作者有时互不搭界，相互没有联系，实践远比理论丰富，理论概括不足（石爱中，2008）。在中国信

① 蔡春（1991）的观点均引自：蔡春．审计理论结构研究［M］．大连：东北财经大学出版社，2001．

息系统审计规范研究领域同样存在这样的问题，以致对信息系统审计规范所做的应用性研究陷入了对实务的一般性解说与描述的怪圈中。随着信息化进程的推进，开展信息系统审计规范的理论与实务研究，从理论上指导信息系统审计规范体系的建设是十分必要的。

信息技术正在扩展审计的内涵与外延，与早期的审计相比，现代审计的“对象”、“目标”、“内容”和“技术”等已经发生了很大的变化，以行为、过程和系统等为审计主题的“非信息审计”变得越来越重要。信息系统审计已经成为一种不可逆转的趋势，其在企业和政府的广泛应用也使信息系统审计规范的制定提上了日程。信息系统审计规范在信息系统审计理论与实务中占有极其重要的地位。从理论上看，信息系统审计规范的完善程度可以反映整个信息系统审计理论研究的程度；从实务上看，整个信息系统审计环境的全过程都是在信息系统审计规范的约束、引导下进行的。但中国在信息系统审计规范领域的研究却是相当薄弱的。基于这种现状，本书试图解决以下问题：国外信息系统审计规范的研究现状、中国信息系统审计规范的构建以及制定信息系统审计规范的路径选择。

本书首先以制度经济学、信息系统审计理论结构、系统论与控制论为基础对信息系统审计规范的制度内涵、制度功能、构成以及体系结构进行了分析；其次对信息系统审计理论研究现状进行了评述；再次，对国外已颁布实施的审计职业道德规范、信息系统审计准则以及质量控制准则进行了回顾与评述；最后，在分析中国信息系统审计规范现状的基础上，提出了中国信息系统审计规范体系的构建思路以及制定信息系统审计规范的路径选择。

本书的主要贡献包括：第一，本书以信息系统审计规范为研究对象，揭示了信息系统审计规范的制度内涵、功能、构成以及体系结构，提出了信息系统审计规范的非正式制度安排是正式制度安排的重要实施机制，在整个体系结构中处于重要位置的新观点。第二，本书从审计职业道德规范、信息系统审计准则以及审计质量控制准则三方面对国外信息系统审计规范的现状进行较为系统与全面的梳理。第三，本书对中国信息系统审计规范现状及存在的问题进行了分析，并立足国情，提出中国信息系统审计规范的体系结构、构建思路以及信息系统审计规范领域资源的整合框架。

作 者

2016年5月

目录

第 1 章

信息系统审计规范的制度构成与体系结构

美国审计学家查尔斯·W.尚德尔（Charles W. Schandl）在其1978年出版的《审计理论》中指出："理论是一套用以解释或说明某类事物或现象的观点或命题。也可以这样认为，理论旨在说明一个学科领域中观察到的事实的一般规则和原则，或引起这些事实的原因。"理论是用来揭示事物的原理，对事物做出合理的解释。信息系统审计规范体系的构建同样需要相应的理论为其做出合理的解释，以求夯实理论基础。本章将在信息系统审计规范相关概念界定的基础上，从系统论、控制论和制度经济学等角度分析信息系统审计规范及其体系结构，提出信息系统审计规范的理论体系结构，为我国信息系统审计规范体系的构建夯实理论基础和体系基础。

1.1 信息系统审计规范相关概念的界定

概念是分析问题、解决问题的逻辑起点。为夯实信息系统审计规范研究的基础，对信息系统审计的概念、信息系统审计规范的概念以及与信息系统审计相关的概念进行界定和辨析是相当必要的。

1.1.1 信息系统审计的概念

（1）信息系统的概念

信息系统是与“信息”有关的“系统”，其定义也远未达成共识（陈毓圭，1997）。《大英百科全书》把“信息系统”解释为“有目的、和谐地处理信息的主要工具是信息系统，它对所有形态（原始数据、已分析数据、知识和专家经验）和所有形式的信息进行收集、组织、存储、处理和显示”。H.A.Simon（1978）把信息系统理解为“信息传递的媒介物和线路网络”，即信源、信道和信宿构成了信息系统。N.M.Dafe等（1988）认为，信息系统大体上是“人员、过程、数据的集合，有时候也包括硬件和软件。它收集、处理、存储和传递在业务层次上的事务处理数据和支持管理决策的信息”。中国学者吴民伟（1992）认为，信息系统是一个“能为其所在组织提供信息，以支持该组织经营、管理、制定决策的集成的人机一体化系统。信息系统利用计算机硬件、软件、人工处理、分析、计划、控制和决策模型，以及数据库和通信技术”。M.Buckland（1994）认为，信息系统是“提供信息服务，使人们获取信息的系统，如管理信息服务、联机数据库、记录管理、档案馆、图书馆、博物馆等”。在管理学研究领域，信息系统又称管理信息系统，它是“一个人机系统，机器包含计算机硬件及软件，各种办公设备及通信设备；人员包括高层决策人员，中层职能人员和基层业务人员，这些人和机器组成一个和谐的配合默契的人机系统”[①]。通过上述学者对信息系统的定义，笔者认为信息系统是由计算机硬件平台、计算机软件平台、应用系统、信息资源、信息用户和运行规程组成的以处理信息流为目的的人机一体化系统。

（2）信息系统审计的概念

信息系统审计，也被称之为系统审计，信息系统审计不存在普遍统一的定义（Munir Majdalawieh etc，2008）。信息系统审计的国际权威组织——美国信息系统审计与控制协会（Information Systems Audit and Control Association，以下简称ISACA）将信息系统审计定义为：信息系统

① 薛华成．管理信息系统［M］．北京：清华大学出版社，1999：26.

审计是收集和评估证据，以确定信息系统与相关资源能否适当地保护资产、维护数据完整、提供相关和可靠的信息、有效完成组织目标、高效率地利用资源并且存在有效的内部控制，以确保满足业务、运作和控制目标，在发生非期望事件的情况下，能够及时地阻止、检测或更正的过程。日本通产省认为“所谓IT审计是指由独立于审计对象的IT审计师站在客观的立场，对以计算机为核心的信息系统进行综合检查、评价，向有关人员提出问题与劝告，追求系统的有效利用和故障排除，使系统更加健全”（1985年）。日本经济产业省又于1989年在修正的《系统审计准则》的定义中认为，系统审计是指由独立于审计对象的系统审计人员客观地对信息系统进行综合检验和评价，向相关组织部门的负责人提出建议并提供支援的一系列的活动。随着信息系统环境的变化，加上日本阪神大地震的影响，日本通产省在1996年对IT审计准则的内容进行全面修订后，将IT审计又重新定义为：“为了信息系统的安全、可靠与有效，由独立于审计对象的IT审计师，以第三方的客观立场对以计算机为核心的信息系统进行综合的检查与评价，向IT审计对象的最高领导，提出问题与建议的一连串的活动”[①]。Strous（1998）认为，信息系统审计是对自动化部门的组织机构、自动化信息处理的技术及组织基础设施的可靠性、安全性、效果性和效率性进行独立无偏的评价。Ron weber（1999）认为，信息系统审计是一个获取并评价证据，以判断信息系统是否能够保证资产的安全、数据的完整以及高效地利用组织的资源并有效地实现组织目标的过程。Jagdish Pathak（1999）认为IT审计收集与评估审计证据，以评价信息系统是否能够保护资产的安全，保持数据的完整性，实现组织目标以及实现资源利用的效率性等。Wulandari（2003）将信息系统审计定义为评估和报告系统控制、效率、经济性以及完全性等是否充分的过程，以确保数据的完整性和系统遵循程序、准则、规则和法律法规的要求[②]。中国内部审计协会在《第2203号内部审计具体准则——信息系统审计》中认为，信息系统审计，是指由组织内部审计机构及人员对信息系统及其相关的信息技

① 胡克瑾，等．IT审计［M］．北京：电子工业出版社，2002：8.

② Wulandari，S.S.（2003），“Information systems audit adopted as an assurance service in accounting firms”，Ingenious，Vol.1 No.1，p.2. 转引自：Munir Majdalawieh，Issam Zaghloul，PRACTICE FORUM：Paradigm shift in information systems auditing，www.emeraldinsight.com/0268-6902.htm，2008.

术内部控制和流程开展的一系列综合检查、评价与报告活动，其目的是通过实施信息系统审计工作，对组织是否达成信息技术管理目标进行综合评价，并基于评价意见提出管理建议，协助组织信息技术管理人员有效地履行其受托责任以达成组织的信息技术管理目标。庄明来、吴沁红、李俊（2008）认为，信息系统审计是指通过对被审单位信息系统的组成部分及其规划、研发、实施、运行、维护等过程进行审查，就被审单位的信息系统的安全、可靠、有效和效率性以及信息系统能否有效地使用组织资源并帮助实现组织目标发表意见[①]。王振武（2009）认为，信息系统审计是通过一定的技术手段采集审计证据，对被审计单位的计算机信息系统的安全性、可靠性、有效性和效率进行综合审查与评价活动，信息系统审计的对象是被审计单位的计算机信息系统。

虽然上述对信息系统审计的观点表述各异，但通过分析发现，国内外学者或机构对信息系统审计的定义基本上是一致的，即信息系统审计是指收集与评估审计证据，对信息系统合法性、可靠性、安全性、有效性和效率性进行审计，对被审单位的信息系统做出科学、合理的评价。

1.1.2 与信息系统审计相关概念的界定

随着IT技术在审计领域的应用，审计理论界和实务界出现了一系列与信息系统审计相关的术语或概念。由于这一系列的术语较为相近，在审计理论界和实务界对这些概念的认识不是很清晰，如有的学者将计算机审计等同于信息系统审计，不能将账套式审计与数据式审计区别开来等等，因此有必要对一些与信息系统审计相关概念加以辨析，以便我们更好地开展信息系统审计研究。

（1）计算机审计

国内学术界关于计算机审计的内涵有多种理解。第一种观点认为，它是以电子数据处理系统为对象进行审计，称其为EDP审计，如在对Poter和Perry（1987）合著的EDP：Controlls And Auditing（第5版）翻译中，李大庆和乔勇等学者（1990）就将其直接译为《计算机审计》。第二种观

① 庄明来，吴沁红，李俊．信息系统审计内容与方法［M］．北京：中国时代经济出版社，2008：7.

点认为它是以会计信息系统为对象所进行的审计，并称其为会计信息系统审计。第三种观点认为，计算机审计是以电子计算机为技术手段所进行的审计[①]。前两种观点仅仅强调计算机审计的对象是电子数据处理系统或会计信息系统，而忽略了审计人员所采用的工具或手段是计算机，抑或是人工，第三种观点则强调计算机审计的技术、手段或工具是现代信息技术，利用现代信息技术对计算机信息系统或手工信息系统进行审计，同时包括对计算机管理的数据进行检查，对管理数据的计算机进行检查以及利用计算机对手工信息系统进行审查等等。计算机审计的具体内容包括两个组成部分，一是管理经济活动和进行财政财务收支核算的信息系统，二是信息系统处理的财政财务收支及有关经济活动的数据（刘汝焯，2007）。综上对计算机审计概念的分析，可以把计算机审计的含义总结如下：计算机审计是与传统审计相对应的概念，它是随着信息技术的发展而产生的一种新的审计方式，其内容包括利用计算机等信息技术进行审计和对计算机信息系统进行审计两个方面，而不仅仅是对电子数据处理系统或是会计信息系统进行审计。由此可以推出，计算机审计包括信息系统审计。

（2）电子数据审计

电子数据审计是目前审计实务界使用较多的一个术语，对于电子数据审计，目前还没有给出明确的定义，根据目前对该术语的使用情况，电子数据审计一般可以定义为，“对被审计单位信息系统中的电子数据进行采集、预处理以及分析，从而发现审计线索，获得审计证据的过程”[②]。电子数据审计与信息系统审计的区别在于，前者是对被审计信息系统中的电子数据进行审计，后者则是对采集、处理和分析电子数据的信息系统进行审计。

（3）账套式审计

账套式审计是在信息化财务处理系统和计算机审计条件下产生的一个新概念。它是指当审计人员从被审计单位财务系统中导入相关数据后，将其整理转换为传统意义上的账目系统，然后再进行检查的审计模式。在这种模式下，审计的重心依然是账目系统，只不过是由纸质账目系统转换为电子账目

① 田芬. 计算机审计［M］. 上海：复旦大学出版社，2007：4.
② 陈伟，张金城. 计算机辅助审计原理及应用［M］. 北京：清华大学出版社，2008：2.

系统（石爱中、孙俭，2005）。账套式审计区别于传统账目基础审计的关键在于账套式审计的审计对象是电子账目系统，而非纸质账目系统，这只是审计技术与手段的进步，并非审计观念和审计方式的进步与创新。同电子数据审计与信息系统审计的区别一样，账套式审计也是对电子数据进行审计，而不是对计算机硬件、计算机软件、信息用户和规章制度等进行审计。

（4）数据式审计

为适应信息化审计环境的需要，需要对海量数据进行筛选分析，发现疑点和审计线索，数据式审计的概念也应运而生。数据式审计不同于以往任何一种审计模式，它不是账目或信息化环境下的电子账套，而是将电子数据作为直接的审计对象，而不必将其转换成规定的电子账套（石爱中、孙俭，2005）。数据式审计是一个在现存审计理论框架中新生的概念，这种审计模式同账套式审计一样，是对存储于信息系统中的电子数据进行审计。

（5）联网审计

在2004年召开的第二届计算机审计国际研讨会上，来自多个国家和地区的专家就对联网审计的研究与应用进行了交流。印度总审计署认为，联网审计是一项技术，它可以在系统处理数据的同时，或者在处理结束后马上收集审计证据；香港特别行政区审计署认为联网审计就是在局域网环境下，以审计为目的的信息技术应用；波兰最高监察院认为联网审计的工作内容主要包括通过互联网实现访问被审计单位的公共数据库，并分析电子格式的文件、声明和解释[①]。国家审计署科研所的王刚（2005）认为，联网审计是指审计机关与被审计单位进行网络互联后，在对被审计单位财政财务管理相关信息系统进行测评和高效率的数据采集与分析的基础上，对被审计单位财政财务收支的真实、合法、效益进行实时、远程检查监督的行为，是一种“全新的审计理念与审计模式”。联网审计是通过联网进行审计，从而提高审计质量、审计效率，联网不是目的，而是手段（杨蕴毅，2006），是审计机关实时在线获取对方系统中审计所需数据，进行实时的审计处理，及时发现问题并及时反馈，督促被审计单位及时规范管理，采用动态、远程审计的方式，达到事中审计的效果和效益，并对积累

① 王娜. 联网审计：IT审计的有效途径——第二届计算机审计国际研讨会综述［J］. 中国审计，2004（19）：13-17.

的历史数据进行趋势分析和预测评价，提出审计评价意见和审计建议（张春伟，2009）。联网审计的内容主要包括两个方面：一是对电子化的财政财务数据的审计，二是对处理财政财务数据的信息系统的审计（耿余辉、张程，2009）。由此可知，联网审计是由于网络技术在审计中的应用而形成的一种新的审计模式，它使得审计信息交流、审计证据的采集和分析技术、审计项目管理等任务实现网络化、远程化，并且由于新的方法工具的应用，使审计任务的性质、目标发生局部变化[①]，其审计的内容包括信息系统审计与电子数据审计两个方面。

（6）计算机辅助审计

西方发达国家从20世纪60年代后，逐渐发展起来一门相应学科和管理技术，虽然统称为计算机审计，可是却包含两方面内容：一是指在信息技术环境下，审计人员利用计算机对被审计单位的经济活动进行审计，一般称为计算机辅助审计；二是指审计人员对被审计单位的计算机信息系统进行审查并发表意见，一般称之为信息系统审计。计算机辅助审计如同CAM（Computer-aided Manufacturing，计算机辅助制造）、CAD（Computer-aided Design，计算机辅助设计）等概念一样，是指计算机在审计领域中的辅助应用。国家审计署在1996年颁布的《审计机关计算机辅助审计办法》中将计算机辅助审计理解为："计算机辅助审计，是指审计机关、审计人员将计算机作为辅助审计的工具，对被审计单位财政、财务收支及其计算机应用系统实施的审计。"同联网审计一样，计算机辅助审计是一种技术手段，而不是审计内容的拓展。

（7）持续审计

持续审计是指独立审计师用以对委托项目的相关事项以一系列实时或短时间内生成的审计报告，对其提供书面认证的一套审计方法（AICPA，CICA，1999；ISACA，2010）。持续审计是同传统期间审计相对应的概念，其本质是审计方法的创新，它强调审计过程的持续性、审计实施的即时性和审计活动的整合性，并且基于例外审计和战略系统审计的理念，要求审计师运用"自上而下"和"自下而上"相结合的手段，对审计对象做

① 陈伟，张金城．计算机辅助审计原理及应用［M］．北京：清华大学出版社，2008：2.

出合理的专业判断（何芹，2008）。通过对比信息系统审计的概念可知，持续审计是审计方法的创新，而信息系统审计是审计范围的拓展，两者存在着本质的区别。

1.1.3 信息系统审计规范的概念

根据《现代汉语词典》的解释，规范是约定俗成或明文规定的标准，比如“道德规范”。规范就是一种标准，是一种调控人们行为活动的制度，信息系统审计规范也不例外。国外学者戴维·弗林特（1988）认为，审计规范是调查事实并依据事实做出判断，进而依据所列举的事实和做出的判断而形成意见这一过程是按照一定的社会规范衡量个人和组织行为品质的过程。国内学者蔡春（1991）认为，审计规范实际是为审计行为确立的一种标准和准则体系，据以约束和引导审计行为。审计作为一种特殊的控制行为活动，要实现其控制目标，必须拥有并遵循特定的规范。徐政旦（2002）认为，审计规范是审计主体在审计工作中应当遵循的业务标准和行为准则。尤家荣（2002）认为审计规范是一个广泛的概念，并不是仅仅指审计准则、审计职业道德或审计质量控制，它包括所有专门对审计主体（审计机构或审计人员）进行约束或指导的职业规范，同时尤家荣将审计规范分为审计法规、审计准则、审计职业道德、审计质量控制以及其他审计法规。李金华（2005）根据审计规范的主体将审计规范分为国家审计规范、内部审计规范和社会审计规范。信息系统审计规范在信息系统审计理论与实务中占有极其重要的地位。从理论上看，信息系统审计规范的完善程度可以反映整个信息系统审计理论研究的程度；从实务上看，整个信息系统审计环境的全过程，都是在信息系统审计规范的约束、引导下进行的。综上对审计规范的定义，笔者认为，信息系统审计规范是信息系统审计人员或机构在审计工作中应当遵循的业务标准和行为准则。

1.2 系统论、控制论与信息系统审计规范

诚如社会系统论为社会现象提供潜在的合理解释（Burrell and

Morgan，1979)，为社会现象、社会秩序、社会舆论等提供解释那样，系统论与控制论也为信息系统审计规范的建立与完善等提供科学的解释。

1.2.1　系统论与控制论

(1) 系统论

系统论涵盖不同派别的思想，但总起来讲，都强调社会存在先于人类，人类在广阔的社会范围内去定位自身及其相应的社会活动（Arno van Raak and Aggie Paulus，2001）。在系统论的研究方面，比较有代表性的人物有Von Bertalanffy（1937），Parsons（1951），Homans（1951），Easton（1953），Katz和Kahn（1966），Buckley（1967），Mintzberg（1983，1991）以及Burns和Flam（1987）。Von Bertalanffy（1937）将系统看成一个要素相互作用的复合体，认为系统论的核心思想是系统的整体观念。任何系统都是一个有机整体，它不是各个部分的机械组合或简单相加，系统的整体功能是各要素在孤立状态下所没有的新质，同时运用亚里士多德的“整体大于部分之和”的名言来说明系统的整体性，反对认为要素性能好，整体性能一定好，以局部说明整体的机械论的观点，认为系统中各要素不是孤立地存在着，每个要素在系统中都处于一定的位置上，起着特定的作用。要素之间相互关联，构成了一个不可分割的整体。在研究信息系统审计规范体系时，不应孤立地看待审计规范的各个组成部分，信息系统审计准则、审计道德规范、审计质量控制准则等都是信息系统审计规范不可或缺的重要组成部分。无论是在理论研究，还是实务研究，都不能只顾及其中一方面，而忽略其他方面。Bertalanffy将系统分为开放系统和封闭系统，并加以区分。封闭系统与外界环境隔离，保持均衡状态，也即自成体系，与外界不发生物质、能量或信息交换的系统。开放系统是需要与外界发生物质、能量及信息交换的系统。开放系统总是受到环境的影响，环境变化而系统不变，则系统就会衰竭，故开放系统必须具有适应性。通常认为系统本质是一个处理过程（输入、处理、输出和反馈控制），系统由相互独立的子系统组成，两者都与外部环境存在关系。

(2) 控制论

自1948年以后，控制论的思想和方法已经渗透到了几乎所有自然科学和社会科学的领域。它的诞生是以美国数学家Nobert Wiener（1948）发表的名著Cybernetics，or Control and Communication in the Animal and the Machine作为标志。Wiener在著作中提出了控制论所具有的反馈、信息与控制三个要素，这也是控制论的中心思想。Wiener清楚地认识到控制工程的问题和通信工程的问题是不能区分开来的，而且，这些问题的关键并不是环绕着电工技术，而是环绕着更为基本的信息概念。同时，Wiener也从控制论的角度出发，提出了信息的概念。在《控制论与社会》一书中，他认为："信息是我们适应外部世界并且使这种适应为外部世界所感到的过程中，同外部世界进行交换的内容的名称"。从这个定义可以看出，信息是指人、动物或机器等控制系统与外界相互联系的一种形式。反馈的概念是Wiener控制理论的核心概念，Wiener等人首先深刻地认识到，反馈是机器和动物中控制的共同特性。即使像拾起铅笔这样一类的随意运动，也离不开反馈的作用。控制是控制论中最重要的概念，Wiener关于控制概念的高明之处在：它不是从传统的、孤立的观点去分析和处理系统的控制问题，而是抓住一切通信和控制系统所共有的特点，站在一个更概括的理论高度，综合了不同领域控制系统的特点和理论并加以类比，从中抽象出具有普遍性的规律。控制是和目的性直接相关的，没有目的，就谈不上控制；同样，没有选择，也就没有控制。对一个系统的控制，就是驱动此系统使之有效地达到预定的目的。广义地说，控制的目的有两种：一是保持系统原有的状态，使其不发生偏离；二是引导系统的状态达到某种预期的新状态。信息系统审计本身是一种控制活动，其目的旨在保证信息系统的有效与高效，以满足组织管理的需要。

1.2.2 从系统论与控制论角度认识信息系统审计规范

基于系统论与控制论的观点，信息系统审计的过程实质上也是一个输入、处理与输出的过程（如图1-1所示）。在这个过程中，审计计划是信息系统各种资源的输入过程，审计实施是审计活动的处理过程，而审计报告阶段则是审计信息的输出过程，信息系统审计规范则是对信息系统审计的整个过程进行引导与控制。若缺乏对信息系统审计行为的控制，则信息系统审计行为将可能偏离其正确的方向，更谈不上达到预期的审计目标。

由此可以得出，信息系统审计规范是一种为审计行为确立的标准或准则体系，是审计行为的约束与引导机制。

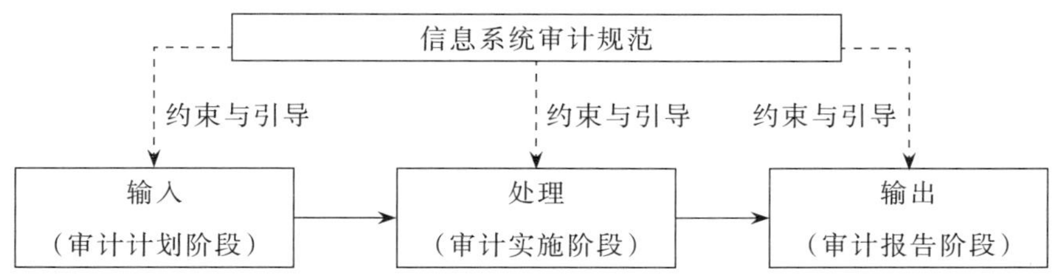

图1-1　信息系统审计规范的功能图

作为约束机制，信息系统审计规范要求信息系统审计行为必须在它所确立的行为标准或准则框架内进行；作为引导机制，信息系统审计规范指明信息系统审计行为应该怎样进行，应该向着什么方向发展。信息系统审计规范是为信息系统审计行为目标所确立的一种理想的审计行为模式，可以起到引导或激励机制的功能。信息系统审计规范发挥约束与引导功能的过程如图1-2所示。审计规范制定机构发布信息系统审计规范，审计人员依据审计规范开展信息系统审计活动，通过对比审计人员的审计行为与审计规范以判断审计行为是否符合审计规范，若符合，则表示审计人员遵循了审计规范的要求，若不符合，则判断偏差是否可接受，若不可接受，则修正审计规范或者纠正和惩罚信息系统审计人员或审计机构。

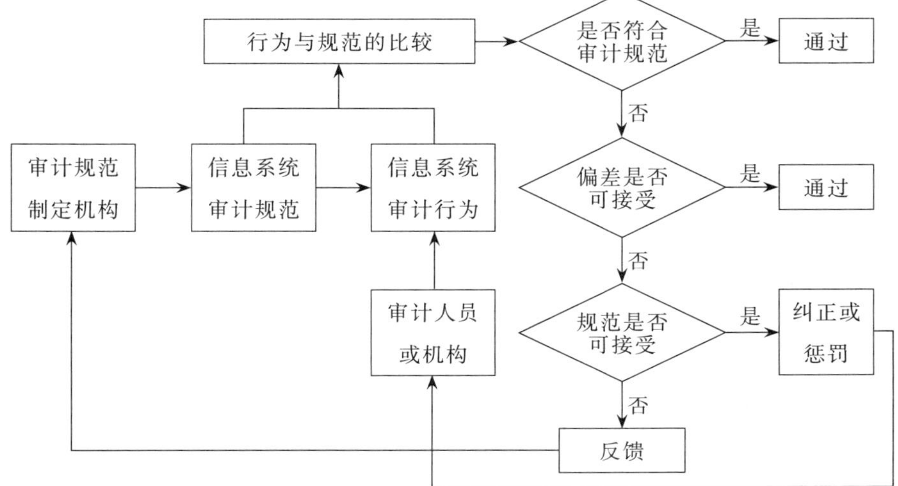

图1-2　信息系统审计规范的控制过程

1.3 信息系统审计规范的制度构成

同一个术语或同一概念，在大多数情况下，由不同境势中的人来使用时，所表示的往往是完全不同的东西（K. Mannheim，1960）。正是基于此种理解，笔者将信息系统审计规范放在制度经济学的视野下进行研究，分析制度经济学对信息系统审计规范内涵的影响、信息系统审计规范的正式制度安排与非正式制度安排。

1.3.1 信息系统审计规范的制度内涵

（1）制度的内涵

随着制度经济学理论的发展和分析角度的不同，经济学家对制度的定义也有所不同。Ostrom（1990）认为制度可以定为一组运行规则，它们是用来决定在一些场合谁有资格做出决策，什么行为是允许的或者要被限制，什么样的一组规则可以被采用，应该遵循什么样的程序，必须或者不必提供什么信息，应该如何根据个人的绩效制定支付条件……所有的规则包含禁止、允许或者要求某种行为或结果这样一些条件。当个人在他们的行为中做出选择时，所采用的、监督和招待的正是这些规则。North（1990，1994）认为，“制度是一系列被制定出来的规则、守法程序和行为的道德伦理规范，它旨在约束追求主体福利或效用最大化利益的个人行为”。舒尔茨（1996）把制度定义为一种行为规则，这些规则涉及社会、政治及经济行为。青木昌彦（2001）在博弈论的基础上将制度定义如下：“制度是关于博弈如何进行的共有信念的一个自我维系系统。制度的本质是对均衡博弈路径显著和固定特征的一种浓缩性表征，该表征被相关领域几乎所有参与人所感知，认为是与他们决策相关的。这样，制度就以一种自我实施的方式制约着参与人的策略互动，并反过来又被他们在连续变化的环境下的实际决策不断再生产出来”，即制度是博弈的参与人、博弈规则和博弈过程中参与人的均衡策略三者的混同。

通过上述观点可知，制度也是一种公共品，是人的观念的体现以及既定利益格局下的公共选择。制度与人的动机和行为存在着密切的联系，人类追求效用最大化的过程是在一系列的规则和规范的制约条件下进行的，也是在既定规则与规范下的博弈过程。如果没有制度的约束，人类追求效用最大化的最终结果只能是使社会经济更加混乱。

（2）信息系统审计规范的制度内涵

随着文明的进步，出现了在某种程序上接受他人财产托付的人时，采取一些方法检验受托人是否诚实的可取之处就变得很明显（Brown，Richard，1905）。审计是为了确认有关的行为是否妥当，或者该行为人所给的信息是否可靠，由独立的第三者所进行的检验（如图1-3所示）。

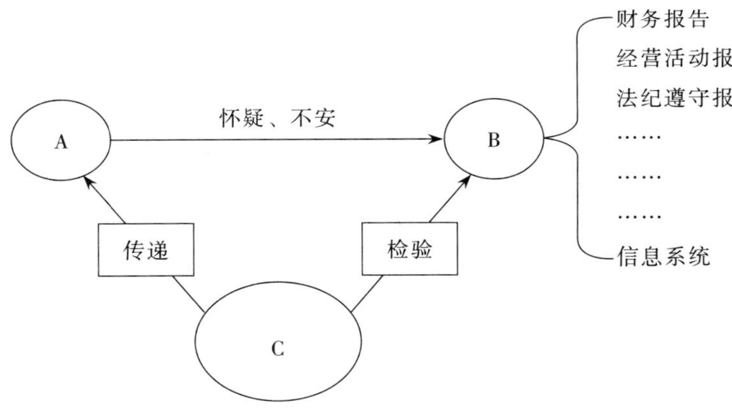

图1-3　独立检验的框架

信息系统从某种意义上讲是被审计单位的一种内控制度。信息系统管理制度的不规范，系统间关联对比关系的不完善，系统重要功能尤其是校验功能的缺失等都是管理中的薄弱环节，发现薄弱环节，也是信息系统审计需要实现的重要目标之一（刘汝焯等，2007）。信息系统审计也是独立的第三者就被审单位的信息系统的安全、可靠、有效和效率性，以及信息系统能否有效地使用组织资源并帮助实现组织目标发表意见。信息系统审计是一种制度安排，这种制度安排是为以解除对行为人所给信息系统的怀疑与不安。而信息系统审计这种制度安排也需要一种制度安排来约束。倘若没有一种规范或制度来约束信息系统审计这种制度安排，也不能起到解除上述怀疑与不安的作用。由图1-3可知，独立第三者C的寻租行为，随时会导致独立第三者C与行为人B的勾结，侵害A的利益。设想没有信息系统审计规范约束的独立第三者与行为人，即审计部门与被审计单位，根据青木昌彦（2001）基于博弈论对制度的定义，审计部门有两种行为选择：采取信任或谨慎的态度；而被审计单位也同样有两种行为选择：提供好的信息系统或者提供坏的信息系统。同时假设审计部门采取谨慎的态度都可以查出被审计单位的欺诈行为，因而，可以得到如表1-1所示的一个假设收益矩阵。

表1-1　**无信息系统审计规范约束的博弈模型**

博弈双方		审计部门	
		信任	谨慎
被审计单位	坏的信息系统	(10,10)	(0,4)
	好的信息系统	(8,8)	(8,4)

利已主义是影响人类活动的主要动因，因此，爱尔维修把自身利益原则在人类世界中所起的作用视同为万有引力定律在物理世界中所起的作用一样，信息系统审计活动也不例外。好的信息系统审计部门与被审计单位若采取信任的策略，则双方都可获得8的收益。由于没有信息系统审计规范或准则对审计人员进行规制和约束，如果被审计单位构建坏的信息系统，对A的利益进行损害获得4的额外收益进行均分，加之没有任何惩罚措施，则审计部门和被审计单位的收益变为（10，10）。如果审计部门采用谨慎的审计态度，不与被审计单位勾结，假设会花去4的成本，审计部门的收益变为4，而被审计单位构建坏的信息系统被查处，被审计单位的收益变为0。对于审计部门来讲，不管被审计单位构建好的信息系统，还是坏的信息系统，在缺乏信息系统审计规范对审计部门进行规制的情况下，因为存在10>4或8>4，于是，审计部门最好的策略就是采取信任的态度。而被审计单位的最优策略取决于审计部门所采取的态度，若审计部门采取信任的态度，被审计单位则构建坏的信息系统，若审计部门采取谨慎的态度，被审计单位则构建好的信息系统。在长期的重复博弈过程中，当被审计单位了解到审计部门的策略时，则会走向勾结的境地，共同侵害A的利益。这样，最优结果（10，10）便会实现，即审计部门C与被审单位B勾结共同侵害委托人A的利益。

审计部门与被审计单位的勾结使得被审计单位倾向于提供有欺诈行为的信息系统，将一些违规的内部控制嵌入到信息系统中，如在财务子系统中加入反记账、反结账等功能，从而损害其他利益相关者的利益，使会计信息处于混乱的状态。为规范信息系统审计行为，解除对行为人所给信息系统的怀疑与不安，需要信息系统审计规范这种制度约束或控制信息系统审计行为。假定存在信息系统审计规范，对审计部门和被审计单位的行为进行处罚。当被审计单位提供坏的信息系统时，审计部门与被审计单位进行勾结的行为被查处，则给予审计部门或审计人员12的惩罚，被审计单位也同样给予12的惩罚；若信息系统审计部门或审计人员采取信任的态度，没有保持应有的谨慎态度，即使被审计单位在信息系统中没有欺诈行为，也给予5的惩罚，则表1-1就演变成为表1-2的矩阵。

表1-2　**引入信息系统审计规范的博弈模型**

博弈双方		审计部门	
		信任	谨慎
被审计单位	坏的信息系统	(-2,-2)	(0,4)
	好的信息系统	(8,3)	(8,4)

对于审计部门来说，由于存在4>-2和4>3，所以审计部门在任何情况下采取谨慎的职业态度所获得的收益大于采取信任态度所获得的收益，审计部门在进行信息系统审计时会采取谨慎的职业态度。同样，被审计单位由于存在8>-2和8>0，被审计单位会倾向于提供不存在欺诈行为的信息系统。

通过上述分析可知，信息系统审计规范在信息系统审计活动中发挥着不可替代的作用。技术的高速发展和信息系统及其基础结构的日益复杂，使得信息系统审计变得越来越困难，对信息系统质量做出评价需要多方面的信息技术知识（Leon Strous，1998）。边泌认为利益不可能是天然和谐的，法官的职责就是通过仲裁实现利益一致[①]。若无审计规范对审计行为进行控制，信息系统审计比财务审计、环境审计与绩效审计等更易出现审

① 鲁鹏. 实践与理论：制度变迁主要流派［M］. 济南：山东人民出版社，2009：195.

计单位与被审计单位共同勾结的欺诈行为。结合信息不对称理论①可知，信息系统审计市场将会是一个柠檬市场②，审计规范的缺失无疑会导致整个市场只出现低质量的信息系统审计行为，加剧利益相关者的怀疑与不安。信息系统审计规范主要用于控制审计人员的动机与行为，使审计人员在追求效用最大化的过程中受到相应规范与规则的制约。它通过处罚、社会道德以及社会舆论等手段使违规者付出高昂代价，由此保证信息系统审计工作开展，为人力资源、物质资本和自然资源等的优化配置服务，使得社会井然有序。

1.3.2 信息系统审计规范的正式制度安排

信息系统审计规范不是孤立存在的，它以审计理论为基础，是信息系统审计理论结构的重要组成部分。信息系统审计规范正式制度安排所包含的内容有赖于对信息系统审计理论结构的解析。

正式制度是人们有意识地设计并创造出的行为规则，包括法律、法规、规章以及正式契约等，非正式制度则主要是指伦理道德、传统文化、风俗习惯、意识形态等，是人们在长期交往中自发形成并被无意识地接受的行为规范。正式制度与非正式制度最主要的区别在于，正式制度的产生是人为设计的，其施行要靠权威机构的强制推进，对违反制度有关规则的惩处也须得有组织的权威机构强制执行；非正式制度的形成则是自生自发的，对违反非正式制度有关规则的惩处也只能自发执行。

---

① 信息不对称理论是现代信息经济学的核心。信息不对称理论由三位美国经济学——约瑟夫·斯蒂格利茨（J. Stiglitz）、乔治·阿克尔洛夫（G. Akerlof）和迈克尔·斯彭斯（A. M. Spence）提出。该理论认为：市场中卖方比买方更了解有关商品的各种信息；掌握更多信息的一方可以通过向信息贫乏的一方传递可靠信息而在市场中获益；买卖双方中拥有信息较少的一方会努力从另一方获取信息；市场信号显示在一定程度上可以弥补信息不对称的问题；信息不对称是市场经济的弊病，要想减少信息不对称对经济产生的危害，政府应在市场体系中发挥强有力的作用。

② 1970年，阿克尔洛夫在哈佛大学经济学期刊上发表了著名的《柠檬市场：质量不确定性与市场机制》一文，首次提出了“柠檬市场”概念。阿克洛夫认为信息问题可能导致整个市场崩溃，或者市场萎缩成只有劣等品充斥市场，这对于信息系统审计的研究存在着重大的启发作用。在企业或政府部门所运用的信息系统中同样存在着质量高的信息系统和质量低劣的信息系统，质量低劣的信息系统也是柠檬。如果没有信息系统审计，作为买方的企业或政府并不知道信息系统质量的好坏，最终的结果也会导致产品质量低的信息系统充斥市场，致使整个信息系统产品市场的瓦解。因此需要对信息系统进行审计，但在当前的信息系统审计市场上不存在审计规范对信息系统审计行为进行约束，这使得信息系统审计不能很好辩认出质量低劣的信息系统。买方在购买信息系统时，出于理性的行为，其只能按照平均质量出价。由于买主按照平均质量出价，会导致平均质量以上的信息系统退出市场，而低于平均质量的信息系统则充斥产品市场，出现一个一般化的“格雷欣法则”，即劣等品驱逐优等品，其结果是出现卖方与买方勾结，按照买方的要求设计信息系统内部控制规范。

通过解析信息系统审计理论结构中的应用理论部分可以发现，信息系统审计规范体系至少应当包括信息系统审计准则和信息系统审计质量控制准则，审计法规和审计职业道德规范四项内容（如图1-4所示）。在信息系统审计理论结构中，审计规范是用于引导和约束审计行为的，即引导和约束审计程序、审计报告的制定与出具，以及审计质量控制行为的，为发挥信息系统审计规范的约束与引导功能，则需要审计准则引导审计工作的开展和审计报告的制定与出具，审计质量控制准则引导审计人员或审计部门的质量控制行为。同时，为防止审计人员违反审计准则和质量控制准则中的规定，需要对审计人员进行约束，而对审计人员的约束应包括两个部分，即道德约束和法律约束两个部分，信息系统审计规范也应包括审计法规和审计职业道德规范。信息系统审计准则、审计质量控制准则、审计法规以及审计职业道德规范是人们有意识设计出来的，且各国均以成文法的形式予以发布，因此这四项内容均属于正式制度安排的范畴。

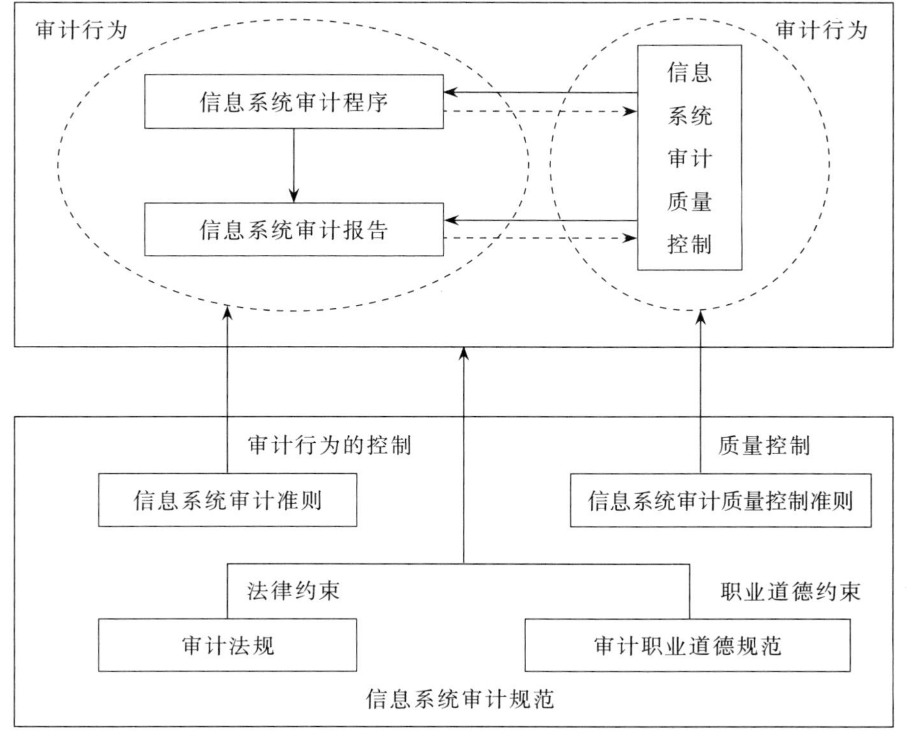

图1-4　信息系统审计规范的正式制度安排

（1）信息系统审计准则

信息系统审计准则是对审计行为提出的技术性要求，是信息系统审计工作必须遵循的技术标准，以信息系统审计目标为起点，并以相应的计算机技术或审计技术要求的操作程序为终点。从表现形式看，审计职业标准往往没有明显表现为“目标+操作程序”的形式，而更多的是表现为具体的操作程序要求，目标只是隐含其中（蔡春，1991）。例如，ISACA在审计准则中规定“信息系统审计师必须起草并以书面形式记录一份审计计划书，详述审计目标及其性质、审计时间和范围以及所需相关资源”，这里强调的是信息系统审计工作计划性与严谨性目标。由此可见，信息系统审计准则是为实现引导与约束信息系统审计行为的制度安排。

（2）信息系统审计质量控制准则

信息系统审计质量控制准则这种制度安排是对信息系统审计程序以及结果的质量进行控制，防止信息系统审计行为偏离正常轨道。

表1-3　　信息系统审计与财务审计比较表

要素	财务审计	信息系统审计
审计对象	被审单位的财政财务收支及其有关经营管理活动	被审单位计算机信息系统
审计目标	对被审单位财政财务收支的真实、合法和效益发表意见	对被审单位信息系统安全、可靠、有效和效率以及能否有效使用组织资源、实现组织目标发表意见
审计内容	与被审单位财政财务收支及其经营管理活动有关的凭证、账簿、报表等资料	信息系统内部控制、生命周期、软硬件、安全措施等
审计依据	财务会计制度及有关法律规范	信息系统管理制度、条例和法规、ISO质量管理体系、IT管理制度等
审计准则	财务审计准则	信息系统审计准则

资料来源：庄明来，吴沁红，李俊．信息系统审计内容与方法［M］．北京：中国时代经济出版社，2008：7.

为了规范在信息系统审计活动中对会计师事务所与具体审计项目的质量控制问题，保证执业质量，绝大部分的国家或地区都制定了一系列审计质量控制标准，如澳大利亚和中国香港地区借鉴国际审计准则的结构模式，分“会计师事务所”和“单项审计”两个层次提出质量控制的目标要求，而美国、英国和中国则在充分体现国际审计准则实质内容的基础上，抓住质量控制的核心环节与内容，提出了会计师事务所质量控制的程序要求。但世界各国和地区所提出的审计质量控制准则基本上都是针对财务审计的，而信息系统审计与财务审计存在着显著的区别（见表1-3），因此，世界各国除制定一般的审计质量控制准则之外，还应针对信息系统审计的特殊性，结合审计程序制定适应信息系统审计行为的审计质量控制准则。

（3）审计法规

信息系统审计法规这项制度安排是对审计机构的设置和职权、审计范围、审计行为、审计责任等做出的原则性规定。审计法规由国家权力机构和行政机构制定。在中国，由于信息系统审计起步较晚，与信息系统审计相关的法规并不多见，仅仅在1993年审计署颁布的《审计署关于计算机审计的暂行规定》，2001年国务院办公厅颁布《关于利用计算机信息系统开展审计工作有关问题的通知》以及2006年修订了《审计法》中，从法律上明确了审计机关获取被审计单位与审计相关电子数据和电子计算机技术文档、检查财政财务收支信息系统的权力。除此以外，《中华人民共和国注册会计师法》同样也对信息系统审计具有法律效力。信息系统审计法规是由国家制度认可的，反映统治阶级意志，并以国家强制力保证其实施的一种正式审计行为规范。

（4）信息系统审计职业道德规范

道德规范作为一种特殊的社会意识，它是在一定经济基础之上社会关系的反映，依靠人们的内心信念、社会舆论和传统习俗等维持的，用以调整人们之间以及个人与社会之间相互关系的行为规范的总和（安应民，1994）。注册会计师职业道德准则在性质上是一份注册会计师职业服务市场中的关于职业服务质量的隐性合约，其内容是对职业会计师与相关利益当事人交互行为方面的约定，明确界定注册会计师的行为空间（陈汉文、韩洪灵，2005）。在此意义上，信息系统审计的职业道德规范是用来规范信息系统审计人员的个人操守，引导信息系统审计行为，对不遵循《职业道德规范》的行为进行调查监督，甚至对信息系统审计人员采取相应的处罚措施。

1.3.3 信息系统审计规范的非正式制度安排

非正式制度是一种“软约束”，也是正式制度安排的实施机制。刘峰、许菲（2002）就曾经指出，在中国审计市场上，注册会计师和事务所的法律风险，特别是民事赔偿责任风险近乎于零，因此，我们可以预期，至少从经济上，事务所提供低质量的审计服务是有效的。此时就需要非正式信息系统审计规范对审计人员或事务所发挥引导作用，提高其社会成本。意识形态，或者说认知与道德信仰的复杂系统，在社会生活中扮演重要角色，值得深入研究（North，1978）。正式制度的理性设计需要为非正式制度安排的发展留有余地，不仅如此，如果所谓的人为制度框架要获得稳定，制度内部结构的建立就必须考虑到“我们所认识的人性”，当然，就必须为必要的正式过程的执行规则的发展敞开大门（Furnbotn，E. G.，Richter，R.，1996）。为发挥信息系统审计规范的制度约束与引导的功能，信息系统审计规范体系中的非正式制度安排同样重要。信息系统审计的非正式制度安排，包括伦理道德、传统文化、风俗习惯、意识形态以及整个社会的基本价值观等等，是信息系统审计规范不可或缺的重要组成部分。道德伦理与价值观在整个制度系统中占据着相当重要的位置，其重要性不可忽略。在一定意义上可以说，审计中的基本问题即是一个道德问题，因为审计过程实际就是“按照一定的社会规范衡量个人和组织行为品质的过程”（Flint，1988）。近年来国内外上市公司造假案件频频败露，注册会计师几乎都因为有违职业道德等原因牵涉其中，这不得不让信息系统审计规范重视道德伦理与价值观在整个体系中的作用。良心是与义务密切联系的重要道德范畴，是人们在履行对他人和社会义务的过程中形成的道德责任感与自我评价能力；它是一定的道德观念、道德情感、道德意志和道德信念在个人意识中的统一，是外部的义务要求转化为内心道德要求和个人品德的结果，它总是指导人们选择和评价自己的道德行为[①]。缺乏伦理道德作为信息系统审计规范的基础或者不将伦理道德纳入到信息系统审计规范体系中，信息系统审计人员对行为结果进行自我评价时，就不会产生惭愧、后悔以及内疚的心理反应。“本然的良知”存在于个人的心灵深处，它催促人们追求生命的价值，追求自我实现（Maslow，1965）。人们依据不完全相同的标准，判断何为真、何为善、何为公正，这些标准即是人们所持有的思想观念，它决定了人的价值观，这些判断标准并非统一的，这需要相应的道德规范对其进行引导。

信息系统审计规范的正式制度安排是一种特殊的社会意识，是从事信息系统审计职业的审计人员同社会的其他成员发生联系的过程中逐渐形成和发展起来的，是一般社会伦理道德和价值观在信息系统审计工作中的具体运用与体现。信息系统审计准则、质量控制准则、法律规范以及审计职业道德规范离不开整个社会的价值观与伦理道德，离开了社会伦理道德与价值观的支持，信息系统审计规范将很难实施。心理上的回报机制，可以指导人们的选择行为，它能够而且确实可以与来自有关物质支持的理性计算的感受相竞争（Furnbotn，E. G.，Richter，R.，1996）。当信息系统审计的正式规范不能发挥应有的作用时，审计质量的保证有赖于信息系统审计的这些非正式规范。倘若缺乏这些非正式规范的约束，再加上信息系统风险的隐敝性强、破坏性大等特征，信息系统的审计失败所产生的社会危害将远远超过财务审计失败所带来的后果。同时，整个社会正确的价值观与伦理道德有助于降低国家以及相关政府部门、企业的信息系统审计监督成本。信息系统审计的非正式制度安排位于信息系统审计规范的最低层次，是其他审计规范得以自由形成发展的基础。信息系统审计的非正式制度安排，发挥着“软约束”的作用，是正式制度形成的基础，同时也是正式制度得以实施的重要手段与工具。美国AICPA在审计职业道德准则中就要求“执业人员必须追求最高道德标准”，这种最高道德标准表现为精神上的一种崇高追求，在审计职业道德准则中的这种正式制度安排有赖于非正式制度安排发挥作用，需要靠人的内在信念、良心、自觉和意志力量

① 谢洪恩．干部道德论［M］．成都：四川人民出版社，1988：281．

的支撑。因此，不能仅仅依靠正式的制度规范，在正式制度不能规制的领域，非正式制度规范往往发挥着重要作用。在信息系统审计规范中，伦理道德、传统文化、风俗习惯、意识形态以及整个社会的基本价值观等非正式制度安排是信息系统审计规范正式制度安排的重要基础，是正式制度安排的实施机制，也在整个信息审计规范体系中同样占据着相当重要的位置。

1.4 信息系统审计规范的制度形成机制与体系结构

在人类的思想史上，对“制度是如何形成的”这一问题不同的学者提供过两种答案，即自发演化生成和理性设计生成。而这两种答案在经济学中，则分别是沿着两条不同的理论进行展开的：一是斯密——门格尔——哈耶克的演化生成论传统；二是康芒斯的“制度是集体行动控制个人行动”的制度设计论传统。演化生成论传统在哈耶克的“自发社会秩序理论”以及诺齐克的“最小国家理论”中得以集大成；而后一种传统则在当代新古典主义经济学家如赫维茨的激励经济学的机制设计理论，布坎南的以“同意的计算”为核心的宪政理论，甚至舒贝克这样的博弈论大师的数理制度理论中隐含地承传下来了[①]。本节将对信息系统审计规范的制度形成机制以及审计规范体系结构进行分析。

1.4.1 信息系统审计规范的制度形成机制

哈耶克在分析社会制度演进时有一个很强的行为假设，他认为人的行为既具有遵循某种行为规则的特征，又受着他自己所持有的观念的引导[②]。所谓遵循规则与观念的引导，是指行为上两个不同层面的特征。行为规则存在于社会的文化、道德伦理、习俗、习惯之中，在潜移默化之中为该社会每个人所模仿和默会，又在无形之中规范着人的行为选择。行为规则主要是对人的行为施加禁令和约束，为每个人划出自由行动的范围，

① 韦森．经济学与哲学：制度分析的哲学基础［M］．上海：上海人民出版社，2005：65．

② 哈耶克．法律、立法与自由［M］．邓正来，译．北京：中国大百科全书出版社，2000：7．

至于在这个范围内朝何处努力，则受到观念的引导。观念存在于每个人的思想之中，它引导人的努力方向，告诉人们往何处努力，达到何种人生目标，实现何种价值。在哈耶克的理论逻辑中，人们所持有的观念同人们所遵循的一般行为规则之间可能存在冲突。在这种情况下，哈耶克认为，观念对行为的引导将居于优先地位，观念将引导人们去改造同其观念不符的行为规则。哈耶克在运用这一假设时，主要针对两种相互对立的思想观念，一是进化论理性主义，二是建构论唯理主义。他认为，这两种思想观念分别决定了两种不同的制度系统形成机制，即进化论理性主义制度形成机制和建构论唯理主义制度形成机制。

信息系统审计规范是社会制度系统中的一种制度安排，是企业信息化进程中的重要产物。信息系统审计规范由正式制度安排与非正式制度安排构成，那么信息系统审计规范的这些正式制度安排与非正式制度安排之间的内在逻辑联系是什么呢？信息系统审计规范的制度形成机制又是什么呢？而深刻理解信息系统审计规范的制度形成机制对于信息系统审计规范体系结构的构建有着十分重要的意义。根据哈耶克对制度形成机制的阐述，信息系统审计规范体系的形成机制也存在两种状况，即基于进化论理性主义观念的信息系统审计规范形成机制和基于建构论唯理主义的信息系统审计规范形成机制（如图1-5、图1-6所示）。

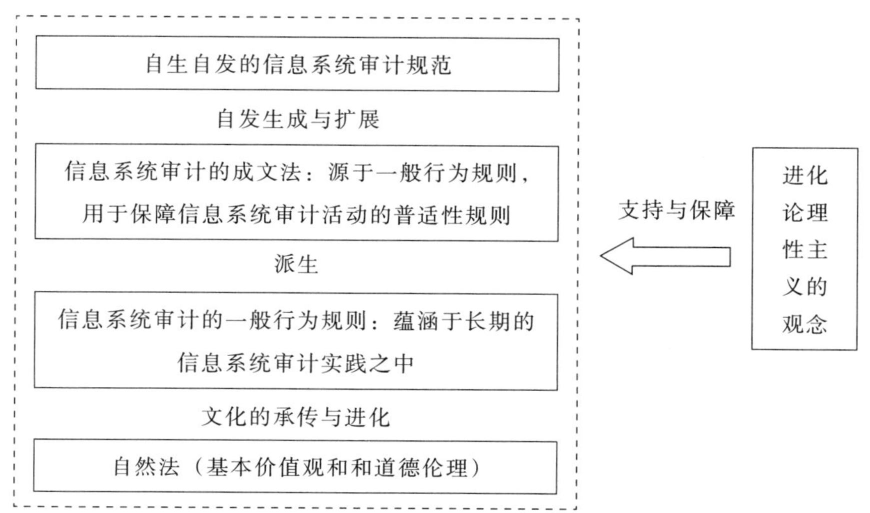

图1-5　基于进化论理性主义观念的信息系统审计规范形成机制

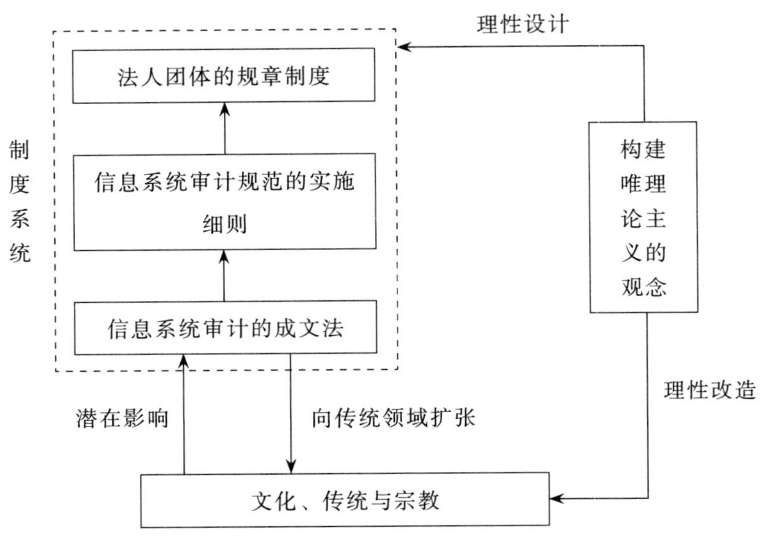

图 1-6　基于建构论唯理主义的信息系统审计规范形成机制

基于进化论理性主义观念的审计规范形成机制建立的基础是自然法，即基本价值观和道德伦理，在基本价值观和道德伦理的基础上，根据信息系统审计的一般行为规则形成信息系统审计的成文法，包括信息系统审计法规、信息系统审计准则、审计质量控制准则和职业道德规范等。同时根据信息系统审计的成文法形成信息系统审计规范的实施细则，包括信息系统审计的实务公告以及执业规范指南和法人团体的规章制度等。基本价值观和伦理道德是社会成员普遍接受的思想观念，据此形成的信息系统审计规范体系，信息系统审计人员会理性的运用并坚持指导信息系统审计行为。当然以整个社会的基本价值观和伦理道德作为信息系统审计规范体系的基础不排除借鉴国外先进的信息系统审计规范，同样也不排除对信息系统审计规范进行理性设计与改造。而全权社会中的信息系统审计规范形成机制以理性设计的信息系统审计规范取代由文化进化与竞争选择所形成的信息系统审计规范，由此形成全权社会的信息系统审计规范体系。

1.4.2　制度经济学视角下的信息系统审计规范体系结构

哈耶克关于制度演化思想的主要贡献就在于，从认识论上强调人类有意识地设计和指导我们的制度及其产生之后果的能力之局限性。在哈耶克看来，社会经济秩序问题实际上是某种沟通交流的问题。人之为人，就在于其局部的、断续的、并且经常是错误的知识。我们需要某种沟通交流的渠道，以使我们能互相学习，透过这种学习过程，就可以逐渐找到做事的较优办法。若信息审计规范这种制度安排也按照演化的思想，则需要经过相当长的时间，不能适应信息系统审计实践的要求。而以马克思为先驱的"传统社会主义经济学"，则试图通过"计划和行政控制措施"来实现经济的长期增长和持续发展，主张制度设计生成。鉴于信息系统审计本身明显的特性，笔者还是倾向于信息系统审计规范的正式制度安排应在借鉴哈耶克的建构论唯理主义制度形成思想的基础上，融入理性设计的思想，而不是仅仅靠制度的漫长演化。

信息系统审计规范的非正式制度安排则不同。由行为人的具体情感和感受状态决定的社会关系对于经济活动赖以产生的一般环境的形成也起着一定的作用（Weber，1968），情感或者传统不可能通过理性的行为建立出来，通常，它是一个时间问题（Furnbotn，E. G.，Richter，R.，1996），信息系统审计规范的非正式制度安排同样如此，需要一个长期漫长的过程，而不依靠理性设计可以完成。

根据哈耶克的制度形成思想以及上述对信息系统审计规范制度形成机制的阐述可以推导出如图1-7所示的信息系统审计规范体系结构，正式制度安排与非正式制度安排构成信息系统审计规范体系结构的重要组成部分，非正式制度安排对正式制度安排的设计与实施存在着潜在的影响。在信息系统审计规范的正式制度安排中，以审计法规为基础，将信息系统审计理论结构融入到信息系统审计规范体系中，让信息系统审计理论结构成为审计规范制定的规范，对具体的信息系统审计规范起到指引方向的作用并提供应用的基本概念，根据信息系统审计理论结构制定信息系统审计质量控制准则、信息系统审计准则与信息系统审计职业道德规范以及其他信息系统审计规范。

1.4.3　信息系统审计规范体系各要素之间的关系

信息系统审计规范是从信息系统审计工作的各个方面对信息系统审计主体做出规定，信息系统审计的各项工作往往存在密切的联系，因此，审

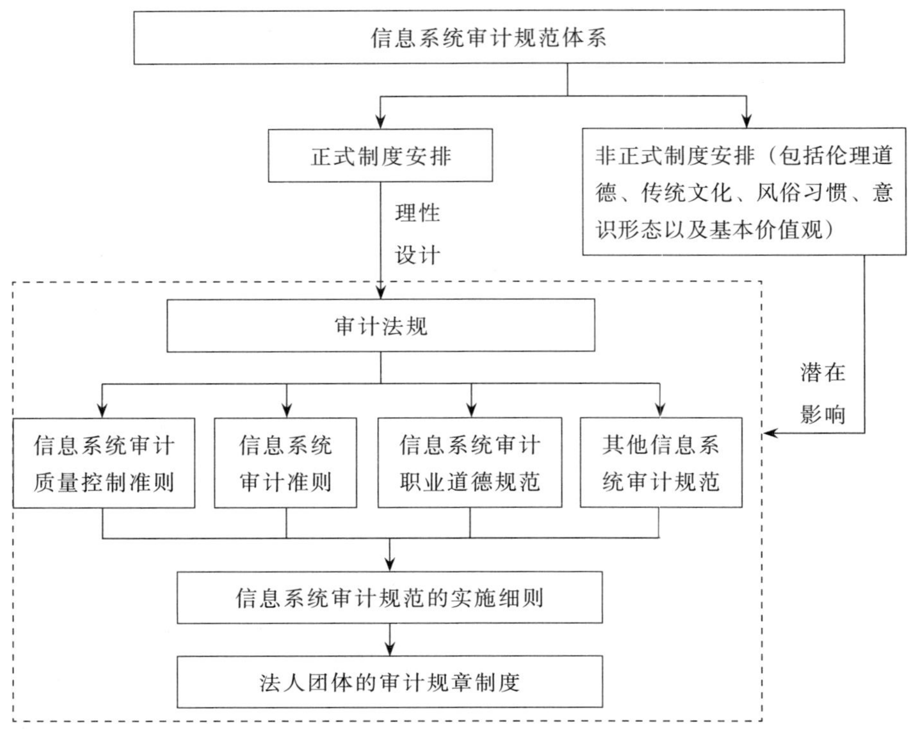

图 1-7　信息系统审计规范体系结构

计规范各要素之间也存在着密切的联系，它们既有区别，又互相联系，互相渗透，共同在信息系统审计工作中发挥引导和约束作用。由于上文已经对信息系统规范正式制度安排与非正式制度安排的关系进行了阐述，而法人团体的审计规章制度是在审计法规、审计职业道德规范、审计准则以及质量控制准则的指导下制定与颁布的。这里主要阐述审计法规与信息系统审计职业道德规范、审计准则以及质量控制之间的关系。

1）审计法规的主导地位

审计法规在信息系统审计规范的正式制度安排中居于最高层次，它统驭着其他各项信息系统审计规范，换言之，其他各项信息系统审计规范的制定要符合审计法规的要求。审计法规的层次性高，适用性最广，例如《中华人民共和国审计法》《中华人民共和国注册会计师法》不仅适用于传统的财务审计，也同样适用于绩效审计、环境审计以及信息系统审计。审计法规在内容方面一般不会非常详细，也不会面面俱到，而是一些原则性和抽象性的规定。审计法规的原则性是制定其他各项审计规范的依据，其他各项审计规范不能违背审计法规所确定的原则；审计法规的抽象性需要其他各项审计法规来具体化，或作必要的补充和解释，以使审计法规的精神能更好地贯彻落实（徐政旦，2002）。审计法规具有相当的权威性，在出现其他信息系统审计规范与审计法规相抵触时，应遵循审计法规的要求。由此可见，审计法规在信息系统审计规范体系的正式制度安排中是居于主导地位的。

2）信息系统审计职业道德规范与审计法规的关系

信息系统审计职业道德规范和审计法规都是由经济基础决定的，并随着社会经济关系的发展而发展。两者在发挥作用时相互促进、相互依靠。一方面，信息系统审计职业道德规范和审计法规的社会作用是相同的，都是为了调整审计关系，维护正常的审计工作秩序。在发挥其各自作用的同时，信息系统审计职业道德规范与审计法规互相依靠，互相促进。审计法规是审计职业道德规范得以遵循的坚强后盾与保障，而审计职业道德为审计法规的实施奠定了思想基础。另一方面，信息系统审计职业道德规范与审计法规也是存在着显著差别的。

（1）两者产生和存续的时间、条件不同

信息系统审计职业的出现就意味着要处理审计活动中的各种关系，促进审计职业的发展，审计职业者自身就需要形成信息系统审计职业道德思想、习惯以及作风等等。而作为审计法规，它是统治阶级意志的体现，是特定历史阶段的产物，一定的社会关系只有上升为统治阶级的意志，才可能成为法律。从某种程度上可以说审计职业道德规范先于审计法规的产生。信息系统审计是审计的一个特殊分支，信息系统审计职业道德规范和审计法规基本上都可以沿用传统审计的职业道德规范和审计法规。

（2）两者调整对象和作用范围不同

信息系统审计职业道德规范所调整的对象和作用范围要比审计法规广泛得多，它们几乎涉及信息系统审计职业的各个方面。而审计法规调整的只是审计职业活动中的最基本的部分。一般说来，凡审计法律规范允许的行为，也是审计道德规范可接受的行为；凡审计规范明令禁止的行为，也是审计道德规范谴责的行为（蔡春，1991）。在审计法规规定之外的思想、行为、观念等，往往是运用审计职业道德的力量加以调整规范。在信息系统审计领域，审计法规与信息系统审计职业道德规范的关系也同样如此。

（3）两者的表现形式存在差别

信息系统审计职业道德与审计法规在表现形式上存在着差别。审计法规是由国家按照一定的程序制定或认可的，它有着具体的、规范的表现形式，由正式文字加以记载，并通过一定的方式向社会公众公布。信息系统审计职业道德则是审计职业者日积月累、约定俗成的产物，往往体现为审计职业者共有的团体意识和信念，可以通过一定的方式表达出来，也可以没有固定的表现形式。

（4）两者的约束力和实现方式不同

审计法规具有强制性，有很强的约束力，它依靠国家的强制力保障其贯彻实施，任何单位及个人违反审计法规都将受到经济、行政或刑事制裁。而信息系统审计职业道德一般不具有强制性，不通过外部的强制力保障其实施，而是依靠信息系统审计人员内心信念、传统力量，如社会舆论等非正式制度安排来维护和促进其得以遵守。

3）信息系统审计职业道德规范、审计准则和审计质量控制准则之间的联系

信息系统审计职业道德规范、审计准则与审计质量控制准则是信息系统审计规范的主体，它们之间存在密切的联系，又存在着显著的区别。

（1）信息系统审计职业道德规范、审计准则与审计质量控制准则之间的联系

①互相配合，互相促进。信息系统审计职业道德规范、审计准则与审计质量控制三者是互相配合、互相促进的机制。信息系统审计职业道德规范主要从思想观念上对信息系统审计人员提出职业要求，信息系统审计准则主要是从操作技术上对信息系统审计人员提出执业要求，信息系统审计质量控制主要从内部管理上对审计机构提出质量控制要求。三者从各个不同的方面互相配合、互相促进，有效规范信息系统审计行为，最终促进信息系统审计工作的完成。

②信息系统审计职业道德规范、审计准则和审计质量控制是信息系统审计规范的主体，三者缺一不可，缺少任何一种规范，就不可能构成完整

的信息系统审计规范体系。职业道德规范是判断审计人员的职业素质，如果职业素质差，则不能胜任信息系统审计工作，从源头上无法保证参与信息系统审计工作人员的素质；审计准则主要是从操作技术上规范信息系统审计行为，对整个信息系统审计过程进行规范，若没有审计准则的限制，信息系统审计人员也无从开展信息系统审计工作；审计质量控制准则则是对信息系统审计过程和结果进行控制，保证审计机构履行了相应的职责。因此，信息系统审计职业道德、审计准则和审计质量三者在审计工作中相辅相成，共同构成审计规范体系的主体。

（2）信息系统审计职业道德规范、审计准则与审计质量控制准则之间的区别

信息系统审计职业道德规范、审计准则与审计质量控制准则之间的区别主要表现在以下几个方面：

①规范的对象不同。同财务审计、环境审计等一样，信息系统审计职业道德规范用于规范审计机构和审计人员，重点是规范信息系统审计人员，审计准则用以规范信息系统审计人员，而审计质量控制准则用以规范审计机构。

②规范的内容不同。信息系统审计职业道德规范的内容主要有职业道德原则、技术准则、对客户的责任、对同行的责任以及承接业务的责任等等，信息系统审计准则规范的内容主要有一般准则、外勤工作准则、审计报告准则和技术方法准则，信息系统审计质量控制准则的内容分为全面质量控制和项目质量控制。

③规范的侧重点不同。信息系统审计职业道德侧重于从社会道德上规范审计机构和审计人员，要求从事信息系统审计职业，应遵守职业道德，审计准则侧重从执业技术上规范信息系统审计人员，要求审计人员在从事信息系统审计工作时应遵守操作程序，而审计质量控制侧重于从内部管理上规范审计机构，要求审计机构在整个审计过程中做到全过程的质量控制。

④规范的要求不同。信息系统审计职业道德主要是从原则性的角度来要求审计机构和审计人员，审计准则主要是从操作性的角度来要求审计人员，而审计质量控制既有原则性的要求，又有操作性的规定。

⑤作用方式不同。一般认为信息系统审计准则属于自律性规范，审计职业道德规范属于自律与他律相结合的两律性规范，审计质量控制准则属于自律性规范。

1.5 信息管理学与信息系统审计规范

信息活动伴随着人类与人类社会的演化发展过程不断提高和发展。人类社会的信息管理主要是为了解决在适应和改造环境中，人类的知识匮乏与人类活动的高度复杂性导致的信息与知识需求，其目标是不断提高人类的活动效率和认识水平[①]。信息系统审计是一种技术性较强的社会活动，其目的是为解决使用者或相关人员知识匮乏的困境，为社会提供更加可靠、有效的信息系统。从某种程度上讲，有效的信息管理也离不开信息系统审计。

1.5.1 信息管理与信息系统审计

For W. Horton（1982）认为，信息管理是一种对有使用价值的信息资源通过有效的管理与控制程序能够实现某种利益的目标活动。英国学者William J. Martin（1988）认为，信息管理是与信息相联系的计划、预算、组织、指导、培训和控制活动。德国学者K. A. Stroetmann等人（1992）从信息服务的组织与信息经济管理的角度出发，研究了信息管理的组织机制。将信息管理归纳为对信息资源和相关信息过程进行的规划、组织和控制，其主要内容包括基于信息服务的管理环境、信息经济化过程管理、信息资源管理、信息生产与服务管理等。Marianne Broadbent（1984）将信息管理视为既是信息处理的管理，又是数据资源的管理，以此构建信息管理论框架。R. H. Lytle（1986）从“信息资产”的角度对信息管理和信息资源管理进行了研究，认为信息资源包括信息、信息源以及通过管理人员和设施所进行的信息投入，这些基本方面的管理及其社会协调、控制构成了信息管理的主体内容。基于我国的实践和信息化国际环境中信息服务的

① 柯平，高洁. 信息管理概论［M］. 北京：科学出版社，2007：435.

发展，国内学者也对信息管理提出自己的观点。卢泰宏（1993）从信息的技术管理、信息的人文管理和信息的经济管理角度对信息管理进行规范。胡昌平（1995）从社会运行的信息机制和以信息需求为导向的信息服务组织上对信息管理进行规范；符福恒（1995）从系统管理原理出发，对信息管理环节进行规范，以此确定管理的基本内容。王万宗等（1996）从信息搜集、整理、存储、提供业务出发，从宏观到微观对信息进行界定。虽然这些认识和归纳的理论出发点不同，但是他们对信息管理的界定、规范和实质性认识却是基本一致的，即信息管理的基本内容包括：信息资源开发、调配与组织管理；信息传递与交流组织；信息的揭示、控制与组织；信息研究、咨询与决策组织管理；信息技术管理；信息系统管理；信息服务与用户管理；信息经济管理[①]。信息管理是为了提高社会活动参与者的系统功能、最终提高社会活动参与者的系统效率或系统输出而进行的活动，最高目标是维持系统的生存并促进系统的发展[②]。

信息系统审计是一种对组织信息系统管理的方式，本质上也属于信息系统管理的范畴。信息管理、信息系统管理与信息系统审计三者之间的关系如图1-8所示。信息已成为现代社会的重要资源，能否对信息资源进行高效、有序的管理和利用，不仅取决于合理的信息管理机构设置和正确的组织结构模式，信息系统审计也同样重要。当数据管理的数量、重要性和复杂性增加时，许多组织发现，在信息系统中缺陷数据消极地影响他们的业务运作系统并且导致过高的成本（Brown，2001）。Panettieri早在1995年的一项调查结果表明，在过去的两年内，50%的信息系统管理人员报告

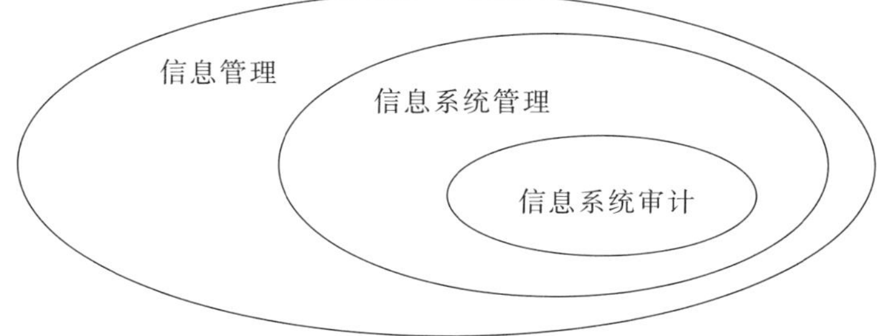

图1-8 信息管理、信息系统管理与信息系统审计

① 胡昌平. 信息管理科学导论［M］. 北京：高等教育出版社，2001：5-6.
② 柯平，高洁. 信息管理概论［M］. 北京：科学出版社，2007：59.

丢失过有价值数据，至少20%的损失超过100万美元，甚至更多(Panettieri，1995)。在信息系统的生命周期中，必须对信息系统进行严格管理与控制，才能保证信息系统有效运作，提供高质量的信息资源和防止有价值数据的丢失。信息系统管理主要是通过建立一系列有效的管理规程和内部控制制度，并有效执行而实现的。信息系统审计是对被审单位信息系统的安全、可靠、有效和效率以及能否有效地使用组织资源、实现组织目标发表意见（庄明来、吴沁红、李俊，2008），是保证信息系统有效运行的一种管理规程和内部控制制度。因此，信息系统审计属于信息系统管理的范畴。

1.5.2 信息管理规范与信息系统审计规范

信息管理规范是一种基本的社会规范。社会规范就实质而论，是一种社会化的社会控制标准与范式，社会的信息管理规范在一切社会信息活动中支配着人的行为，维持着社会的信息机构与社会成员之间、信息机构与机构之间、社会成员与成员之间的相互联系和相互关系，通过调节、约束人的信息活动，控制社会信息系统的开发、管理与利用。社会规范是社会文明的产物，信息管理规范来源于社会的信息实践，按规范的形成和执行过程来区分，它包括自然形成的社会公众所公认的由社会文化和伦理道德决定的规范和由政府部门、社会组织颁布的规范两大类。在信息管理规范中，前者往往由社会意识形态所决定，以观念规范为主；后则由国家和有关社会管理部门制定，其依据是社会信息业基础，主要涉及政策规范、法律规范、工作规范和技术规范等[①]。

诺思则将制度分为正式约束（或制度）与非正式约束（或制度）两种类型。他明确指出："制度是由非正式约束（道德约束、禁忌、习惯、传统和行为准则）和正式的法规（宪法、法令、产权）组成。信息管理学中由社会文化和伦理道德决定的规范属于非正式制度安排的范畴，而政府部门、社会组织颁布的规范属于正式制度安排的范畴。由上文的分析可知，信息系统审计是信息管理学的重要组成部分，则信息系统审计规范同样也

① 胡昌平. 信息管理科学导论［M］. 北京：高等教育出版社，2001：68.

属于信息管理规范的内容，其划分标准同信息系统管理规范的划分标准一样，分为正式制度安排和非正式制度安排，即分为由社会文化和伦理道德决定的规范和由政府部门、社会组织颁布的规范两大类。信息管理学对信息管理规范的分类标准与上文通过制度经济学理论对信息系统审计规范的划分标准是基本一致的。

1.6 本章小结

在漫长的古代审计中只有审计实践，并无审计理论可言，这种思想也影响着信息系统审计规范的研究。中国对信息系统审计规范的研究大多集中在借鉴ISACA审计准则的基础上进行研究，这种长期脱离信息系统审计规范的理论基础所进行的审计规范研究，势必会造成审计实务缺乏审计理论指导的现象，进而影响信息系统审计规范制定的合理性以及完善程度。本章以系统论、控制论和制度经济学为基础，对信息系统审计规范的功能、内涵、制度形成机制以及体系结构等进行了阐述。信息系统审计规范是保证信息系统审计活动有序开展的一种制度安排，是审计行为的约束与引导机制。依据制度经济学对制度的分类标准以及信息系统审计理论结构的要素，笔者认为，信息系统审计规范应当包括正式制度安排与非正式制安排，其中正式制度安排包括审计法规、信息系统审计职业道德规范、信息系统审计准则和信息系统审计质量控制准则；而非正式制度安排则包括伦理道德、传统文化、风俗习惯、意识形态以及整个社会的基本价值观等等。信息系统审计规范的非正式制度安排是正式制度安排的实施机制，对正式制度安排起着重要的补充作用。在分析信息系统审计规范构成的基础上，本章对信息系统审计规范的制度形成机制与体系结构进行了探讨，为国外信息系统审计规范的回顾与中国信息系统审计规范体系的构建奠定了体系基础。

第 2 章

信息系统审计理论结构对信息系统审计规范的影响

由上一章的论述可知，信息系统审计规范体系包括正式制度安排和非正式制度安排。其中，正式制度安排包括审计法规、信息系统审计职业道德规范、信息系统审计准则和信息系统审计质量控制准则等四个方面。本书对于信息系统审计规范的研究主要集中在信息系统审计规范体系中的正式制度安排。而对于信息系统审计规范的研究不是孤立的，应将其置于信息系统审计理论结构中进行研究，才能厘清信息系统审计规范所包含的具体内容，制定的信息系统审计规范才能有效发挥其对信息系统审计实践的解释、指导、评价和预测作用。

2.1 信息系统审计理论结构

信息系统审计理论结构是信息系统审计规范制定的理论基础，也是信息系统审计规范的重要组成部分。虽然对于信息系统审计的研究始于单个理论要素的研究，但仅仅对单个理论要素进行研究是不够的，只有将单个理论要素置于信息系统审计理论结构之中，才能有效发挥其对信息系统审计实践的解释、指导、评价和预测作用。

2.1.1 信息系统审计理论结构的内涵

一种职业要牢牢地立足于社会，就必须建立一套成熟的理论体系，否则，它将仅仅是一门实践学，是一种手艺，而不是一门科学（Mautz，R. K. & H. A. Sharaf，1978）。对于审计理论的认识，加拿大著名学者安德森（R. J. Anderson，1978）认为，"审计理论的目的是提供一个合理的，首尾相应的概念结构以决定实现既定审计目标必需的审计程序，审计理论还提供一个评价与改善现行实务与程序的框架结构"。英国著名学者弗林特（David Flint，1977）却认为，"审计理论旨在提供一套有关审计活动的首尾一贯的命题，以解释审计的社会目的与目标，进而为将审计实务与程序同审计目的与目标联系起来提供合理的基础与依据。这套命题还可以解释审计在各种社会机构以及社会、经济与政治环境中的活动空间"。而中国学者蔡春（1991）在综合上述观点的基础上认为，"所谓审计理论即一套用以解释、指导（或预测）审计行为活动（即审计实践）的系统化和理性化的命题"。综合上述对审计理论的解释，笔者认为，信息系统审计理论是一套用以解释、指导、预测信息系统审计实践的系统化和理性化的命题。按照系统论的观点，结构是系统内部各个组成要素之间的相互联系、相互作用的方式和秩序，也就是各要素之间在时间上、空间上的排列与组合的具体形式[①]。因此，信息系统审计理论结构是指信息系统审计理论系统内部各要素或者命题之间相互联系、相互作用的方式或秩序，也就是信息系统审计理论系统内部各要素之间的排列与组合形式。信息系统审计规范应存在于信息系统审计理论结构之中。

2.1.2 信息系统审计理论结构的研究现状

相对于传统财务审计而言，信息系统审计是一个新生事物。对于信息系统审计研究的文献相对较少，而对信息系统审计理论结构的研究文献则相对更少。

① 蔡春，陈晓媛.环境审计论［M］. 北京：中国时代经济出版社，2006：42.

1）国外审计理论结构的研究现状

开审计理论结构研究先河者当属Mautz，R. K.和H. A. Sharaf。在1961年出版的《审计哲理》一书的最后一章“审计展望”中，他们第一次提出了研究审计理论结构的构想，其所设想的审计理论模式由五个要素组成，即审计哲学基础、审计假设、审计理论概念、审计规则和实际运用。按照这五要素之间的层次关系，可将该审计理论结构简记为“哲学基础—假设—概念—规则—实际运用”这一形式。Mautz，R. K.和H. A. Sharaf（1961）从研究哲学的性质与含义入手，认为哲学即“构成某一学问的基础的原则体系”和“实务的规范体系”。“哲学”是一个广泛使用的字眼，常常联系着基本的假设和基本的原则。Mautz，R. K.和H. A. Sharaf将哲学思维与方法运用审计研究，顺理成章得出了审计应有自己特有理论的结论，彻底批驳了长期以来束缚审计科学发展的“审计无理论观”论调。因此，《审计哲理》被视为审计理论发展史上的第一座里程碑。1972年美国会计协会出版的《基本审计概念说明》，标志审计理论发展确立阶段的到来。美国会计协会在其发布的《基本审计概念说明》中，阐述了审计的含义、审计与会计的关系、审计作用、审计职能、收集和评价审计证据的理论依据与方法论、审计过程发生差错的可能性、审计报告和意见的传递性等方面的内容。同时，美国会计学会响应Mautz，R. K.和H. A. Sharaf对审计理论的重视与提介，补充了Mautz，R. K.和H. A. Sharaf忽略或未能进一步研究的问题，从浓度与广度两方面将审计理论研究又向前推进一步。

继Mautz，R. K.和H. A. Sharaf之后另一位审计理论研究权威人物是美国的Charles W. Schandl，其审计理论结构方面的思想集中反映在其1978年出版的《审计理论——评价、调查与判断》之中。Charles W. Schandl认为任何一门科学的理论本身应由假设、定理、结构、原则和标准五要素组成，因而其审计理论结构模式为“假设—定理—结构—原则—标准”这一形式。其研究结果认为“审计是信息传播过程的重要组成部分”，它“是一种旨在确立某种标准之遵循情况，进而表达意见或判断的评价过程”。

加拿大著名审计学家Anderson（1977）认为审计理论结构可概括为六

个要素组成，即审计目标、公认审计准则、审计概念、审计假定、审计技术方法和审计过程，其中审计过程包括程序计划、实施审计和审计报告。该模式的最大特点是，以目标为基点建立审计理论结构，并将目标的要求与作用延伸到实务即“审计过程”之中，形成了首尾相应的理论体系。

Tom Lee（1984）认为审计理论结构由三个要素构成，即“本质与目标—假设—概念”。David Flint（1988）认为审计理论结构由四要素组成，即“本质与目标—假设—概念—标准”。这两个模式的共同特点是以审计本质为出发点构造审计理论结构。

2）国内审计理论结构的研究现状

萧应达（1991）在其著作《比较审计学》中提出如下审计理论结构模式：“审计目的—审计假设—审计基本—基本审计标准—审计计划和方案—审计证据—审计报告”。蔡春（1991）在其著作的《审计理论结构研究》一书中提出，一个合理的审计理论结构应由“审计本质”“审计假设”“审计目标”“审计信息”“审计规范”“审计控制”六要素组成，并提出六个要素之间的关系。李若山（1995）在《审计理论结构探讨》一文中提出审计理论结构模式为：审计目的—审计假设—审计准则—审计程序—审计方法—审计质量特征。阎金锷、林炳（1996）在《审计理论研究的新起点——审计理论结构探讨》一文中提出了如下审计理论结构模式：审计本质—审计目标—审计假设—审计准则。张兆国等人（1999）在《论审计理论体系的改造》一文中论述了审计理论体系的内容及逻辑关系。他们在总结前人关于审计理论体系观点的基础上提出了自己的设想：“依据审计实践总体的一般规定性和要素的一般规定性，构建审计基本理论；然后在此基础上，按照审计工作实践和审计工作管理实践，分别构建对审计对象实施有效审计的应用理论和对审计主体实施有效审计的应用理论”。徐政旦（1999）以审计本质做为出发点，提出如下审计理论结构，即“审计本质—审计目标—审计假设—审计概念—审计准则—审计程序方法—审计报告”。王砚书（2006）在借鉴前人研究的基础上，认为审计理论体系的构成为：审计本质—审计目标—审计环境—审计假设—审计风险—审计规范—审计质量—审计理论研究方法。胡晓明（2006）以莫茨、夏拉夫的观点为基础，按照由抽象到具体的思路，认为信息系统审计理论结构的构成为：信息系统审计概念—信息系统审计目标—信息系统审计职能—信息系统审计依据—信息系统审计风险—信息系统审计技术—信息系统审计流程。唐志豪（2007）以蔡春（1991）的审计理论结构为基础，认为信息系统审计结构的构成为：信息系统审计本质—信息系统审计假设—信息系统审计目标—信息系统审计规范—信息系统审计信息—信息系统审计控制。

上述审计理论结构模式都是审计理论结构研究的重要成果，不同的观点为审计理论研究不断注入新鲜血液，使审计理论研究推陈出新，极大丰富和发展了审计理论结构研究，但缺乏对信息系统审计理论结构的研究。虽然国内学者在借鉴前人研究成果的基础上，构筑了信息系统审计的理论结构，但仍存在着许多问题和不足，所提出的审计理论结构主要是针对财务审计、绩效审计和社会审计等，不能适应信息系统审计发展的要求。随着信息系统审计实务、内容与方法的不断发展变化及人们认知程度的提高，信息系统审计理论内容不断扩充、更新。尽管胡晓明（2006）和唐志豪（2007）对信息系统审计理论结构进行了探索，也提出了建设性意见，但是审计理论结构的起点、要素的选择等方面存在着不足。信息系统审计规范不是孤立存在的，它是以审计理论为基础，是信息系统审计理论结构的重要组成部分。因此，为了更好进行信息系统审计规范体系研究，有必要对信息系统审计理论结构重新进行构建。

2.1.3 信息系统审计理论结构及内容解析

1）信息系统审计理论结构的基点选择

在建立任何理论结构之前，都必须选择逻辑起点，并由此开始，层层递进，逐步推演，直至形成完整的结构体系。逻辑起点的选择对于健全的理论结构的建立是至关重要的，它是理论结构得以形成的基础，找准找好逻辑起点，将促进理论结构的顺利成形，而错误的或不合理的逻辑起点将阻碍或限制理论结构的构建（高尚国，2003）。从哲学角度来讲，逻辑基点是指从抽象上升到具体全过程出发点的一个或一组概念范畴或是判断，也可以称之为上升的基点[①]。因此，信息系统审计理论结构逻辑起点的确

① 蔡春，陈晓媛.环境审计论［M］. 北京：中国时代经济出版社，2006：46.

定成为构筑信息系统审计理论结构的关键。

通过回顾现审计理论结构逻辑起点的文献可知，审计理论结构的逻辑起点有以下几种选择，即①哲学基础起点理论（莫茨、夏拉夫，1961）；②审计假设（尚德尔，1978）；③审计目标（安德森，1977；萧应达，1991；李若山，1995）；④审计本质（Tom Lee，1984；David Flint，1988；蔡春，1994；阎金锷、林炳，1996；徐政旦，1999）；⑤审计环境起点论（刘兵，2003；刘明辉，2003）；⑥以审计动因、审计环境和审计目标三者合一为审计研究的逻辑起点（吴联生，2000）。在审计理论结构逻辑起点的选择上，刘明辉（2003）认为，作为审计理论结构的起点，它至少符合以下要求：第一，逻辑起点的实质内容应表现为审计体系中最抽象、最一般、最简单的思维规定。第二，逻辑起点就是审计体系中的直接存在物，即它必须是不以审计体系中任何其他范畴为中介前提的范畴，而其他审计范畴反倒必须以它为基础和依据。第三，逻辑起点应该揭示审计理论诸要素的内在矛盾以及审计系统整体一切矛盾的萌芽。逻辑起点本身所包含的矛盾是整个审计体系运动、发展的内在动力和源泉。第四，逻辑起点与形式逻辑系统中的公理不同，它既不是任意的和暂时承认的东西，也不是随便出现和姑且假定的东西，而是为后来的事物运动过程所证明它作为逻辑起点是正确的要素。第五，从最一般的意义上讲，逻辑起点范畴作为审计系统中的一个基本要素，同整个体系发生着多方面的联系。这种联系不仅规定着审计系统整体的本质，而且也规定着起点范畴在审计理论体系中所处的地位以及所起的作用。

基于以上对审计理论结构逻辑起点的认识，笔者赞成并选择审计本质作为信息系统审计理论结构的逻辑起点。这主要是基于以下认识：①莫茨和夏拉夫将哲学基础作为审计理论结构的起点是并不恰当的。哲学是自然科学与社会科学的概括与总结，是各门学科研究的共同基础，并不是信息系统审计发展的内在动力与源泉。②审计假设具有虚拟性，并不能直接解释审计理论（王砚书，2006）。审计假设一旦确定，就具有相对稳定性，而审计环境是处于变化之中的，审计假设无法反映变化的审计环境。同时审计假设也不是审计体系中最抽象、最一般、最简单的思维规定。③以审计目标为逻辑起点也是欠妥当的。不同种类的审计有各自不同的审计目标，如会计报表审计的目标就是验证会计报表的合法性、公允性，而绩效审计的目标除这些之外，还有合理性和效益性，因此很难从众多目标中找出一个共性的概念作为逻辑起点。④审计本体是内因，审计环境是外因，决定审计性质和发展的应是内因，离开内因就无从研究审计科学，研究审计科学，不能以客观环境取代审计主体（张以宽，1996）。因此，将审计环境作为信息系统审计的逻辑起点也是欠妥当的。⑤只有准确地揭示了审计的本质，才能把握住审计理论的发展方向。正如美国学者尚德尔所说："一旦确立了一门学科的正确定义，也就确定了它的知识体系，从而只需借助于通常的哲学分析方法就确立起该学科的理论"。信息系统审计本质是对信息系统审计内在规律的揭示与反应，是不以人的意志为转移的，只要把握住了信息系统审计的本质，就把握住了信息系统审计的内在规律。同时只有在信息系统审计的本质的认识上有了突破与创新，才能带动整个信息系统审计理论结构的创新，同时带动信息系统审计实践的发展。由此可见，将审计本质作为信息系统审计理论结构的逻辑起点可以推动信息系统审计理论结构的向前发展。

2）信息系统审计理论结构要素选择及内容解析

国内外审计理论结构的研究成果以及自20世纪90年代以来中国的研究成果为信息系统审计理论结构的要素选择打下了坚实基础，为信息系统审计理论结构的构建提供了大量可以参阅的资料。在信息系统审计理论结构要素选择方面，信息审计理论结构应尽可能囊括信息系统审计理论系统中的一切基本理论要素。因此，信息系统审计理论结构的要素包括信息系统审计本质、信息系统审计目标、信息系统审计假设、信息系统审计规范、信息系统审计程序与方法、信息系统审计质量控制与信息系统审计报告七大要素。这七大要素可以完整、简明地表达整个信息系统审计的全过程。没有将审计环境纳入信息系统审计理论结构主要是基于审计环境是外因，并非内因的考虑。

（1）信息系统审计本质

信息系统审计本质是信息系统审计内部所固有的属性，它是从信息系统审计理论与实务中抽象与概括出来的，不是任何人主观臆断的产物。戴维·弗林特（1988）认为：审计是为确保受托责任履行的一种社会控制机制。审计人员和审计策略制定者的责任是不断发现什么是社会需求，社会对独立审计赋予什么期望，并在实务和经济限制的范围内，努力满足社会需求，而且必须时刻认识到审计的作用是动态的，不是固定不变的。蔡春（1991）认为：审计在本质上是一种确保受托经济责任全面有效履行的特殊经济控制。信息系统审计是现代审计功能的拓展，尽管其中审计对象是信息系统，仿佛与经济控制相去甚远，但是信息系统是与信息加工、信息传递、信息存贮以及信息利用等有关的系统，信息系统所产生的信息是为社会经济发展服务的。因此，随着信息技术在社会经济中的应用，为更好地履行受托经济责任，开展财务报告审计、绩效审计、环境审计等，对财务报告等信息产生的载体进行审计变得十分重要（如图2-1所示）。由此可知，信息系统审计的本质也是一种控制活动，其目的在于保证对信息系统的资产保全责任以及对信息系统运行效率等受托责任的全面、有效履行。信息系统审计过程是一个控制过程。信息系统审计师将收集的有关被审计单位信息系统运行活动的数据，与已有的相关内部控制规定以及其他法律规范或者是手工处理的结果等进行比较，来判断被审单位是否在信息系统中嵌入了非法的内部控制措施，是否对计算机硬件、软件等资产履行了保全责任等，并将结果及时传递给管理当局、政府部门与社会公众，通过管理当局控制活动、政府部门的监督活动以及社会公众舆论监督等对被审计单位的行为施加影响，以实现对被审单位的经营管理过程的控制。

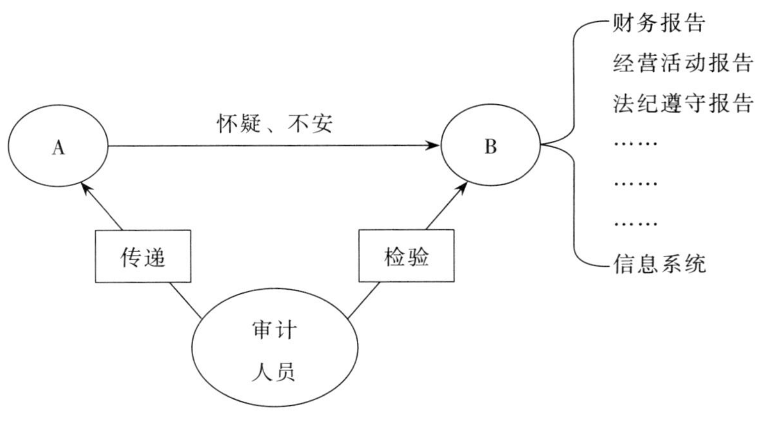

图2-1　审计框架及审计内容

（2）信息系统审计目标

审计目标是在一定历史环境下，审计主体通过审计活动所期望达到的理想境地或最终结果（萧应达，1991）。审计目标是审计活动的出发点和落脚点。审计目标的确定是一种主观见之于客观的行为。一方面具体活动本身总是依存于特定的社会政治经济环境并为其服务，因而，审计目标的内容必须反映其环境的客观需要；另一方面，审计目标本身又是由认识了周围环境的客观需要的理论工作者结合其内在功能而确立的。因此，信息系统审计的目标也是随着周围客观政治经济环境的变化而变化的，随着人们主观认识程度的提高而提高。同财务报表审计的目标一样，信息系统审计的目标也具有层次性，可分为本质目标和具体目标。虽然信息系统审计的对象相对于财务报表审计、环境审计、绩效审计等发生了变化，但其本质目标并未发生变化，也是全面有效地履行受托经济责任。没有审计，就没有受托经济责任；而没有受托经济责任，也就没有控制（Mackenzie，1966）。信息系统审计与财务报表审计、环境审计等的关系如同生产产品的机器与产品一样，对生产产品的机器进行维修，其最终目标是生产更好的产品。对信息系统进行审计的根本目标在于提供更加有效、可靠的经营管理信息，服务于企业经营管理，确保受托经济责任全面有效地履行。因此，信息系统审计的本质目标是确保受托经济责任全面有效地履行。

对于信息系统审计的具体目标，刘汝焯（2007）认为信息系统审计的目标可以细化为以下三个方面：①评价电子数据的真实、完整性；②分析信息系统的薄弱环节；③发现信息系统的非法功能和漏洞。庄明来、吴沁红、李俊（2008）认为信息系统审计的目标就是对被审计单位信息系统的安全、可靠、有效和效率以及能否有效地使用组织资源、实现组织目标发表意见。中国于2008年颁布的《第2203号内部审计具体准则——信息系统审计》认为信息系统审计的目的是通过实施信息系统审计工作，对组织是否达成信息技术管理目标进行综合评价，并基于评价意见提出管理建议，协助组织信息技术管理人员有效地履行其受托责任以达成组织的信息技术管理目标[①]。虽然不同的学者或机构对信息系统审计的目标持不同的观点，

① 组织的信息技术管理目的是保证组织的信息技术战略充分反映该组织的业务战略目标，提高组织所依赖的信息系统的可靠性、稳定性、安全性及数据处理的完整性和准确性，提高信息系统运行的效果与效率，合理保证信息系统的运行符合法律法规及监管的相关要求。

但信息系统审计的目标取决于受托经济责任的分解（如图2-2所示）。

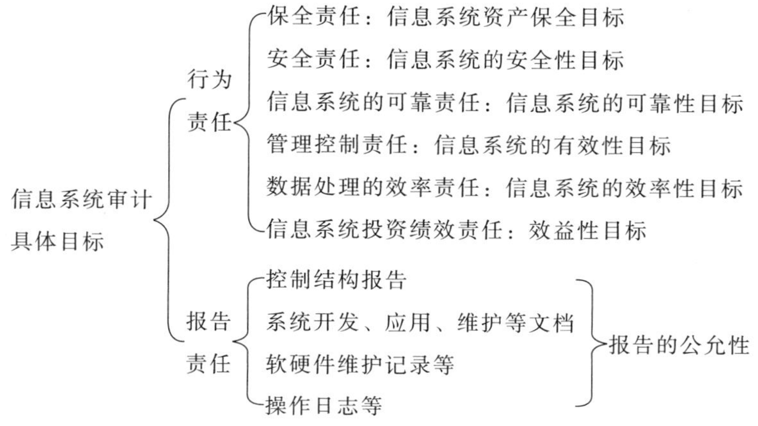

图2-2　信息系统审计的具体目标

由图2-2对信息系统所肩负的受托经济责任进行分解，其具体审计目标也可分解为信息系统的资产保全、安全性、可靠性、有效性、效率性目标①以及是否建立了充分可靠的内部管理控制以保证信息系统以正确的方式运行。值得关注的是信息系统审计的资产保全目标，随着企业信息化以及电子政务的推进，信息系统已经成为企业的一项重要资产，对信息系统这项特殊资产的保全责任也变得越来越重要。正如前文所说，信息系统审计的目标也是随着周围客观政治经济环境的变化而变化的。因此，对信息系统这项特殊资产的保全目标也将会变得越来越重要。

（3）信息系统审计假设

假设是一个既抽象而又具体的概念，是事物产生与发展所必须具有的基本前提与约束条件。信息系统审计具有五项假设（唐志豪，2007）：①责任关系假设，与信息系统相关的受托经济责任的存在是审计产生的基本前提。正如企业受托经济责任产生企业审计、公共受托经济责任产生政府审计一样，与信息系统相关的受托经济责任产生信息系

① 系统的安全性是指构成信息系统的硬件、软件和数据资源是否得到妥善保护，不因自然或人为的因素而遭到破坏。系统的可靠性是由其中的硬件系统、软件系统与数据的可靠性等因素共同决定的。系统的有效性是指系统能否实现既定的目标，系统的各项处理过程是否符合国家法律和有关规章制度的要求。系统的效率是指系统能否充分利用各种资源快速处理并及时输出用户所需的信息。

统审计，而且这种受托经济责任的认定与解除由独立的第三方的信息系统审计来实现。②正当怀疑假设，因为信任，所以有受托经济责任，因为受托经济责任的履行过程及状况有值得怀疑之处，所以需要有审计来保证其全面、有效履行。正当怀疑假设明确了信息系统审计的直接原因，明确了实施信息系统审计的目标并提供了依据。③可确认假设，假定与信息系统相关的受托经济责任的履行状况可以通过收集、评价相关证据及验证相关信息而得到确认。正因为与信息系统相关的受托经济责任的履行状况是可以确认的，制定信息系统审计准则、收集与评价信息系统审计证据、实施审计过程才有了实际意义。④独立性假设，这是信息系统审计的灵魂。非独立、客观的信息系统审计是完全没有价值的。正因为如此，现行的公认审计准则和审计职业道德中才有了关于独立性要求及道德行为的规定。⑤有效性假设，假设信息系统审计师和管理部门之间不存在必然的利害冲突，即使存在，也可以避免或不至于妨碍信息系统审计的有效实施。这五项假设相互联系，互为一体，共同构成了信息系统审计理论与实务的基本前提与条件。责任关系假设确立了信息系统审计存在的基本前提，正当怀疑假设解释了实施信息系统审计的直接原因，可确认假设提供了实施各种信息系统审计手段的基本依据，独立性假设确立了信息系统审计的本质特征，有效性假设则为有效实施信息系统审计提供了坚强后盾。

（4）信息系统审计规范

国外学者戴维·弗林特（1988）认为，审计规范是调查事实并依据事实做出判断，进而依据所列举的事实和做出的判断而形成意见这一过程是按照一定的社会规范衡量个人和组织行为品质的过程。国内学者蔡春（1991）认为，审计作为一种特殊的控制行为活动，要实现其控制目标，必须拥有并遵循特定的规范。信息系统审计既是一种技术性工作，也是一种社会行为，为实现信息系统审计的目标，它必须遵循特定的技术规范与社会规范。信息系统审计规范在信息系统审计理论与实务中占有极其重要的地位。从理论上看，信息系统审计规范的完善程度可以反映整个信息系统审计理论研究的程度；从实务上看，整个信息系统审计环境的全过程，都是在信息系统审计规范的约束、引导下进行的。因此，没有有效的信息系统审计规范，就不能切实有效地开展信息系统审计活动。同时，信息系统审计作为一种特殊的控制行为活动，要实现其控制目标，也必须拥有并遵循一定的准绳，即信息系统审计规范。

（5）信息系统审计程序

审计程序是指审计工作从开始到结束的整个过程。信息系统审计程序包括：计划阶段、实施审计阶段、审计完成阶段以及后续审计阶段。尽管信息系统审计同财务审计一样，都包括上述四个阶段，但由于二者的审计对象和审计目标不同，所以审计程序各阶段的工作内容也有很大不同。计划阶段是整个审计过程的初始阶段。正式实施审计之前，制订科学合理的计划有助于信息系统审计人员有条不紊地进行核查、取证，有助于形成正确的审计结论，从而出色地完成审计任务。实施审计阶段，是根据计划阶段确定的范围、要点、步骤、方法，进行取证、评价，最后形成审计结论实现审计目标的中间阶段，是审计全过程的中间环节，其主要工作包括：对信息系统的现有控制进行符合性测试和实施实质性测试。在审计完成阶段，信息系统审计人员必须运用专业知识判断收集到的各种证据，以经过核实的审计证据为依据，形成审计意见，做出审计报告。后续审计是指在审计报告发出后相隔一定时间内，内部审计人员为检查被审计单位对审计发现和建议是否已经采取了适当的纠正行动并取得预期的效果而实施的跟踪审计①。

（6）信息系统审计报告

信息系统审计报告是指信息系统审计人员在实施审计工作的基础上对被审计单位信息系统发表审计意见的书面文件。信息系统审计报告须说明审计范围、审计目标、审计期间和所执行的审计工作的性质和范围。审计报告中还应说明采用了哪些计算机辅助审计技术和信息系统审计技术以及与之有关的审计结果。审计人员在审计过程中受到被审计单位条件或客观环境的限制而对某些重要事项不能获得充分完整的资料，也应在审计报告中予以说明。

① 参见《内部审计实务标准》第440页。

（7）信息系统审计质量控制

审计质量是指审计工作符合既定标准的程度（侯文铿，1988）。审计质量包括内涵和外延两个部分，即审计实施中各个作业环节的工作质量和外在社会效益质量，前者是指审计实施过程中各个环节应达到的标准，后者表现为三个方面：在国家宏观调控方面发挥作用；为廉政建设服务；为提高企业经营管理水平服务（王福正，1989）[①]。审计工作质量是一个概念，它要通过整个审计工作全过程的各个环节综合地反映出来。审计工作质量的好坏最终体现在审计报告之中，对被审计单位的审计结论是否正确、适当和完整提供保障（李金华，1992）。由此可知进行信息系统审计质量控制是相当必要的，反映了审计工作水平的高低以及审计工作的优劣程度。信息系统审计质量的控制应该从结果和过程两个方面进行。信息系统审计过程质量是指在信息系统审计业务执行过程中各项工作的优劣程度。信息系统审计质量是信息系统审计活动中各个部分，各个环节和各位信息系统审计人员工作质量的综合反映，所有因素的变动都会影响审计工作的整体质量。信息系统审计对过程质量的控制主要体现在对信息系统审计业务执行过程中的各项工作的优劣程度进行控制。信息系统审计结果质量是指信息系统审计结果的可靠性，审计的最终结果主要体现在信息系统审计人员出具的信息系统审计报告及其提供的审计意见上。对信息系统审计结果的质量控制主要是对信息系统审计人员所出具的信息系统审计报告及其审计意见进行质量控制。

3）信息系统审计理论结构的构建思路

信息系统审计理论结构的本质在于提示信息系统审计实务的本质和规律。同时，信息系统审计是审计的一个分支，因此，信息系统审计理论结构也应该反映审计的一般特征。在吸取一般审计理论结构的基础上，反映信息系统审计的自身的特色。基于这种思路，笔者选择信息系统审计本质、信息系统审计目标、信息系统审计假设、信息系统审计规范、信息系统审计程序、信息系统审计报告以及信息系统审计质量控制七个要素构建信息系统审计理论结构。这七个要素之间的内在逻辑关系

① 王砚书.审计理论专题研究［M］.石家庄：河北人民出版社，2006：138.

如图2-3所示。

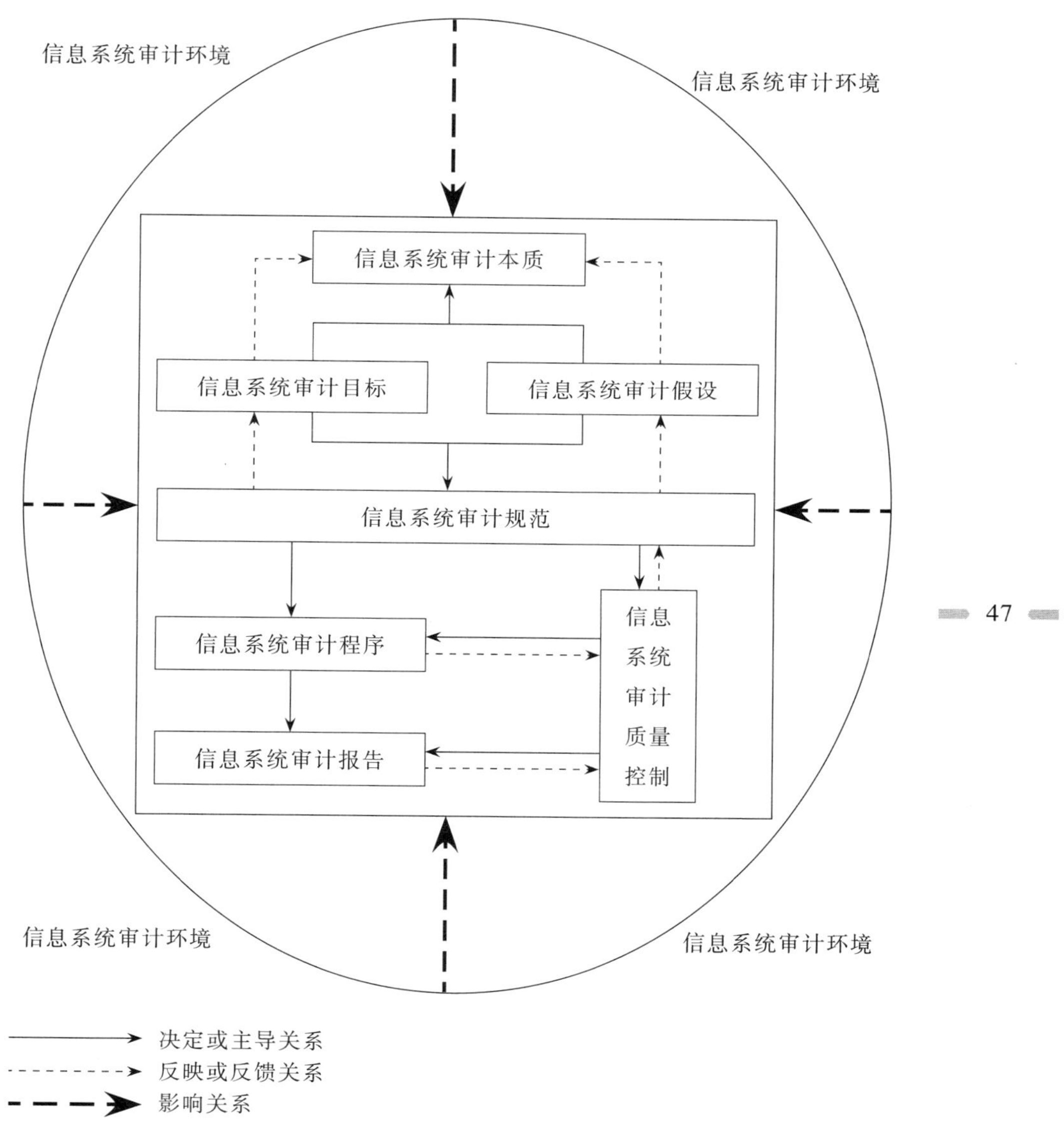

图2-3　信息系统审计理论结构

如前所述，信息系统审计环境是信息系统审计研究的政治、经济、法律等环境，是存在于信息系统审计之外的，但对信息系统审计研究有影响作用的一切因素之和，研究信息系统审计离不开信息系统审计环境，但是，审计环境不是审计本身，不能构成信息系统审计理论结构的组成要素。虽然审计环境不构成信息系统审计理论结构的组成要素，但对信息系统审计理论结构的每一个要素都有着重要的影响作用。信息系统审计理论结构与所依存的社会经济环境存在着相互依存的关系。信息系统审计本质处于信息系统审计理论结构的最高层次，是构成信息系统审计理论结构的基石，对整个审计理论结构的构建起着导向作用。信息系统审计本质是全面有效履行受托经济责任，实行经济控制，若不存在信息系统审计的本质，信息系统审计理论结构也无从谈起，只有搞清楚信息系统审计的本质，才能确定信息系统审计的目标以及审计假设。在信息系统审计目标和审计假设的基础上，制定和颁布信息系统审计规范。因此信息系统审计目标与审计假设是审计本质到规范制定的中间纽带，也只有明确了这两项内容，才能颁布切实有效的信息系统审计规范。通过信息系统审计规范指导信息系统审计行为的开展，并进行审计质量控制，最终产生信息系统审计报告和相关的审计意见。在这个过程中，信息系统审计规范是信息系统审计理论与审计实务连接的桥梁，起着承上启下、承前启后的作用。由此可见，该审计理论结构的建立是合理的，为信息系统审计实务同审计目标联系起来提供了合理的基础与依据，对信息系统审计行为有解释功能和指导功能。

2.1.4 信息系统审计理论结构对信息系统审计规范的影响

由信息系统审计理论结构图可知，信息系统审计规范在信息系统审计理论结构中占据着重要的位置。一方面，信息系统审计规范的制定应满足信息系统审计目标的要求，充分体现为实现信息系统审计目标而应该遵循的审计规范；同时，信息系统审计规范应该充分反映审计假设的相关内容和推论。另一方面，信息系统审计规范应该统驭着信息系统审计程序，指导信息系统审计实务，并对信息系统审计程序与信息系统审计报告进行质量控制。因此，信息系统审计规范是信息系统审计理论结构的重要因素，也是信息系统审计研究和审计实务首先应解决的重大问题。

随着美国安然、世通以及中国银广厦等审计舞弊事件的东窗事发，我们有必要讨论信息系统审计理论结构在制定和颁布信息系统审计规范中的作用，它们之间的关系又是怎么样的？又如何定位信息系统审计理论结构在信息系统审计规范制定中的地位？在信息系统审计准则或规范的制定过程中，很少有学者对其进行思考与探索。因此，本书尝试着对其进行探讨。同时，理清信息系统审计理论结构在信息系统审计规范中的地位与作用对信息系统审计规范的研究具有相当重要的意义。信息系统审计理论结构应作为信息系统审计规范的第一层次，在本质上，信息系统审计理论不是具体的审计规范，而属于应用性的信息系统审计理论，其主要功效在于评估现行信息系统审计规范，同时通过信息系统审计假设、审计目标、审计程序以及审计质量控制等基本概念和原则指导未来信息系统审计规范的制定，并不是仅仅依赖于照搬国外现成的信息系统审计准则或规范，为中国信息系统审计规范的制定与完善奠定坚实的基础。具体而言，信息系统审计理论结构又主要具有以下作用：①为信息系统审计规范的制定提供一种合理的解释；②评估现在已经颁布实施的信息系统审计规范；③指导未来信息系统审计规范的制定，否则，信息系统审计规范的制定势必招致批评与指责，信息系统审计规范的发展也缺乏明确的目标与宗旨；④为信息系统审计规范的制定节约成本，信息系统审计理论结构的存在，为审计规范的制定提供了一个一致的概念基础，使信息系统审计规范的制定有严谨的逻辑体系，节约信息系统审计规范制定成本，避免信息系统审计规范不能适应高速发展的信息社会要求。因此，正确把握信息系统审计理论结构，可以进一步凸显信息系统理论结构对信息系统审计规范的评价与指导作用。

2.2　信息系统审计目标与信息系统审计规范

审计目标是在一定历史环境下，审计主体通过审计活动所期望达到的理想境地或最终结果（萧应达，1991）。审计目标的确定是一种主观见之于客观的行为，是审计活动的出发点和落脚点。一方面具体活动本身总是依存于特定的社会政治经济环境并为其服务，因而，审计目标的内容必须反映其环境的客观需要；另一方面，审计目标本身又是由认识了周围环境的客观需要的理论工作者结合其内在功能而确立的。本节将在信息系统审计目标分析的基础上，论述信息系统审计目标与信息系统规范之间的关系。

2.2.1 信息系统审计目标的本质分析

没有审计，就没有受托经济责任；而没有受托经济责任，也就没有控制（Mackenzie，1966）[①]。审计是确保受托经济责任有效履行的手段，是一种保证或落实受托经济责任的控制机制（Flint，1988）。蔡春（1991）认为，审计在本质上是一种确保受托经济责任全面有效履行的特殊经济控制。因此，审计的本质目标就是确保受托经济责任的全面有效履行。信息系统审计是现代审计功能的拓展，尽管审计对象是信息系统，仿佛与受托经济责任履行相去甚远，但是信息系统是与信息加工，信息传递，信息存贮以及信息利用等有关的系统，信息系统所产生的信息是为组织发展服务的。随着信息技术在社会经济中的应用，为更好履行受托经济责任，开展财务报告审计、绩效审计、环境审计等，对财务报告等信息产生的载体进行审计变得十分重要。信息系统审计与财务报表审计、环境审计等的关系如同生产产品的机器与产品一样，对生产产品的机器进行维修，其最终目标是生产更好的产品。信息系统审计的本质也是一种控制活动，其目的在于保证对信息系统的资产保全责任以及对信息系统运行效率等受托责任的全面、有效履行。信息系统审计过程是一个控制过程。信息系统审计师将收集的有关被审计单位信息系统运行活动的数据，与已有的相关内部控制规定以及其他法律规范或者是手工处理的结果等进行比较，来判断被审单位是否在信息系统中嵌入了非法的内部控制措施，是否对计算机硬件、软件等资产履行了保全责任等，并将结果及时传递给管理当局、政府部门与社会公众，通过管理当局控制活动、政府部门的监督活动以及社会公众舆论监督等对被审计单位的行为施加影响，以实现对被审单位的经营管理过程的控制。因此，笔者认为信息系统审计的本质目标仍然是确保受托经济责任的全面有效履行。

① Flint D. Philosophy and Principles of Auditing: An Introduction [M]. London:Macmillan Education Ltd, 1988: 12.

2.2.2　信息系统审计的具体目标

信息系统审计的具体目标随着周围客观政治经济环境的变化而变化，随着审计对象以及人们主观认识程度的提高而提高。对于信息系统审计的具体目标，国内外学者或机构不存在统一的观点。ISACA认为信息系统审计的具体目标是确定资产得到适当保护、数据完整、可靠性、有效性、效率性。Strous（1998）认为信息系统审计的目标是对信息系统的可靠性、安全性、效果性和效率性进行独立无偏的评价。吴沁红（2002）认为信息系统审计的目标是对被审单位计算机信息系统的安全性、可靠性、有效性和效率性发表审计意见并提出改进意见。Wulandari（2003）认为信息系统审计的目标是评估和报告系统内部控制、效率性、经济性以及安全性等。刘汝焯（2007）将信息系统审计的目标细化为以下三个方面：①评价电子数据的真实、完整性；②分析信息系统的薄弱环节；③发现信息系统的非法功能和漏洞。唐志豪（2007）认为信息系统审计的总体目标是对与信息系统审计相关的受托经济责任的全面、有效履行做出合理保证，具体审计目标包括行为责任目标与报告责任目标两个方面。庄明来、吴沁红、李俊（2008）认为信息系统审计的目标就是对被审单位信息系统的安全、可靠、有效和效率以及能否有效地使用组织资源、实现组织目标发表意见。中国于2008年颁布的《第2203号内部审计具体准则——信息系统审计》认为信息系统审计的目的是通过实施信息系统审计工作，对组织是否达成信息技术管理目标进行综合评价，并基于评价意见提出管理建议，协助组织信息技术管理人员有效地履行其受托责任以达成组织的信息技术管理目标[①]。陈耿、王万军（2009）认为信息系统审计的目标包括真实性、完整性、合法性、安全性、可用性、可靠性、保密性、效果、效率和效益。张金城、黄作明（2009）认为信息系统审计的目标包括保护资产的完整性、保证数据的准确性、提高系统的有效性和效率性。信息系统审计从本质上讲是确保受托经济责任全面履行的特殊经济控制制度。虽然不同的学者或机构对

① 组织的信息技术管理目的是保证组织的信息技术战略充分反映该组织的业务战略目标，提高组织所依赖的信息系统的可靠性、稳定性、安全性及数据处理的完整性和准确性，提高信息系统运行的效果与效率，合理保证信息系统的运行符合法律法规及监管的相关要求。

信息系统审计目标所涵盖的内容持不同的观点，但信息系统审计的目标取决于受托经济责任的分解（如图2-2所示）。

信息系统审计的受托经济责任包括行为责任和报告责任两个方面。由图2-2对信息系统所肩负的受托经济责任进行分解，其具体审计目标也可分解为信息系统的资产保全、安全性、可靠性、有效性、效率性、效益性目标[①]以及报告公允性目标，值得关注的是信息系统审计的资产保全目标与效益性目标。随着企业信息化以及电子政务的推进，信息系统已经成为企业的一项重要资产，对信息系统这项特殊资产的保全责任也变得越来越重要。与此同时，"索洛生产率悖论"[②]使人们对"信息技术给组织增加了哪些价值"这个问题有了越来越多的认识，也更加关注信息系统的效益性目标。正如前文所述，信息系统审计的目标也是随着周围客观政治经济环境的变化而变化的。对信息系统这项特殊资产的保全目标以及效益性目标也将会变得越来越重要。

2.2.3 信息系统审计目标与信息系统审计规范

信息系统审计目标与信息系统审计规范存在着密切的联系，审计目标决定着信息系统审计规范的内容，要实现什么样的目标，就应制定什么样的审计规范；同时也只有制定和实施完善的信息系统审计规范，才能达到既定的信息系统审计目标。信息系统审计的目标包括信息系统的资产保全、安全性、可靠性、有效性、效率性、效益性目标以及报告公允性目标。信息系统审计规范制定机构应当围绕这些具体目标来制定与发布信息系统审计规范。为实现信息系统审计的资产保全目标，在审计规范中应详细规定计算机软硬件等资产的盘查计划、盘查程序等内容；为保证信息系统安全性与可靠性审计目标的实现，安全管理评审、信息系统风险评估、

① 为防止把信息系统内的机密文件泄露给无关的用户，必须采取某种安全保密措施，这些措施的有效程序如何就称为计信息系统的安全性或保密性。系统的可靠性是由其中的硬件系统、软件系统与数据的可靠性等因素共同决定的。系统的有效性是指系统能否实现既定的目标，系统的各项处理过程是否符合国家法律和有关规章制度的要求。系统的效率是指系统能否充分利用各种资源快速处理并及时输出用户所需的信息。系统的效益性是指信息系统的投入产出比，即企业的信息系统在企业盈利方面的贡献率。

② 20世纪80年代末，美国学者查斯曼（Strassman）调查了292个企业，结果发现了一个奇怪的现象，这些企业的IT投资和投资回报率（ROI）之间没有明显的关联。1987年获得诺贝尔奖的经济学家罗伯特·索洛将这种现象称为"生产率悖论"（productivity paradox）："我们到处都看得见计算机，就是在生产率统计方面却看不见计算机（computers everywhere except in the productivity statistics）"，即虽然企业在IT方面投入了大量的资源，然而从生产率的角度看，收效甚微。

入侵检测、病毒及其他恶意代码、指纹识别控制、安全性评估-穿透测试和弱点分析、系统生命周期评审、应用系统评审等审计指南与审计程序的提供是相当必要的；系统开发生命周期审计、应用系统内部控制评审等规范的提供，则是为实现信息系统审计的有效性与效率性目标；而信息系统审计规范中关于审计报告的基本准则与审计指南主要是为实现信息系统审计报告的公允性目标。因此，制定信息系统审计规范，必须考虑审计目标的具体要求，并将审计目标反映在审计规范的各个方面，否则信息系统审计规范就会脱离审计实践，不能有效地发挥审计规范应有的作用。此外，信息系统审计目标的清晰界定对于指导信息系统审计规范的界定有着相当重要的作用，即在信息系统审计规范没有进行约束的区域，信息系统审计人员也可根据信息系统审计目标有计划、有步骤地开展信息系统审计活动。

2.3 信息系统审计内容与信息系统审计规范

信息系统审计的对象是被审单位的计算机信息系统，涉及信息系统的各个组成部分。为深入分析信息系统审计内容与信息系统审计规范之间的关系，笔者在回顾国内外关于信息系统审计基本内容论述的基础上，以信息系统的组成部分为基础分析信息系统审计的基本内容。

2.3.1 信息系统审计的基本内容

同信息系统审计的目标一样，国内外学者或机构对信息系统审计的基本内容也持不同的观点。国外信息系统审计所涵盖的领域比较广泛，James A. Hall（2000）[①]提出了一个用于确定潜在计算机风险关键领域的风险评估模型，并提出信息系统审计与鉴证的关键领域包括计算机操作、数据管理系统、新系统开发、系统维护、电子商务和计算机应用几大部分。ISACA从知识结构的角度认为，信息系统审计可分为六大方面，即信息系统审计程序、IT治理、系统与基础设施的生命周期、IT服

① 詹姆斯.信息系统审计与鉴证［M］. 李丹，译. 北京：中信出版社，2003：18-20.

务的交付和支持、信息资产的保护以及业务持续和灾难恢复，具体到实践中，信息系统审计存在的形态包括：信息系统专项审计、为财务审计服务的信息系统审计、信息系统建设项目绩效审计等等[①]。国内学者（张毅，1989；张金城，1991；黄颂翔，1995；王如燕，1999，马万民，1999）早期对信息系统审计的研究主要集中在会计信息系统审计的研究方面，信息系统审计所涵盖的内容并不丰富。2000年以后，国内学者开始注重对非财务信息系统审计的研究，信息系统审计的内涵与外延也在不断拓展。王献锋（2000）认为计算机信息系统审计的主要内容包括计算机程序审计、计算机文件审计和计算机内部控制审计。吴沁红（2008）认为信息系统审计内容涵盖信息系统生命周期的各个阶段，从信息系统生命周期维度来看，信息系统审计的内容既涉及系统开发审计又涉及系统运行审计和系统维护审计，包括软硬件获取审计、软硬件管理审计、系统开发审计、系统维护审计、应用系统审计、应用系统控制审计、应用系统安全审计、灾难恢复计划审计等。中国内审协会（2008）在《第2203号内部审计具体准则——信息系统审计》中认为信息系统审计通常包括对组织层面信息技术控制、信息技术一般性控制及业务流程层面相关应用控制的审计。张金城、黄作明（2009）认为信息系统审计主要包括内部控制系统审计、系统开发审计、应用程序审计、数据文件审计等内容。

尽管国内外学者或机构对信息系统审计所涵盖的基本内容存在着不同的观点，但笔者认为信息系统审计基本内容的界定是基于对信息系统组成部分认识的（如图2-4所示）。信息系统是由计算机硬件平台、计算机软件平台、应用系统、信息资源、信息用户和运行规程组成的以处理信息流为目的的人机一体化系统。软件平台与硬件平台是信息系统运行的基础，对软硬件平台的管理包括软硬件的获取、管理与维护，具体到信息系统审计实践则表现为软硬件获取审计、软硬件管理审计与软硬件维护审计。系统开发与运行维护构成了信息系统的生命周期。为提高决策者的决策质量，提高信息系统设计的质量以及信息系统开

① 转引自李丹．美国信息系统审计发展的历史和现状［J］．中国审计，2008（3）：27.

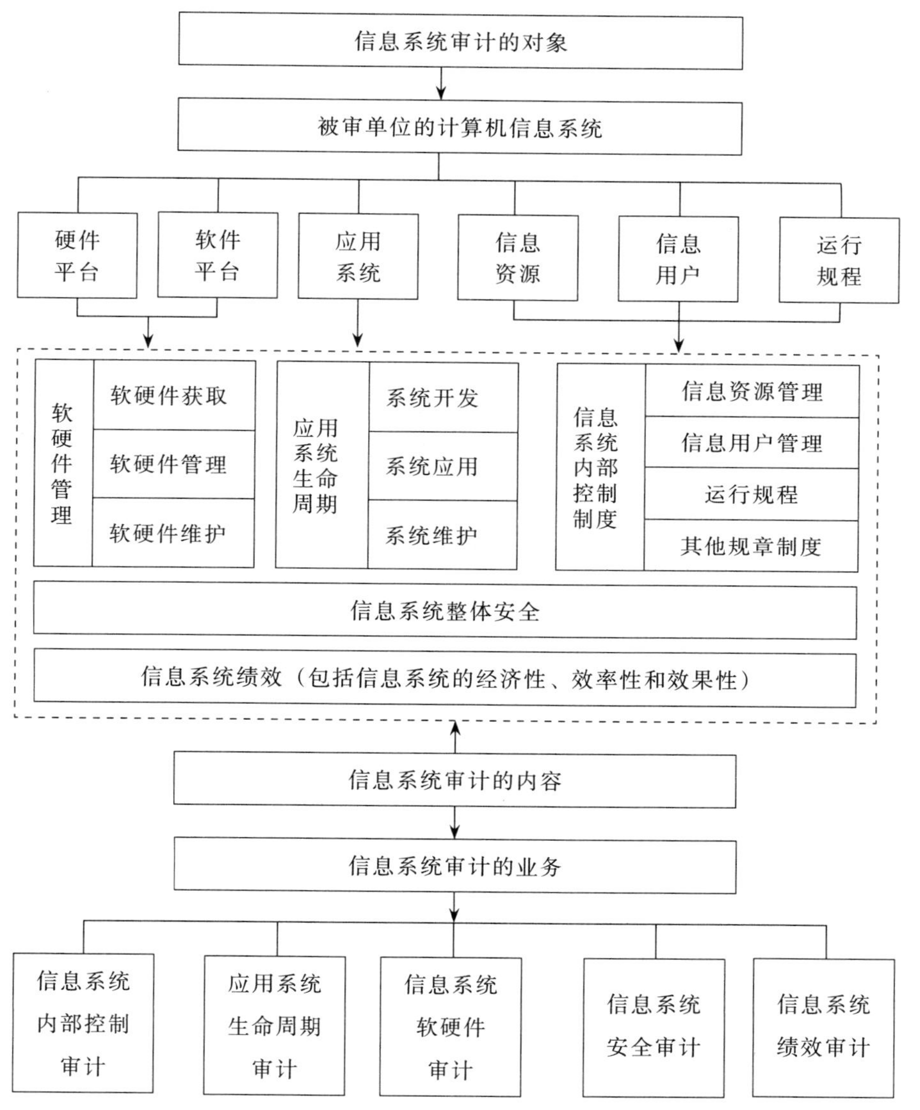

图2-4　信息系统审计的基本内容

发与获取过程的质量是相当必要的（Boritz，2002），审计人员必须较验输出过程是否可靠（Cash et al.，1977；ASCPA，1994；Cullen，1995）。对信息系统生命周期的审计活动包括系统开发审计、系统交付运行后对应用系统的审计和系统维护审计。对信息资源、信息用户与运行规程的管理活动主要体现在企业或相关部门的内部控制制度上面，包括规划与组织控制、系统开发控制、软硬件控制、操作控制、数据资源控制、系统维护控制以及灾难恢复控制等一般控制制度和输入控制、处理控制与输出控制等应用控制制度，因此，对信息资源、信息用户与运行规程的主要审计内容表现为信息系统内部控制审计；信息系统安全管理与效率、效益和效果评价是信息系统安全运行与持续运作的重要保障，在信息系统审计实践活动中，具体表现为信息系统完全审计和信息系统绩效审计。

可见，信息系统审计的基本内容应当包括信息系统内部控制审计、应用系统生命周期审计、信息系统软硬件审计、信息系统安全审计与信息系统绩效审计。需要特别指出的是，中国信息系统审计主要是为计算机数据审计的开展夯实基础、提供线索，服务于财务审计。笔者在本书所论述的信息系统审计不仅是指为财务审计服务的信息系统审计，还包括内部控制审计、系统生命周期审计、软硬件审计、安全审计以及信息系统绩效审计等内容。

2.3.2 信息系统审计规范

信息系统审计准则在信息审计中起着相当重要的作用（Boritz，2002）。信息系统审计的执行有赖于信息系统审计的内容、审计活动的性质、保证审计活动开展的准则与相关实施机制等（J. E. Boritz，2002）。信息系统审计的基本内容与信息系统审计规范在信息系统审计活动的执行过程中密切相关。信息系统的组成部分构成了信息系统审计的基本内容，而信息系统审计规范则是围绕这些基本内容制定的。清晰界定信息系统审计的基本内容可以促进信息系统审计规范的完善。相反，若信息系统审计内容界定不清晰在某种程度上会导致信息系统审计规范的不完善。ISACA是信息系统审计规范制定的权威机构，其规范也主要是围绕着ISACA对信息系统审计内容的理解颁布的。ISACA从知识结构的角度认为信息系统审计可分为六大方面，包括信息系统审计程序、IT治理、系统与基础设施的生命周期、IT服务的交付和支持、信息资产的保护以及业务持续和灾难恢复。ISACA基本准则中的审计计划（S5）、审计工作的实施（S6）、审计报告（S7）以及后续工作（S8）、审计计划中风险评估的运用

（S11）、审计重要性（S12）等是关于信息系统审计程序的规范，IT治理（S15）、IT控制（S16）是关于IT治理的规范，ISACA审计指南中的企业资源计划系统评审（G21）、系统开发生命周期审核（G23）等是关于系统与基础设施生命周期的规范。在审计指南中也包括信息系统审计程序、IT治理、IT服务的交付和支持、信息资产的保护等相关指南，本书在此不进行一一列举。由此可知，中国欲制定信息系统审计规范应当对信息系统审计的基本内容进行清晰界定。

2.4 信息系统审计技术、方法与信息系统审计规范

在ISACA发布的基本准则《审计报告》（G7）中指出，审计人员的审计报告必须叙述实质性或重大的缺陷，以及此缺陷对达到监控标准目标的影响。面对庞大复杂的信息系统，不借助计算机工具和技术对信息系统审计，就可能带来很大的审计风险（庄明来、吴沁红、李俊，2008）。只有采用适当的审计技术与方法，才能在执行信息系统审计时全面充分地了解被审单位信息系统的情况，并有效地开展信息系统审计活动。

2.4.1 信息系统审计技术与方法

国外早在20世纪50年代就对信息系统审计技术进行了研究，IBM公司在1956年出版的“The Auditor Encounters Electronic Data Processing”手册中制定了电子数据环境下的内部审计规则和组织方法，介绍了许多诸如测试数据、并行模拟等新的审计技术。美国内部审计师协会在1977年发表了著名的《系统可审计性及控制制度的研究》（简称SAC报告），提出了多种计算机辅助审计技术，是利用计算机对计算机信息系统直接进行审核检查的开创性探索。Wand和Weber（1989）提出了信息系统中不同层次子系统如何追踪传输变化的模型。这个模型为审计人员提供了一个结构化的方法用于识别和控制审计程序需要修正的地方。ISACA（1998，2008）对计算机辅助审计技术（简称CAATs）运用的范围，采用CAATs

需要考虑的因素以及CAATs运用的步骤及范围等进行了详细的论述，认为CAATs可运用于交易的详细测试、分析性复核程序、一般控制与应用控制测试以及穿透性测试之中。ISACA（2010）对CAATs与持续审计、持续认证进行了区别，提出CAATs是各种各样的自动化审计技术，而持续审计、持续认证是一种审计方法，同时，ISACA在其审计指南《持续认证》（G42）中对持续审计与持续认证在审计计划、审计实施与审计报告中运用的相关问题进行了深入详细的规定。

国内学者对于信息系统审计技术的研究相对较晚。张金城（1991）鉴于电算化会计信息系统在组织形式、数据处理等方面的变化，对电算化会计信息系统审计技术进行了探讨。葛世伦（1995）对绕过计算机进行审计、透过计算机进行审计和利用计算机进行审计等三种方法以及信息系统审计的类型和技术进行了初略阐述。吴沁红（2002）在回顾国内外相关文献的基础上，对信息系统审计技术进行了总结，并对综合测试、快照和系统控制审计复核文件等三种并行审计技术进行了深入分析。庄明来、吴沁红、李俊（2008）基于使广大审计人员熟悉信息系统审计技术的思路，对信息系统审计初步审查的技术方法进行了描述，同时认为询问、检查和观察等财务审计中经常使用的方法在信息系统审计中依然适用，但在执行信息系统审计时，询问、检查和观察的内容会有所不同。中国内审协会（2008）认为信息系统审计技术与方法包括：询问相关的控制人员；观察特定控制的运用；审阅文件和报告；根据信息系统的特性，进行穿行测试，追踪交易在信息系统中的处理过程；验证系统控制和计算逻辑；登录信息系统进行系统查询；利用计算机辅助审计工具和技术；在保证独立性、客观性及职业技能的质量控制前提下，利用其他专业机构的审计结果或组织对信息技术内部控制的自我评估结果等。

相比财务审计而言，信息系统本身的复杂性也使得信息系统审计的技术与方法呈现出复杂性的特征，但目前还没有一整套审计技术可以全面解决信息系统审计的所有问题（王振武，2009）。综合国内外学者或机构对信息系统审计技术与方法的观点，信息系统审计技术方法不仅包括在财务审计中试用的询问、检查、观察和函证等审计方法，同时也包括信息系统审计环境中所特有的审计技术与方法，具体有测试数据、综合测试、平行模拟、审计软件、嵌入审计程序、快照、追踪、映像、专家系统、实用软件[①]、系统文档审核等技术方法。面对众多的信息系统审计技术与方法，审计人员或审计机构应根据被审单位信息系统的特点、信息系统审计的目标以及审计人员的技术水平等合理选择一种或多种方法执行信息系统审计活动。同时，信息系统审计技术与方法选择的关键在于CAATs的选择。信息系统审计人员在选择CAATs时应当考虑的主要因素包括信息系统审计人员的计算机知识、技能与经验、时间约束、审计风险水平、信息系统与IT环境的整合程度、运用CAATs代替手工技术的效率和效果以及可适用的CAATs与信息系统基础设施等（ISACA，1998，2008）。在准备采用所选择的CAATs时，信息系统审计人员一般按以下步骤进行（ISACA，1998，2008）：（1）设置CAATs的审计目标，它可能包括在了解被审单位基本情况后认为有必要采用的；（2）确定组织的信息系统设施，包括了解被审系统、被审程序和数据的可获得性和可用性；（3）清楚地了解被审系统处理数据的组成，包括数量、类型、格式和布局；（4）确定采取的程序（如统计样本、重新计算、确认等）；（5）确定输出要求；（6）确定资源要求，如审计人员、计算机辅助审计工具与技术、处理环境（组织的信息系统设施或审计信息系统设施）；（7）获取对被审单位的信息系统设施、应用程序、被审系统和数据，其中包括数据文件的定义；（8）CAATs运用的文档，包括目标、高阶流程图和运行指令。在确定采用CAATs之后，从了解被审单位的基本情况到正确选择CAATs和相关的测试数据，可能需要很多时间，审计人员应当及时与被审单位进行沟通（ISACA，1998，2008）。

2.4.2　信息系统审计技术、方法与信息系统审计规范

信息系统审计是一项技术性较强的审计活动，其执行有赖于信息系统审计技术与方法的选择，审计技术与方法选择的正确与否同信息系统审计的成功与失败密切相关。无论是财务审计准则制定机构发布的财务审计规范，还是ISACA、中国内部审计协会等机构发布的信息系统审计准则都比较重视审计技术与方法的相关规范。中国注册会计师协会在其2006年

① 实用软件是由计算机制造商或软件供应商提供的计算机程序，在计算机系统运行中，经常会用到实用软件。实用软件也是执行信息系统审计时不可缺少的工具，一些实用软件可用于评价系统的安全性，一些可用于评价系统的效率等。

修订并发布的注册会计师审计准则中，对财务审计方法的相关准则包括《中国注册会计师审计准则第1311号——存货监盘》、《中国注册会计师审计准则第1312号——函证》以及《中国注册会计师审计准则第1314号——审计抽样和其他选取测试项目的方法》等。而在ISACA所发布的信息系统审计指南中，为引导信息系统审计人员选择正确的CAATs，ISACA于1998年发布了《信息系统审计指南第3号——利用计算机辅助审计技术》（G3），并于2008年根据信息技术发展的现状对G3进行了更新。在G3中，ISACA对选择CAATs所考虑的主要因素、步骤等进行了深入详细的规定。与此同时，在中国内部审计协会2008年发布的《第2203号内部审计具体准则——信息系统审计》中也对信息系统审计人员审计技术与方法的选择及其相关问题进行了阐述。在当前环境下，针对信息系统审计技术与方法的复杂多样性，如何引导信息系统审计人员选择信息系统审计技术与方法有赖于相关规范的制定与发布。

2.5 信息系统对审计的影响

1954年，通用电气公司运用计算机进行工资核算成为企业运用计算机信息系统的开端。计算机信息系统有利于企业经营管理效率的提高，成为企业经营管理必不可少的工具，然而计算机信息系统也对审计线索、审计风险以及信息系统审计规范等方面产生了巨大影响。

2.5.1 对审计线索的影响

审计过程实质上是不断收集、鉴证和综合运用审计证据的过程。在手工数据处理系统中，存在着大量肉眼可见的审计线索，对手工数据处理系统的审计，就是建立在这种肉眼可见的审计线索之上。而在计算机信息系统中，传统的凭证、账簿、报表等文字记录消失，取而代之的是存储在电子介质上相关信息。对于组织来讲，信息技术的运用给企业带来了新的商业风险，例如日益依赖计算机系统，消除了传统的纸质审计线索，在电子媒介上保留记录；日益依赖交易伙伴，减少人为因素的介入；依赖EDI网络、数据交易系统和过程（Pearson，1996；Pirie & Sheehy，1996；Ratnasingham，1998；Cullen，1995），越来越多的组织开始关注保存信息系统审计线索问题（Caroline Allinson，2001）。纸质记录的消除也给管理层和审计人员带来了相当重要的问题，纸质记录仍然需要保留，因为它们可以保证"充分的数据以恰当的格式和足够长的时间被保留，以满足法律和审计的需要，提供会计责任的依据"（Jamieson，1994）。审计师事务所应当强调对控制的可靠性测试，而不是实质性测试，因为随着对计算机控制的日益依赖，减少纸质文档，审计线索将不会长时间在线保留。由于审计证据类型和地点的改变，仅有少量纸质文档或者没有纸质文档，传统实质性测试将很难执行，这时也会考虑大量运用计算机辅助审计技术（Jamieson，1994）。审计人员不能认为EDI环境更加简单和自动化，在执行控制测试时，识别证据的类型和地点与以纸介质为基础的系统不同，审计人员需要测试和评估电子签名，更进一步的，审计人员需要执行对相关控制和主要证据更广泛地收搜，超越具体循环或子系统提供必要的证据。同时，一些形式的证据由于在组织、交易伙伴或VAN中信息保留政策，不可能存在很长时间。审计人员需要考虑将在什么时候收集证据（Stein和Rittenberg，1995）。计算机网络环境已经对审计活动产生了重大影响，有必要以风险导向审计观念为主导，实施计算机网络环境下的详细审计。网络环境下的详细审计应当借鉴早期详细审计的具体做法，将详细审计的重点定位于系统的输入口，对于电子化、网络化的原始凭证，在进行逐项审计之前，必须对其网络传递安全性进行确认（庄明来，2003）。审计线索的变化也对审计准则的制定与颁布产生了重要影响。在中国注册会计师协会2006年颁布的审计准则之中，多处涉及电子审计证据的获取与检查，以及其可靠性和相关性鉴证，其中《中国注册会计师审计准则第1301号——审计证据》明确将电子介质的记录形式列为审计证据，同时认为它比口头形式的审计证据更可靠（庄明来，2008）。

计算机信息系统的运用从审计线索中排除了纸质文档，其本质是消除了许多传统的内部控制方式，需要审计人员在思想观念、审计工作组织方式等方面发生深刻转变。审计线索的变化也催促着制定与发布应对审计线索发生变化后的审计取证问题。ISACA为应对审计线索发生变化后，审计取证所面临各方面问题，发布并实施了《信息系统审计指南第22号——计算机取证》。在审计指南第22号中，ISACA首先对计算机取证进行了定义，其次对审计人员在审计取证中的电子数据传输有效性识别、各方交易内容的识别、欺诈识别以及审计取证中的数据保护、数据获取和审计报告中审计证据选取等问题提供了相应的指南。为应对计算机信息系统对审计线索的影响，中国审计准则制定机构应尽快制定与颁布计算机取证方面的规范。

2.5.2 对审计风险的影响

信息技术的运用历来都是一把双刃剑，在提高财务审计、绩效审计以及信息系统审计效率的同时，也给审计机构或审计人员带来了不容忽视的审计风险。信息技术的发展给组织带来了新的风险，内部审计人员、外部审计人员以及IT专家应当在评估和管理这些风险的过程中扮演重要的角色，但通过调查发现内部审计人员主要集中于传统IT风险与控制，例如IT资产保护、应用程序、数据完整性、隐私和安全，很少关注系统的开发与获取问题（Dana R. Hermanson etc.，2000）。进行信息系统审计时，必须识别与新技术相联系的风险，内部审计应该通过建立、监测预警指标和运用一套完整的风险评估程序关注高度优先领域。有意义的早期预警指标能够识别威胁并提供精确程度高的现场指标，对现场指标的需求是基于对没有检测到的威胁经过一段时间可能会发生的考虑(Burns和Sorton，1991)。同时，Burns和Sorton还认为电子信息传输中的早期预警指标应该强调揭示三种类型风险因素，即固有风险、控制风险和控制结构风险。Sally Wright和Arnold M. Wright（2002）通过对五大会计师事务所的信息系统审计人员进行调查发现，识别供应链ERP子系统与支付子系统存在着较高的控制风险和安全风险。对企业ERP系统的鉴证活动应将重点放在对系统过程的鉴证，而不是将重点放在信息系统输出结果的鉴证上面。Kinney（2003）认为理解信息技术对风险、风险评价和风险管理的影响，需要深入理解外部因素和内部因素在企业组织运用信息技术中不同影响。Diane Janvrin等（2009）对与计算机相关程序的运用以及控制风险评估和事务所大小是否影响计算机相关审计程序的运用进行了实证检验，研究结果发现计算机审计程序的运用取决于审计人员对被审单位系统的了解以及与计算机相关的内部控制的测试。而且，42.9%的审计人员对计算机审计程序的运用依赖内部控制，这个比例在四大会计师事务所会更高。

信息系统的风险，同其他审计对象的风险相比，更具有隐蔽性，破坏性更强，舞弊手段及方法更为先进。为引导信息系统审计人员应对计算机信息系统对审计风险的影响，强化信息系统审计风险的管理与控制，有关风险评估方面的信息系统审计规范发挥着不可替代的作用。国外准则制定机构相当关注信息系统审计风险问题，为引导审计人员应对审计风险，ISACA早在2000年就发布了《信息系统审计指南第13号——审计计划中风险评估的运用》。中国在信息系统审计的风险评估方面还基本上处于空白状态。为应对计算机信息系统对审计风险的影响，中国审计准则制定机构应尽快制定与颁布信息系统审计风险评估方面的规范。

2.5.3　对信息系统审计规范的影响

电子数据处理、MIS、ERP等信息系统在企业的广泛应用，改变了人类社会利用信息资源的能力与方式，但随着信息技术应用的普及，利用信息技术进行欺诈和舞弊的犯罪事件也不断出现。1973年1月，美国“产权基金公司”的保险经纪商利用计算机进行欺诈，诈骗金额高达数亿美元，负责该公司审计的事务所也被判赔偿损失，这件事情引起了美国审计界的震惊，使得人们开始重视信息系统审计[①]。国外审计准则制定机构为满足信息系统审计实践的需求也不遗余力地致力于信息系统审计规范的制定与颁布。AICPA于1974年发表了《电子数据处理对审计人员影响的调查与内部控制评估》成为对电子数据处理系统实施审计的标准，为信息系统审计提供了指导和依据。日本注册会计师协会也于1976年发表了《使用电子计算机的会计组织的内部控制制度质问书（修订案）》、《电子数据处理系统的审计标准及审计过程案例》和《电子数据

① 庄明来，吴沁红，李俊．信息系统审计内容与方法［M］．北京：中国时代经济出版社，2008：4.

处理系统审计方法》等，作为对信息系统审计执行的强制标准。美国EDP审计师协会1984年发布的《EDP控制的目标》提出了信息系统的系列控制标准，随后于1987年发布了《信息系统审计的一般准则》，为信息系统审计活动提供了一般准则，指导审计人员的审计实践活动，而日本通产省下属的“计算机安全研究会”于1985年发表了《IT审计标准》，认为“随着信息系统网络化的进展，仅仅进行系统内部审计是不充分的，有必要尽早地引入由具有专门知识与技术的、与系统没有直接关系的第三方（信息系统审计师）对信息系统的安全、可靠等进行全面检查……”等观点。

进入20世纪90年代以后，信息技术的迅速发展使得信息系统越来越复杂化及网络化，如何确保信息系统的安全、可靠和有效变得越来越重要，审计实践对信息系统审计规范的需求也日益强烈。美国EDP审计师协会也于1994年正式更名为ISACA，致力于信息系统审计准则、审计指南以及审计程序的颁布。截至2010年4月，ISACA共发布了16项基本准则、41项审计指南和11项作业程序，对信息系统审计的程序、技术、方法以及目标等进行了详细深入的规定。为配合外部审计人员的信息系统审计活动，国际内部审计师协会（The Institute of Internal Auditors，以下简称IIA）为适应信息系统审计的需要也于2006年颁布了基于风险的信息系统控制评估指南（Guide to the Assessment of IT General Controls Scope Based on Risk，以下简称GAIT）与全球信息技术审计指南（Global Technology Audit Guide，以下简称GTAG）。GAIT是为管理者和外部审计师提供一种识别IT控制中的关键控制点的方法，而GTAG中用于解决董事会和高级经理关心的问题，提供了有关信息技术管理、控制或安全方面最及时的问题。截至2009年9月，IIA共发布了12个全球信息技术审计指南。与此同时，IT治理协会（Information Technology Governance，以下简称ITGI）在吸收借鉴了41个国际性文档的研究成果的基础上于1996年、1998年、2000年、2005年分别颁布了Cobit1.0，Cobit2.0，Cobit3.0，Cobit4.0，并于2007年5月将Cobit更新到4.1版本。信息系统审计领域这一系列规范有利于指导审计人员从事信息系统审计活动，为整合信息系统审计领域的已有规范，并弥补ISACA所发布的基本准则、审计指南以及审计程序的不足，ISACA于2008年4月又推出IT鉴证框架（ITAF），借助统一的框架整合这些规范。尽管ITAF目前还只是一个由基本准则（包括一般准则、执业准则和报告准则）、审计指南、工具与技术三部分组成的框架结构，但ISACA则希望ITAF作为一个“活文档”，可以在该框架下不断完善[①]。

随着中国企业信息化、政务信息化等工程的开展，信息系统审计实践也得到迅速发展，“透过计算机审计”[②]已经成为国家审计、内部审计以及注册会计师审计对信息系统审计的必然。在计算机信息系统与网络环境的影响下，中国政府和信息系统审计实践部门也开始重视信息系统审计规范的制定与发布。审计署京津冀特派办在2005年发布了《计算机审计操作规则》、《审计中间表创建和使用管理规则》和《数据分析报告撰写规则》等操作规则之后，又于2006年9月发布了《信息系统审计操作规则》、《网上审计操作规则》以及《审计数字化应用规则》等审计信息化建设的规则。中国内部审计协会为了规范组织内部审计机构及人员开展信息系统审计活动并保证审计质量，于2008年根据《内部基本审计准则》制定并颁布了《内部审计具体准则第28号——信息系统审计》。尽管内审准则28号存在诸多缺陷，却是中国第一个真正意义上的信息系统审计准则。与此同时，为了应对信息系统广泛应用给企业所带来的一系列问题，越来越多的学者也开始关注如何在当前条件下完善中国的信息系统审计规范体系，以指导信息系统审计实践。李丹（2002，2003）对中国开展信息系统审计的紧迫性、面临的问题以及未来的发展前景进行了研究，认为中国信息系统审计面临的问题包括审计观念的转变、信息系统审计的专业人才以及行业准则与实务指南，应加快行业准则与实务指南的制定。汪家常、许娟（2003）认为与发达国家相比，中国计算机审计准则缺乏操作层次规范，弱化实际应用性，内容时效滞后，内控制度过于笼统，审计风险评价乏力，重构中国计算机审计准则系统，应

① 庄明来，阳杰．美国IT控制的审计规范体系解读与启示［J］．经济管理，2009（11）：125-129．

② 透过计算机审计是指除了输入和输出数据以外，还对程序和机内数据文件进行审查。在绕过计算机的审计方法中，忽视了对计算机程序的审计，但程序是人与计算机联系的纽带，它体现了人们处理经济业务的目的、原则和方法。因而，应该是审计的重要对象。透过计算机的审计，就是要着重对计算机的程序和存储在计算机内的其他数据文件进行审计。

本着系统性、完整性、实用性原则，科学规划一般准则和具体审计指南。在借鉴国外先进经验，制定计算机审计准则时，应保持中国特色。王景东（2003）认为目前中国信息系统审计是计算机审计中最为薄弱的环节，既没有形成一个较为完善的能够指导实践的规范和准则体系，又没有较为成熟的适合实践的可供借鉴的案例和经验。胡晓明（2005）提出中国应在国家审计署下成立专门的信息系统审计研究中心，负责对信息系统审计标准、操作指南、职业规范体系进行研究。陈婉玲、杨文杰（2006）在介绍了ISACA的信息系统审计准则及其发展的基础上，简要讨论了中国的计算机审计发展的现状与准则建设情况，提出了中国在建设信息系统审计准则体系时，可以借鉴ISACA的做法，也可以采用三个层次体系结构，以基本准则为核心，统领审计指南和作业程序，从而使整个准则体系不断扩展、完善。唐志豪（2007）认为信息系统审计包括技术性规范和社会性规范，其中技术性规范是指信息系统审计标准，社会性规范是指审计职业道德规范和法律规范。庄明来、吴沁红、李俊（2008）回顾了与信息系统审计相关的规范发现，中国信息系统审计人员开展信息系统审计主要参考ISACA组织颁布的信息系统审计准则和中国审计准则中关于计算机审计的部分，这种现状不适合中国信息化快速发展的现状，也不适应信息系统审计事业的发展。中国在制定专门的信息系统审计准则时应注意准则体系问题、准则制定的方法问题以及信息化相关法规的完善等方面。张金城、黄作明（2009）对中国与信息系统审计相关的规范进行了回顾，认为中国至今仍然没有正式的信息系统审计准则。

电子数据处理、MIS、ERP等信息系统的广泛应用使得原有审计准则已经不能满足对信息系统审计的要求。需要在原有审计准则的基础上，建立一系列新的审计准则以满足对信息系统审计的需求。国外审计准则制定机构为适应信息社会发展的要求，从20世纪70年代就已经开始对信息系统审计规范进行研究，在审计规范的数量与质量方面都优于中国。国内学者对计算机信息系统审计规范的研究大都在简要介绍ISACA审计准则以及与计算机审计相关的准则，没有对ISACA所发布的信息系统审计准则体系进行完整系统的研究。然而，我们通过调查研究发现在信息系统审计实践中，部分审计机构为更好开展信息系统审计活动已经开始尝试着颁布适用于指导和约束审计人员行为的信息系统审计操作规则，如审计署京津冀特派办于2006年9月发布的审计信息化操作规则，但这些实践在学术研究中并没有得到体现，理论研究落后于实践，没有真正起到理论指导实践的作用。

基于以上对国内信息系统审计规范研究现状的认识，中国在信息系统审计规范体系的建设过程中需要解决以下几个问题：①厘清信息系统审计理论结构与信息系统审计规范之间的关系并进行分析。众所周知，信息技术发展的摩尔定律使得其发展日新月异，新兴的信息系统审计领域不断出现，分析信息系统审计理论结构与信息系统审计规范之间的关系，有助于在信息系统审计规范制定无法跟上的时候指导审计人员的审计行为。通过对国内外相关文献回顾发现，国内外学者或机构在这个方面的研究是相当薄弱的。②对国外信息系统审计规范进行完整、系统的回顾与评述。国外存在着大量诸如ISACA审计准则、GAIT和GTAG以及Cobit等审计规范资源，深入分析这些审计规范有助于夯实中国信息系统审计规范体系完善基础。③国内学者对中国信息系统审计规范现状的研究基本上都停留在介绍中国与信息系统审计相关规范的基础上，对中国信息系统审计规范供给与需求不均衡的深层次问题缺乏探讨。有必要深入剖析中国信息系统审计规范的现状。④分析中国信息系统审计规范的框架结构，同时对中国信息系统审计规范制定的路径选择问题进行探讨。

2.6　本章小结

同财务审计相比，信息系统审计在审计目标、基本内容以及技术与方法上存在着显著的区别。因此，本章分别从信息系统审计目标、基本内容、技术与方法以及信息系统对审计的影响等方面对现有文献加以梳理与评述。在回顾国内外对信息系统审计具体目标与信息系统审计基本内容的基础上，提出了信息系统审计的具体目标包括信息系统的资产保全、安全性、可靠性、有效性、效率性目标以及报告公允性目标，信息系统审计的基本内容包括信息系统内部控制审计、应用系统生命周期审计、信息系统软硬件审计、信息系统安全审计与信息系统绩效审计。在回顾与评述信息系统审计目标、信息系统审计内容、信息系统审计的技术与方法的同时，笔者还分析了三者与信息系统审计规范的关系。通过信息系统对审计影响的相关文献回顾中发现，国外在信息系统审计规范方面的研究早于中国，而中国目前在信息系统审计规范的研究方面还停留在ISACA审计准则以及与计算机审计相关的准则的介绍方面，没有进行完整而系统的研究。有鉴于此，提出中国信息系统审计规范体系建设过程中需要从理论上解决的几个问题，即厘清信息系统审计规范与信息系统审计理论结构的关系，评述国外信息系统审计的相关规范，分析中国信息系统审计规范的现状以及对中国信息系统审计规范体系的框架结构与路径选择问题进行探讨。

第 3 章

中国信息系统审计规范的非均衡分析

经过近几年的探索，信息系统审计在中国已经取得了初步成就，但同西方发达国家相比，不仅起步较晚，技术水平落后，而且在制度和规范建设方面也相对落后。信息系统审计正处于探索发展阶段，出现了发展水平不均衡、实务操作不规范的问题，现有的规范体系主要是对一般性的计算机审计方面的规范，专门用于信息系统审计的规范比较少（庄明来、吴沁红、李俊，2008）。信息系统审计面对复杂的计算机信息系统与错综复杂的数据，关于审计什么，如何审计，信息系统审计人员在实务操作中应遵循什么样的规范，还没有形成统一的标准，在信息系统审计工作中存在一定的随意性、无序性，绝大部分的信息系统审计人员主要是采用美国ISACA所颁布的信息系统审计准则。分析中国当前信息系统审计规范体系所存在的弊端将为构建合理的信息系统审计规范体系奠定坚实的基础。

3.1 中国信息系统审计规范的现状及存在的问题

3.1.1 中国信息系统审计规范发展的现状

1）中国审计准则体系的现状

当前，中国审计准则体系按主体不同分为国家审计准则、注册会计师审计准则以及内部审计准则，三大准则体系各自独立。这种各自独立自成体系的状况，其成因是诸多方面的，比如由于审计依据的不同导致差异。国家审计准则体系依据《中华人民共和国审计法》制定，内部审计准则体系依据《中华人民共和国审计法》和《审计署关于内部审计工作的规定》制定，注册会计师审计准则体系依据《中国注册会计师法》制定，同时，审计目标、审计业务的性质等因素的不同也导致审计准则自成体系（见表3-1）。

表3-1 **中国审计准则体系的制定**

准则体系 项目	国家审计准则	注册会计师执行准则	内部审计准则
制定机构	国家审计署	注册会计师协会	内部审计协会
制定依据	《中华人民共和国审计法》以及《中华人民共和国审计法实施条例》	《中华人民共和国注册会计师法》	《中华人民共和国审计法》、《审计署关于内部审计工作的规定》及相关法律法规制定
适用范围	适用于各级审计机关和审计人员依法开展的审计工作，其他审计组织承办国家审计机关审计事项也应当遵守本准则	注册会计师执行历史财务信息审计业务、历史财务信息审阅业务和其他鉴证业务时，应当遵守本准则以及依据本准则制定的审计准则、审阅准则和其他鉴证业务准则	适用于内部审计机构和人员进行内部审计的全过程；适用于各类组织。无论组织是否以盈利为目的，也无论组织规模大小和组织形式如何，内部审计机构和人员在进行内部审计时，都应遵循内部审计准则

在具体准则体系方面，三大准则也存在着差异，所包含的内容也各自不同。国家审计准则体系分为三个层次（如图3-1所示），第一层次为国家审计基本准则，第二层次为通用审计准则和专业审计准则，第三层次为国家审计实务指南。中国审计基本准则通用审计准则和专用审计准

则具有行政规章的法律效力，而审计指南则只是对审计工作提供指导性意见，不具有行政规章的法律效力。审计职业道德准则和审计质量控制准则包含在通用审计准则中，国家审计准则中的审计质量控制准则主要是为审计项目质量控制提供保障，审计质量控制准则包括总则、审计方案的质量控制、审计证据的质量控制、审计日记和审计工作底稿的质量控制、审计报告质量控制、审计档案质量控制、审计项目质量责任以及附则。

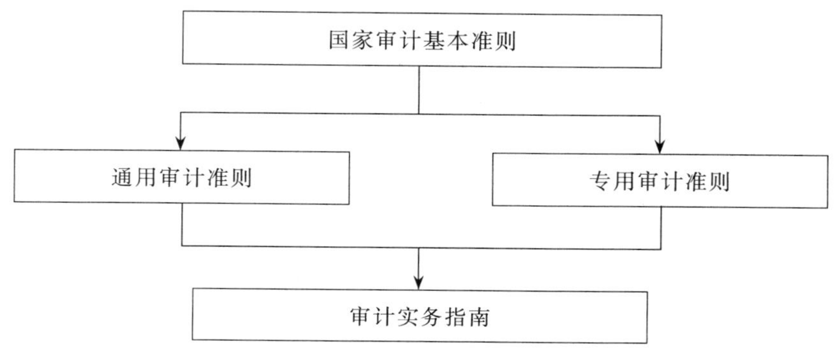

图3-1　国家审计准则体系

为适应注册会计师业务多元化的现状，中国审计准则委员会于2006年2月颁布了新的注册会计师准则体系，对原有审计准则体系进行了修改。新的注册会计师执业准则体系包括鉴证业务准则、相关服务准则和会计师事务所质量控制准则（如图3-2所示）。鉴证业务准则由鉴证业务基本准则统领，按照鉴证业务提供的保证程度和鉴证对象不同，分为审计准则、审阅准则和其他鉴证业务准则；相关服务准则用以规范注册会计师代编财务信息、执行商定程序、提供管理咨询等其他服务；会计师事务所质量控制准则用以规范会计师事务所在执行各类业务时应当遵守的质量控制政策和程序。

中国内部审计准则由中国内部审计协会制定，共分为三个层次（如图3-3所示），第一层次为内部审计基本准则，第二层次为内部审计具体准则，第三层次为内部审计实务指南。

综上所述，国家审计准则体系框架与内部审计准则体系框架趋同程度最高，都是由审计基本准则、审计具体准则和实务指南组成，只是两者差

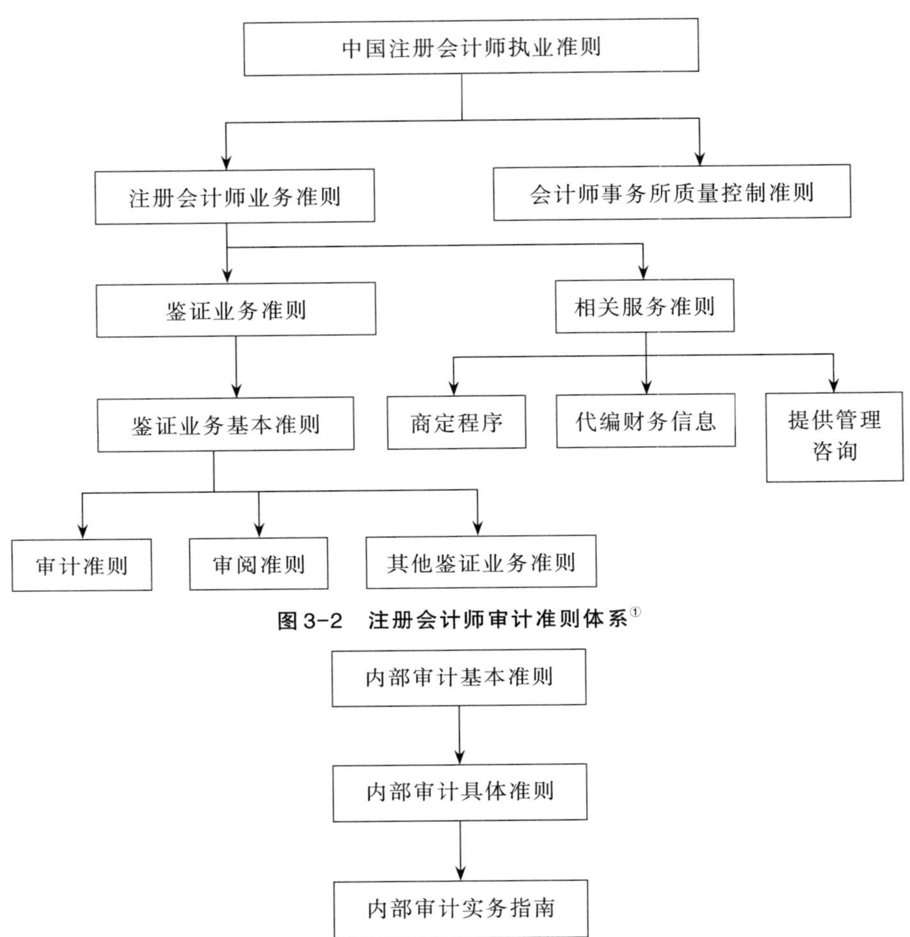

图 3-2　注册会计师审计准则体系①

图 3-3　内部审计准则体系

异之处在于国家审计具体准则分为专业审计准则和通用审计准则，而内部审计具体准则没有进行区分。由于注册会计师审计准则体系在框架体系上与国际注册会计师联合会发布的审计准则体系趋同，因此，其框架体系与国家审计准则体系和内部审计准则体系略有差别，但都是由审计基本准则、具体准则和实务指南组成，其区别见表 3-2。

由表 3-2 可知，三大准则体系最大的差别在于注册会计师审计准则体系在第三层次没有相应的审计实务指南。

---

① 注册会计师协会.中国注册会计师执业准则的框架体系与编号原理［J］.中国注册会计师，2007（5）：28.

表3-2　**国家审计准则体系、内部审计准则体系与注册会计师审计准则体系框架比较**

准则体系 / 项目	国家审计准则体系	内部审计准则体系	注册会计师审计准则体系
第一层次	国家审计基本准则	内部审计基本准则	鉴证业务基本准则
第二层次	通用审计准则、专用审计准则	内部审计具体准则	审计准则、审阅准则和其他鉴证业务准则
第三层次	国家审计实务指南	内部审计实务指南	无

2）审计署、中注协及内部审计协会颁布的与信息系统审计相关的规范

1993年，审计署颁布了《审计署关于计算机审计的暂行规定》，第二条指出“凡使用计算机管理财政、财务收支及其有关经济活动的被审单位，审计机关有权采用计算机技术，依法独立对其计算机财务系统进行审计监督”，同时也在第三条中对计算机审计的内容进行了规定，这为审计人员开展包括信息系统审计在内的计算机审计提供了初步依据；1996年审计署颁布《审计机关计算机辅助审计方法》，详细规定了计算机辅助审计的概念以及包括的内容。《审计机构计算机辅助审计方法》规定，为便于确定被审计单位使用计算机处理的信息对其财务收支的真实性、合法性是否会产生影响，被审计单位必须按照审计机关规定的期限和要求，报送计算机应用系统开发的验收报告、申请使用该系统的报告、与之配套的管理制度和措施以及计算机应用系统变动情况等资料；对被审计单位计算机应用系统测试获取审计证据时，审计人员应当检测计算机应用系统相关的内部控制是否存在、有效，以及对审计证据可靠性的影响。1999年，中国注册会计师协会颁布了《独立审计准则第20号——计算机信息系统环境下的审计》，对注册会计师在计算机信息系统环境条件下进行审计进行了规范，准则要求注册会计师在计算机信息系统环境下执行会计报表审计业务，应当考虑其对审计的影响，指出了在计算机信息系统环境下审计的一般原则、计划、内部控制研究、评价与风险评估以及审计程序等。2001年国务院办公厅颁布《关于利用计算机信息系统开展审计工作有关问题的通知》，规定审计机关有权检查被

审单位运用计算机管理财政财务收支的信息系统，在审计机关对被审单位电子数据真实性产生疑问时，可以对计算机信息系统进行测试。2006年，为了规范注册会计师在计算机信息系统环境下执行会计报表审计业务，明确工作要求，保证执业质量，根据《独立审计基本准则》，中国注册会计师协会制定和颁布了《注册会计师审计准则第1633号——电子商务对财务报表审计的影响》，对审计人员对电子商务应了解哪些方面，应识别哪些风险以及对内部控制应如何考虑都做了详细规定。同时，《注册会计师审计准则第1633号》还规定注册会计师按照本准则的规定对电子商务进行考虑，旨在对财务报表形成审计意见，而非对电子商务系统或活动本身提出鉴证结论和咨询意见。由此可见，该准则并非是针对信息系统的审计准则。2006年修订的《审计法》从法律上明确了审计机关获取被审计单位与审计相关电子数据和电子计算机技术文档、检查财政财务收支信息系统的权力。

2008年9月，中国内部审计协会为了规范组织内部审计机构及人员开展信息系统审计活动，保证审计质量，根据《内部审计基本准则》制定并颁布了《内部审计具体准则第28号——信息系统审计》，2013年中国内审协会对该准则的名称进行了修改，但其具体内容未做修改。该具体准则由总则、一般原则、审计计划、信息技术风险评估、信息系统审计内容、信息系统审计方法、审计报告与后续工作以及附则组成。《内部审计具体准则第28号》对信息系统审计的含义、目的、专业胜任能力、内容、方法[①]

① 《内部审计具体准则第28号——信息系统审计》第二条规定，信息系统审计，是指由组织内部审计机构及人员对信息系统及其相关的信息技术内部控制和流程开展的一系列综合检查、评价与报告活动。第四条规定，信息系统审计的目的是通过实施信息系统审计工作，对组织是否达成信息技术管理目标进行综合评价，并基于评价意见提出管理建议，协助组织信息技术管理人员有效地履行其受托责任以达成组织的信息技术管理目标。组织的信息技术管理目的是保证组织的信息技术战略充分反映该组织的业务战略目标，提高组织所依赖的信息系统的可靠性、稳定性、安全性及数据处理的完整性和准确性，提高信息系统运行的效果与效率，合理保证信息系统的运行符合法律法规及监管的相关要求。第六条规定，从事信息系统审计人员的专业胜任能力是指在信息系统审计领域，胜任管理层与其他利益方的委托、履行其信息系统审计职能所应拥有的相关知识、技能和素质。信息系统审计人员应当熟悉内部审计业务并具备必要的信息技术及信息系统审计的专业知识。此外，审计项目负责人员应具有三年以上信息系统审计相关工作经验，或六年以上相关业务的从业经验。第十八条规定，信息系统审计通常包括对组织层面信息技术控制、信息技术一般性控制及业务流程层面相关应用控制的审计。审计人员在进行审计与信息技术相关内部控制及流程中可以单独或综合应用下列的审计方法来获取充分、适当的审计证据以评估信息技术内部控制的设计有效性和执行有效性：（一）询问相关的控制人员；（二）观察特定控制的运用；（三）审阅文件和报告；（四）根据信息系统的特性，进行穿行测试，追踪交易在信息系统中的处理过程；（五）验证系统控制和计算逻辑；（六）登录信息系统进行系统查询；（七）利用计算机辅助审计工具和技术；（八）保证独立性、客观性及职业技能的质量控制前提下，利用其他专业机构的审计结果或组织对信息技术内部控制的自我评估结果；（九）其他。

等进行了阐述，同时，还将信息系统审计的阶段划分为审计计划阶段、审计实施阶段、审计报告与后续工作阶段。因此，同前面所颁布的与信息系统审计相关的规范相比，《内部审计具体准则第28号》是中国第一个真正意义上的信息系统审计准则。

到目前为止，中国尚没有专门针对信息系统审计的职业道德规范和质量控制准则，对信息系统审计的质量控制与职业道德的规范依据审计主体的不同遵循不同的职业道德规范和质量控制准则。以注册会计师审计为例，对信息系统审计的质量控制与职业道德规范应遵循《会计师事务所质量控制准则第5101号——业务质量控制》和《中国注册会计师协会会员职业道德守则》。

随着全球化的深入，各国准则与国际准则的趋同变得日益重要。世界上主要的资本市场都在积极探讨并努力实现向一套全球公认的会计和审计准则的趋同。统一的会计、审计准则有助于加强投资者对财务信息的信心，从而促使投资者进行海外投资。为了同国际审计准则趋同，中注协于2008年12月颁布了《中国注册会计师协会会员职业道德守则》（征求意见稿），会员职业道德守则共分为五编，第一编规定职业道德基本原则和运用职业道德概念框架的方法，适用于中国注册会计师协会全体会员。第二编至第五编规定会员在具体情况下如何运用概念框架，其中第二编至第四编适用于注册会计师，第五编适用于非执业会员。中注协的道德准则框架结构（如图3-4所示）基本上同IFAC的道德准则框架一样。虽然财务审计与信息系统审计存在着显著区别，但在职业道德的遵守方面不存在显著差别，因此，《中国注册会计师协会会员职业道德守则》（征求意见稿）同样适用于信息系统审计的从业人员。同样，《内部审计人员职业道德规范》也是适用于做为内审人员的信息系统审计人员的，但在质量控制方面的准则主要适用于注册会计师执行历史财务信息审计业务，如果将《中国注册会计师审计准则第1121号——历史财务信息审计的质量控制》应用于信息系统审计则不能很好对信息系统审计进行质量控制。同样，内部审计协会与审计署所颁布质量控制准则也不是针对信息系统审计的，而主要是针对财务审计，不利于信息系统审计的质量控制。

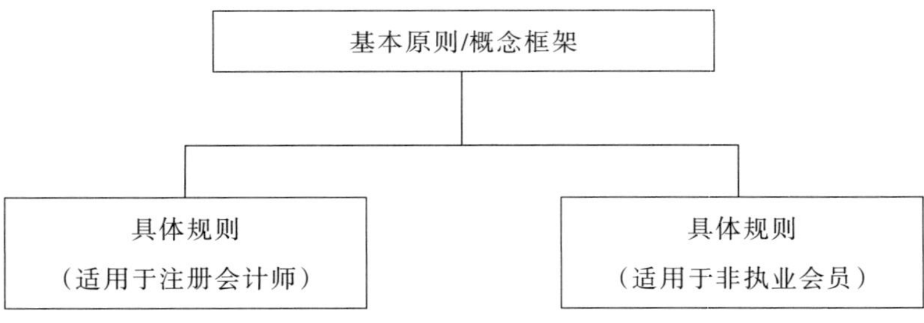

图3-4　中国注册会计师协会职业道德准则框架

3）信息系统审计实践中的相关规范

信息系统审计规范是一个具有丰富内涵的体系概念，不同层次的信息系统审计规范构成了信息系统审计规范体系，信息系统实践中总结提炼的相关信息系统操作规则也构成了信息系统审计规范体系的重要组成部分。由于信息系统审计不属于强制性审计的范畴，国家相关部门或执业团体所制定的信息系统审计规范远远不能满足信息系统审计实践的要求，也没有制定信息系统审计的作业程序，但在信息系统审计实践中所制定的信息系统审计规范却是相当丰富的。为规范信息系统审计行为，提高审计工作质量与效率，广大信息系统审计人员在审计实践中进行了卓有成效的探索，及时总结成功的经验和做法，制定了一些具体的办法，制定了一定的标准、规范来指导信息系统审计人员的行为。同时，信息系统审计实践中的相关规范也为将来中国制定信息系统审计规范提供了很好的实践素材，如审计署京津冀特派办于2006年9月颁布实施了《信息系统审计操作规则》、《网上审计操作规则》及《审计数字化应用规则》三个审计信息化建设的规则，这是该办继2005年颁布实施《计算机审计操作规则》、《审计中间表创建和使用管理规则》及《数据分析报告撰写规则》三个计算机审计的规则之后，在信息化建设的进程中做出的新探索。其中，《信息系统审计操作规则》用以规范、指导信息系统审计活动。该规则明确了信息系统审计的五个步骤[①]及各步骤应完成的工作内容、目标，并制定了计算机信息系统调查表与相关的控制测试矩阵[②]。这些信息系统审计实践中总结、提炼出来的信息系统审计规范，不仅对信息系统审计有序、高效地开

① 《信息系统审计操作规则》第三条规定，信息系统审计一般应分为系统调查、控制测评、初步评价、分析测试和综合评价五个步骤。

② 参见《信息系统审计操作规则》。

展起到了保障作用，而且为中国信息系统审计规范的制定起到了很好的借鉴、参考作用，中国在制定与完善信息系统审计规范体系的过程中应大力借鉴这些审计实践中发展起来的信息系统审计规范。

3.1.2　中国准则体系制定存在的弊端和信息系统审计规范存在的问题

1）中国准则体系制定存在的弊端

三大审计准则自成体系，除了上述所阐述的制定机构、制定依据与适用范围等不同之外，还在审计目标、审计对象方面存在着一定的差异。国家审计、内部审计与注册会计师审计总的来讲是对被审计单位的财政收支的真实、合法和效益发表意见，具体而言，却存在着一定程度的差异。国家审计的目标是评价各级财政收支及有关经济活动的真实、合法与效益（李金华，2001）；国际内部审计师协会（IIA）在其1999年颁布，并于2002年1月1日起实施的《内部审计职业实务指南》中指出，“内部审计是一种独立、客观的保证和咨询活动，其目的是增加组织的价值和改善组织的经营。它采取系统化、规范化的方法来对风险管理、控制及治理程序进行评估和改善，从而帮助机构实现它的目标”；美国注册会计师协会颁布的《审计准则公告第1号》指出，“独立注册会计师对财务报表的审计目标，是对财务报表是否按照公认原则公允地反映（present fairly）财务状况、经营成果和现金流量发表意见”。而在审计对象方面，三大审计也是存在着差别的。《宪法》和《审计法》规定，必须接受审计的部门和单位包括：国务院各部门、地方人民政府及其各部门，国有的金融机构，国有企业和国有资产占控股地位或者主导地位的企业，国家事业组织，其他应当接受审计的部门和单位，以及上述部门和单位的有关人员；内部审计的对象是被审单位的经济活动；注册会计师审计则是从外部视角审查被审单位的经济活动。因此，不同审计形式审计目标的不同，也就意味着彼此审计重点、审计责任和审计方法存在着差异，其自成体系有利于审计工作的开展。信息系统审计在不同的框架体系中都服从其总体目标，即国家审计主体在执行信息系统审计时，信息系统审计应服从国家审计的目标，但这是否就意味着信息系统审计规范也应在三大准则体系中自成体系呢？

随着中国经济的发展，日益复杂的经济活动与审计资源短缺之间的矛盾，三大审计准则体系共存导致的重复审计问题，已经成为目前中国审计界关注的热点问题，而信息系统审计的出现将使上述矛盾更加突出。信息系统是一种工具，是由计算机硬件、网络和通信设备、计算机软件、信息资源、信息用户和规章制度组成的以处理信息流为目的的人机一体化系统，其功能是输入、存储、处理、输出和控制。无论是在国家审计、内部审计中，还是在注册会计师审计中，信息系统审计的主要内容包括信息系统内部控制审计、信息系统生命周期审计、信息系统安全审计以及信息系统软硬件审计等。而其审计目标，只是在文字表述上存在差异，其实质都是对被审单位信息系统的安全、可靠、有效和效率以及能否有效地使用组织资源、实现组织目标发表意见。审计工作只是一种手段，其最终目标是服从审计目标的，而信息系统审计规范则是对信息系统审计行为起到监督与引导作用，最终目标还是服从审计目标。由此，我们可以推导出，由于信息系统审计目标、审计对象在国家审计、内部审计以及注册会计师审计中不存在太大的差异，信息系统审计的技术手段与程序也不会存在显著差异，因此，对信息系统审计行为进行规范的相关审计规范体系更不会存在太大的差异。

根据中国注册会计师审计准则、国家审计准则以及内部审计准则的制定现状可知，若无专门的信息系统审计准则制定机构或者三大审计准则机构不进行审计准则制定资源整合，中国信息系统审计准则的制定就会出现如图3-5所示的情况。审计署、中注协以及中国内部审计协会分别制定与信息系统审计相关的审计准则，如中国内部审计协会于2008年就颁布了《内部审计具体准则第28号——信息系统审计》，虽然《内部审计具体准则第28号》可操作性不强，但是若将准则中的内部审计换成国家审计或注册会计师审计同样适用于国家审计和注册会计师审计。信息系统审计在国家审计、注册会计师审计和内部审计中内容基本上没有区别，都是对产生信息的工具进行审计，这种分别制定审计准则的现状应用于信息系统审计准则的制定与整合审计资源[①]的思想相背离，并且审计人员针对现有信息系统

① 审计资源包括审计人力资源、审计技术资源、审计信息资源、审计组织资源、审计财力资源、审计文化资源以及其他能够为审计所用的潜在的社会资源。审计资源共享，就是要求在审计人力资源、客观上要求审计标准与实务的趋同，也就是要求作为规范审计活动的审计准则应该做到应有的趋同。

审计准则中的不足进行反馈时，要分别反馈给不同的准则制定机构，没有统一的准则制定机构收集整理反馈意见，增加了审计人员的反馈成本。

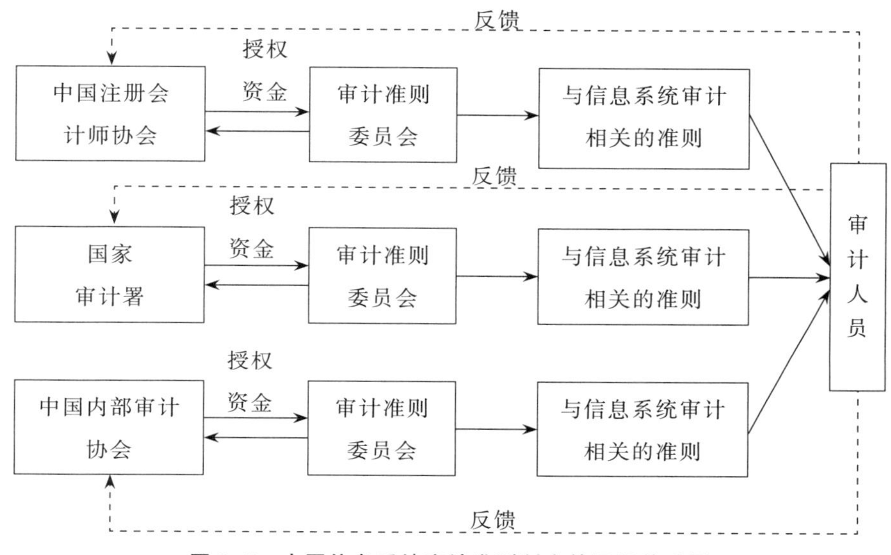

图3-5　中国信息系统审计准则制定的组织关系图

国家审计署发布的《2006年至2010年审计工作发展规划》和《2008年至2012年审计工作发展规划》都将整合、利用审计资源提上了议事日程，信息系统审计准则是否还需要自成体系有待进一步深思。若三大准则体系制定机构分别制定信息系统审计准则，会在准则体系的层次方面出现差异，例如，中国注册会计师协会所制定的信息系统审计准则就不会出现第三层次的审计实务指南。因此，从某种程度上说，现有的审计准则制定体系将不利于信息系统审计规范的制定与完善，在信息系统审计规范的制定与完善过程中，成立类似ISACA的信息系统审计准则制定机构，整合三大审计准则体系的信息系统审计准则资源，并实现审计资源的共享，降低信息系统审计准则制定成本。成立专门的信息系统审计准则机构并不否定在制定注册会计师审计准则、国家审计准则或内部审计准则时考虑信息技术对财务审计活动等的影响。

2）中国信息系统审计规范存在的问题

在国家审计署、中国内部审计协会以及中国注册会计师协会颁布的与信息系统审计相关的规范中，除《内部审计具体准则第28号——信息系统审计》之外，其余的相关规范都是一些零星的规范，只是为进行信息系统审计提供法律依据，没有具体可操作的具体准则、指南和作业程序。即使是中国内部审计协会所颁布的《内部审计具体准则第28号——信息系统审计》也不具有可操作性，也只是为中国内部审计部门开展信息系统审计提供了法律上的依据，仅仅是对信息系统审计的基本内容进行了规定，如对信息系统审计的阶段，所采用的审计方法进行了阐述，没有提供具体可操作的相关指南与作业程序。同国外信息系统审计准则，特别是ISACA的审计准则相比，中国信息系统审计规范体系的制定与完善过程还有一段很长的路需要走。中国信息系统审计准则的制定相对于国外来讲起步较晚，无论是信息系统审计规范的数据还是质量都赶不上国外先进的信息系统审计规范。在信息系统审计规范的数量方面，中国与信息系统审计相关的规范相当少，这些零星的信息系统审计规范为信息系统审计的开展提供了法律依据，而在国外，ISACA截止到2009年1月，已经颁布了16项基本准则、39项审计指南和11项作业程序，IIA也颁布了IT风险评估指南（GAIT）与全球技术审计指南（GTAG）。而在质量上，国外存在着体系结构完整的信息系统审计规范，中国的信息系统审计规范则在很大程度上还是依附于传统的财务审计，对信息系统进行审计主要是为了更好地对财务报告进行审计，这种状况不利于在信息系统审计内涵丰富的情况下开展信息系统审计。虽然国家审计署、内审协会以及注册会计师协会没有颁布具体可操作的信息系统审计规范，但在信息系统审计实践中却存在着大量的信息系统审计操作规定，如审计署京津冀特派办颁布的《信息系统审计操作规则》。这些信息系统审计中所形成的审计规范对于指导信息系统审计工作起着巨大的作用，具有可操作性。

同时，中国不同部门所颁布的信息系统审计规范还存在着许多不一致的地方，以内部审计协会所颁布的《内部审计具体准则第28号——信息系统审计》与审计署京津冀特派办颁布的《信息系统审计操作规则》为例，这两项规范在信息系统审计的范围、阶段等方面存在着不一致的情况（见表3-3）。信息系统审计的对象并不存在着巨大的差异，但两项规范在信息审计范围、阶段、方法、可操作性等方面存在的差异，这表明中国信息系统审计规范的制定还处于起步阶段，除国外的ISACA等机构的审计规范外，国内没有具有权威性的现成信息系统审计规范可供参考，各个机构与部门都依据自身情况制定相关的信息系统审计规范。对信息系统审计的内容、范围以及目标等方面不存在巨大的差异，而在准则方面存在着相当大的差异，这势必会导致信息系统审计规范制定资源的分散，不利于中国在信息系统审计规范制定方面赶上先进国家的水准。

表3-3　**《内部审计具体准则第28号》与《信息系统审计操作规则》的比较**

比较项目	《内部审计具体准则第28号》	《信息系统审计操作规则》
审计范围	组织层面信息技术控制、信息技术一般性控制及业务流程层面相关应用控制	用于经营决策、业务管理、财务核算的计算机信息系统及与之相关的规范、建立、管理、使用制定
审计阶段	审计计划、审计实施、审计报告和后续工作	系统调查、控制测试、初步评价、分析测试和综合评价
审计方法	全面、笼统	将信息系统审计方法具体到每个阶段
可操作性	可操作性弱	提供了计算机信息系统调查表与控制测试矩阵，具有很强的可操作性

3）以财务审计为主的信息系统审计准则制定模式及弊端

中国颁布的与信息系统相关的审计准则基本上都出于“真实、合法、效益”的审计目标，真实性是指反映财政收支、财务收支及有关经济活动的信息与实际情况相符合的程度；合法性是指财政收支、财务收支及有关经济活动遵守法律法规的情况；效益性是指财政收支、财务收支及有关经济活动的经济性、效率性、效果性等。例如，在1993的审计署颁布的《审计署关于计算机审计的暂行规定》中规定审计机关依法独立对计算机财务系统进行审计监督；1996年审计署颁布的《审计机关计算机辅助审计方法》规定为便于确定被审计单位使用计算机处理的信息对其财务收支的真实性、合法性是否会产生影响，被审计单位必须报送计算机应用系统开发的验收报告、申请使用该系统的报告、与之配套的管理制度和措施以及计算机应用系统变动情况等资料；2006年修订的《审计法》从法律上明确了审计机关检查财政财务收支信息系统的权力等等。这种信息系统审计准则的制定模式是以财务审计为主的制定模式，信息系统审计的颁布主要为了更好的进行财务审计，而不是单纯为制定信息系统审计准则。通过这种准则制定模式颁布的信息系统审计准则主要是基于信息技术已经影响到财务报告生产过程的考虑，但正如上文所阐述的一样，信息系统不仅仅是输出财务报告的会计信息系统，信息系统审计所涵盖的内容包括内部控制审计、系统生命周期审计、信息系统软硬件审计与安全审计等。如果信息系统审计准则的制定仅仅是为更好进行财务审计，那么当系统生命周期审计、信息系统软硬件审计以及安全审计等提上日程时，现有的信息系统审计准则远远不能满足引导和约束信息系统审计行为的功能。而在国外，存在如ISACA这样的机构专门制定信息系统审计准则，当面对服务于财务审计之外的信息系统审计时，ISACA有相应的审计准则、指南与程序用以引导和约束信息系统审计人员的审计行为，如美国审计署在对联邦存款保险计算机病毒保护程序进行审计时，ISACA所颁布的审计程序病毒及其他恶意代码（P4）审计程序可以为其提供依据，TALLAHASSEE市审计局对本市局域网进行逻辑安全审计时，ISACA同样有安全性评估–穿透测试和弱点分析（P8）审计程序为审计人员提供指导。在中国，信息系统审计准则制定的源动力来自于财务审计的需要，不存在相关信息系统审计准则、指南和程序提供指导，审计人员面对上述审计项目时往往陷入不知所措的困境。因此，要使中国的信息系统审计准则赶上国外先进的信息系统审计准则，必须摆脱以财务审计为主的信息系统审计准则制定模式。

3.2 中国信息系统审计规范的需求分析

3.2.1 中国信息化资金投入状况

中共中央办公厅与国务院办公厅印发的《2006—2020年国家信息化发展战略》中指出，信息化是当今世界发展的大趋势，是推动经济社会变革的重要力量，大力推进信息化，是覆盖中国现代化建设全局的战略举措。在国家信息化方针、政策的指引下，随着中国经济发展的推动，企业或政府在信息化资金方面的投入呈现不断增长的趋势。早在2005年的《亚太地区信息化技术应用展望报告》中就认为，中国从2005年开始，未来3年中国行业信息化将进入一个提速增长期，年均提速15%，2007年行业信息化IT投入将达到3 817多亿元，比2004年的2 549亿元增长49.7%。今后，中国信息化建设的IT投入累计将超过10 000亿元。若以沪市计算机版块的上市公司的营业收入来看，2004年至2009年第三季度沪市计算机版块上市公司的营业收入已经超过10 000亿元（如表3-4和图3-6所示），若这些信息化产品仅有50%销售给中国企业或政府，那么可以推算出2004—2009年第三季度中国企业或政府仅从沪市计算机版块上市公司所采购的信息化产品约为8 300多亿元。而在中国不仅从这些上市公司采购信息化产品，同时也从国外企业或者众多未上市的公司采购信息化产品，由此可以推出，中国2004—2009年第三季度在信息化资金方面的投入已经远远超过10 000亿元。如此庞大的信息化资金投入也使得各行各业都提出要对信息系统进行审计，如吴鑫在《保险信息系统审计与测试迫在眉睫》中指出，2004—2008年保险业信息化资金投入累计达200多亿元，信息系统已成为保险业的重要资产，同其他资产一样，信息系统也需要进行严格管理与控制，并且应进行定期与不定期的审计与测试，及时发现并排除信息系统的潜在风险，应对信息系统安全、加强对信息系统的审计与测试已成为保险业的当务之急。对信息系统审计需求的增加，也意味着中国政府或社会团体应加大对制度信息系统审计规范的人力、物力、财力等资源的投入，以保障信息系统审计工作健康、有序开展。

表3-4　**沪市计算机板块2004—2009年第三季度营业收入**　单位：元

时间	营业收入
2004年	207 283 339 936.18
2005年	219 586 523 523.84
2006年	284 703 235 969.15
2007年	304 646 342 507.28
2008年	370 677 751 691.66
2009年第三季度	278 726 370 392.29
总计	1 665 623 564 020.40

资料来源：Wind资讯。

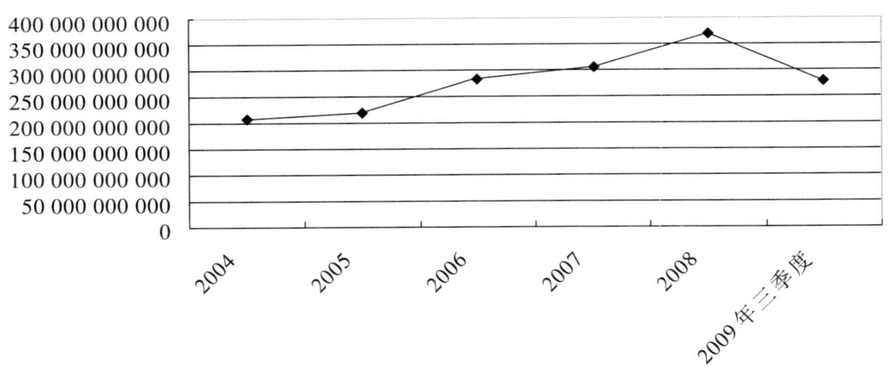

图3-6 沪市计算机板块2004—2009年第三季度营业收入趋势图

资料来源：Wind资讯。

3.2.2 中国网络安全及计算机病毒疫情状况

信息资源和信息系统在经济发展过程中的作用与日俱增。一些企业已经成长为“信息系统依赖型”企业或“信息资产密集型”企业，如银行业、证券业、保险业。企业对信息系统的依赖程度越大，信息系统安全和运营隐患可能来的伤害就越严重。国家计算机病毒应急处理中心在《2007年中国计算机病毒疫情调查技术分析报告》中指出，中国计算机病毒感染率在连续两年呈下降趋势后，今年又出现较大反弹达到91.47%。在受病毒感染的用户中，自从2001年以来，感染病毒3次以上的用户超过56.65%，特别是2003年，感染病毒三次以上的用户数量有较大增长，曾经达到83.67%。2005年三次以上感染率为60.82%，2006年为52.16%，今年为53.64%，虽然没有较大增长，但还维持在较高水平。自从进入2003年以来，计算机病毒即出现异常活跃的迹象：1月25日，全球爆发“蠕虫风暴”病毒（SQL1434）；3月25日，又爆发了“口令蠕虫”病毒，（Dvldr32）；5月份出现了“大无极”病毒变种；8月份全球计算机网络遭受了“冲击波”病毒的袭击。在2004年的5月份，又出现了“震荡波”病毒。因此从病毒的时间分布图分析，在每年的第二季度还是重大病毒的高发期。2005年，计算机病毒呈现出较为稳定的趋势，没有出现造成网络大范围瘫痪的病毒事件。2006年继续保持这种趋势，但是病毒发展出现另一种新趋势——趋利性增强。2006年5—6月份相继出现针对银行的木马、病毒事件和进行网络敲诈活动的“敲诈者”病毒。自2006年11月至今，中国又连续出现“熊猫烧香”“仇英”“艾妮”等盗取网上用户账号、密码的病毒和木马。病毒制造、传播者利用病毒木马技术的进行网络盗窃、诈骗活动，通过网络贩卖病毒、木马，教授病毒编制技术和网络攻击技术等形式的网络犯罪活动明显增多。严重威胁中国互联网的应用和发展，制约中国网络银行的普及应用，网上治安形势非常严峻。从病毒造成破坏的情况来看，浏览器配置被修改、数据受损或丢失、系统使用受限、网络无法使用、密码被盗是病毒的主要破坏方式。近年来病毒功能越来越强大，不仅拥有蠕虫病毒传播速度和破坏能力，而且还具有木马的控制计算机和盗窃重要信息的功能。自2000年以来，由于病毒制作者本着一切向“钱”看的原则，为了获得经济利益纷纷开始制作各类木马，一时间网上木马横行，几乎每一款网络游戏、每一家网上银行都有专门的木马相对应。木马数量明显上升。然而，2006年“熊猫烧香”这一复合型病毒的出现改变了病毒制作者的想法，他们发现利用蠕虫的传播能力和多种传播渠道，可以更快更多地帮助木马传播，从而攫取更大的非法经济效益。种种迹象表明，病毒的制造、传播者追求经济利益的目的越来越强，这种趋利性引发了大量的网络犯罪活动，危及网络的应用与发展。

在公安部2008年5月组织的2008年度全国信息网络安全状况暨计算机病疫情调查活动中，有12 000余家信息网络使用单位和计算机用户参加。调查显示[①]，中国信息网络安全事件发生比例继前3年连续增长后，今年略有下降，信息网络安全事件发生比例为62.7%，同比下降了3%；计算机病毒感染率为85.5%，同比减少了6%，但多次发生网络安全事件的比例为50%，多次感染病毒的比例为66.8%。在发生安全事件的类型中，感染计算机病毒、蠕虫和木马程序依然十分突出，占72%，其次是网络攻击和端口扫描（27%）、网页篡改（23%）和垃圾邮件（22%）。攻击或病毒传播源来自内部人员的比例同比增加了21%；涉及外部人员的同比减少了18%。网络（系统）管理员通过技术监测主动发现网络安全事件的占66.28%，同比增加了13%；而通过安全产品发现的比例同比减少了8%，

① 公安部2008年全国信息网络安全状况暨计算机病毒疫情调查报告发布会在津举行［EB/OL］.［2009-08-11］. http：//www.rising.com.cn/about/news/press/2009-08-27/4003.html.

原因是目前计算机病毒、木马等绕过安全产品的发现、查杀甚至破坏安全产品的能力增强了。未修补网络安全漏洞仍然是导致安全事件的最主要原因（54.63%），同比上升了5%。21%的被调查单位建立了安全组织，同比上升了7%。

信息技术在企业的经营发展中历来就是一把“双刃剑”，其“乘数效应”是双向的，既可以加速企业的发展，又可能给企业带来巨大的危害。当前中国企业在进行信息系统的内部审计方面的意识较为薄弱，2008年发生的法国兴业银行事件以及企业信息系统与外部网络的联系越来越密切，给企业信息系统审计提出了挑战，企业必须加强信息系统的内部审计工作，完善相应的信息系统审计规范，加强信息系统审计，预防入侵者利用现代信息技术进行舞弊。

3.2.3 信息系统审计规范的需求分析

中国在“信息化带动工业化，工业化促进信息化”的建设方面已经取得了世人瞩目的成就。信息系统审计需求的变化会随着信息化资金投入量、网络安全、计算机疫情等影响因素的变化而变化。如果将信息化资金投入设为变量q_1，将网络安全与计算机疫情设为q_2，其他影响变量表示为q_3，则对计算机审计的需求则可表示为函数$f=Q(q_1, q_2, q_3)$，对信息系统审计的需求是关于q_1和q_2的增函数。近年来，中国在信息化方面资金的投入呈逐年递增的趋势，网络安全与计算机疫情也对企业经营管理等造成了严重的威胁，当前这种状况迫切需要审计人员对信息系统开发的生命周期、计算机的软硬件以及网络安全等进行审计。对信息系统审计需求的增加也就意味着对信息系统审计规范这种特殊制度需求的增加。一个没有制度进行规范的信息系统审计市场，审计工作会呈现随意性和无序性，审计人员也比较容易与被审计机构勾结，审计报告的可信度下降，信息系统审计市场也会演变成一个更大的“柠檬”市场。因此，随着中国信息化资金投入量的逐年增加，加之不容乐观的网络安全与计算机疫情状况，使得对信息系统审计需求的增加，最终导致对信息系统审计规范需求的增加。

3.3 中国信息系统审计规范的非均衡分析

3.3.1 制度的均衡与非均衡

从行为均衡来看，制度均衡就是行为主体对现存制度安排和制度结构无意也无力改变的一种共同接受的状态，对于这个制度，行为主体不一定满意，但行为主体无法改变这种制度，这也是制度主体的利益和力量对比的均衡结果（罗必良，2005）。而从供求关系来看，制度均衡是指当制度供求的影响因素一定时，制度的供给适应制度的需求。人们根据成本收益分析，选择净收益最大的制度。事实上，制度的供需均衡只是一种静态，而制度非均衡，即制度供需不平均常常出现在制度变迁过程中，所以制度均衡或者均衡制度只是制度变迁过程中的一个暂时的、特殊的现象。“不均衡—均衡—不均衡”反复循环构成制度变迁的过程。诺斯、戴维斯（1971）认为，制度变迁的供给和需求动力来自于参与者对于新制度的实施可能会给自己的利益带来变化的计算。当制度变迁的净收益为正时，供需双方都有动力推动制度变迁，而且净收益的净现值越大，参与人改变现行制度的愿望就越强烈。诺斯和戴维斯首先假设了这样一种初始均衡状态，也就是我们所称的制度均衡状态，即：①制度的调整已经使得参与者获得了全部潜在收入；②尽管存在潜在利润，但是改变现存制度安排的成本超过了潜在收入；③如果不对整体制度结构作根本性改变，将不可能实现收入的重新分析。在上述任意一种情况存在的状态下，现行制度安排将保持不变。但是，当任何一种情况发生变化时，制度变迁的动力也将随之产生。张维迎（1997）认为，一种制度安排要发生效力，必须是一种纳什均衡[①]，否则，这种制度安排便不成立。

① 纳什均衡是博弈中一种策略组合。这种策略组合由所有参与人的最优策略组成。也就是说，在一方所选择的策略为既定时，没有任何单个参与人有积极性选择其他策略，从而没有任何人有冲动打破这种均衡。

3.3.2 中国信息系统审计规范的非均衡

从制度的供求来看，制度非均衡可分为制度供给不足型制度非均衡和供给过剩型制度非均衡。供给不足型制度非均衡是指制度供给不能满足制度的需求（如图3-7所示），在当前对价P_1下，制度供给只能提供S_1的数量，而制度需求量此时为D_1，制度需求与制度供给的差距为（D_1-S_1），没有达到制度供给与制度需求的均衡状态E。若制度为信息系统审计规范，则表明准则制定机构受制于人力、物力与财力等因素，不能提供足够的信息系统审计规范用以引导和约束信息系统审计人员，这种制度的非均衡状态会在一定程度上导致信息系统审计市场与审计行为的无序。政府或准则制定机构应加大对信息系统审计准则资源投入的倾斜，完善信息系统审计规范体系，使信息系统审计规范的供给与需求达到均衡状态。

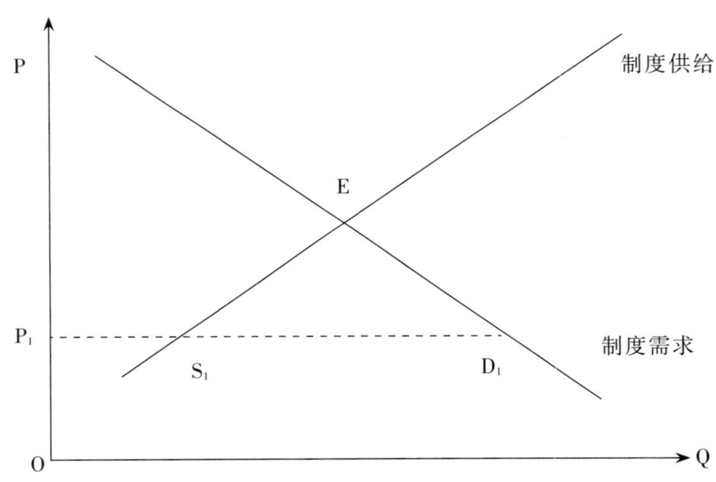

图3-7　制度供给不足型制度非均衡

供给过剩型制度非均衡是指制度供给超过社会对制度的需求（如图3-8所示），即在当前对价P_2条件下，制度的供给为S_2，制度的需求为D_2，制度的供给超过了制度的需求，这种状态也是没有达到制度供给与制度需求的均衡状态E。制度供给超过制度需求虽然能满足制度需求的要求，但是这会增加企业等的制度执行成本。因此，在这种状态下，应减少制度的供给，使其达到制度供给与制度需求的均衡状态。

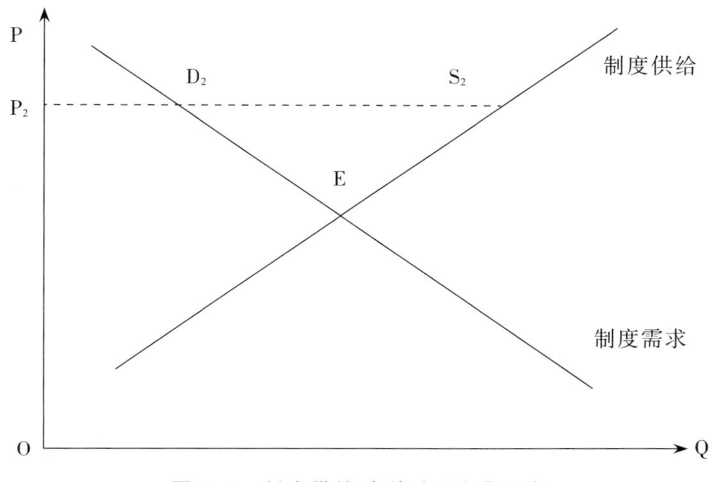

图3-8 制度供给过剩型制度非均衡

总体来讲，无论是从国内外的对比分析，还是从客观实际来看，中国信息系统审计规范都处于制度供给不足的状态，属于制度供给不足型的制度非均衡。同国外信息系统审计规范相比，中国所颁布的与信息系统审计相关的规范在数量、覆盖范围、可操作性、目标等方面与国外信息系统审计规范都存在着巨大的差距（见表3-5）。国外信息系统审计规范不仅为审计人员进行审计实践活动提供了依据，同时也为首席审计师（CAE）、审计委员会和执行管理层等提供了相关的审计规范，如GAIT和GTAG。在中国颁布的与信息系统审计相关的规范中，除《内部审计具体准则第28号——信息系统审计》之外，其余的相关规范都是一些零星的规范，只是为进行信息系统审计提供法律依据，没有具体可操作的具体准则、指南和作业程序。即使是《内部审计具体准则第28号——信息系统审计》也不具有可操作性，也只是为中国内部审计部门开展信息系统审计提供了法律上的依据，仅仅是对信息系统审计的基本内容进行了规定，如对信息系统审计的阶段，所采用的审计方法进行了阐述，没有提供具体可操作的相关指南与作业程序，不能满足信息系统审计实践对信息系统审计规范的要求。中国尚未建立起一套相对完整的符合中国企业实际的IT控制框架标准（胡晓明，2009），缺少关于IT控制审计的详细指南，而国家审计和内部审计领域的相关规范近乎空白（庄明来、阳杰，2009）。因而同国外信息系统审计准则相比，中国信息系统审计规范体系的制定与完善过程还有一段很长的路需要走。

表3-5　中国信息系统审计规范与国外信息系统审计规范的比较

比较项目	中国信息系统审计规范	国外信息系统审计规范
审计规范	内部审计具体准则第28号；信息系统审计操作规则（仅限于国家审计）；注册会计师审计准则第1633号等	ISACA共发布了16项基本准则、39项审计指南和11项作业程序；国际内审协会的GAIT与GTAG，IFAC关于计算机信息系统的审计准则等
覆盖范围	主要是针对与财务审计相关的信息系统	覆盖企业或政府部门的所有信息系统
可操作性	可操作性弱	可操作性强
体系结构	在信息系统审计准则、质量控制准则方面薄弱	在信息系统审计质量控制方面的准则相对薄弱
目标	出于“真实、合法、效益”的审计目标	不仅仅是出于财务审计的要求，对信息系统的可靠性、安全性、有效性、效率性等进行全面审计

中国信息系统审计规范的这种状况也可视为一种纳什均衡状态，但大量非法内部控制措施嵌入到信息系统中，这种纳什均衡状态无益于整个社会资源的配置。政府部门或企业在推进信息化的进程中，嵌入大量的内部控制措施，若不完善信息系统审计规范，强化信息系统审计行为，理性的内部人会本着个人利益最大化的原则绕过不利于自身的内部控制措施进行舞弊，但其结果却偏离了资源有效配置的目标，并最终违背了个人追求最大福利的初衷，换言之，陷入“制度悖论”[①]的状态。若国家不重视信息系统审计的重要性，并运用强制权力加以推行实施，那么被审计单位很可能会在信息系统中嵌入非法内部控制措施，损害国家、企业以及其他利益相关者的利益，而信息系统审计规范的纳什均衡状态对制度的客体——资源配置而言，也不一定取决于效率原则。信息系统审计规范的均衡是相对

① 制度悖论是指在既定制度约束下的人的最优行为，即个人理性，并未实现制度理性，其结果并未与适宜制度所对应的结果相吻合。

非均衡状态而言的，其均衡表明信息系统审计规范的一种静止状态，与信息系统审计规范的效率无关。只要不存在相关利益集团积极去打破这种无效率的静止状态，信息系统审计规范就可能在坏的状态下持续下去。信息系统审计规范的成立需求纳什均衡状态，而这种纳什均衡状态又会导致制度的僵滞，信息系统审计规范的变迁则需要打破这种状态。因此，国家在制定信息系统审计规范时，要合理运用国家的强制权力改变行为主体的成本收益，使信息系统审计规范完善的净收益的净现值越大，增加信息系统的被审计单位对制度变迁的愿望，打破这种无效的纳什均衡状态。

3.4 中国信息系统审计规范体系完善的博弈分析

3.4.1 基于审计监管视角的信息系统审计[①]规范博弈模型

完善信息系统审计规范体系，加强信息系统审计监管[②]可以抽象为一个博弈问题，信息系统审计规范制定机构在这个过程中充当“自然”的角色，其在信息系统审计规范方面的行动空间有两个方案，即维持信息系统审计规范的现状和完善信息系统审计规范，维持信息系统审计规范现状的概率为 α ，则完善信息系统审计规范的概率为 $1-\alpha$ 。在“自然”行动的情况下，企业可以构建不符合国家法规及相关内部控制要求的信息系统（Bad System）和符合国家法规及相关内部控制要求的信息系统（Good System），其策略与概率分别为：（欺诈，β）和（诚实，$1-\beta$）。最后是信息系统审计人员对企业或政府部门的信息系统进行审计，审计人员可以采取谨慎和信任的态度，其概率分别为：γ 和 $1-\gamma$ 。由于信息系统审计人员是后行动的一方，企业可以利用它们的先动优势影响信息系统审计人员的审计行为，以便达到它们的目的。因此这一博弈过程是一个动态博弈过程，各个博弈方的行为不是同时的，而是存在先后顺序的。由于企业对

① 此处的信息系统审计主要是从外部审计的角度来探讨信息系统审计监管。

② 此处所指的加强信息系统审计监管是指企业故意构建违反国家法规的信息系统，而要求审计人员按照自身意愿进行审计，这种信息系统的构建往往以损害利益相关者的利益为基础。同时，当前中国信息系统审计主要是出于“真实、合法、效益”的审计目标，因此，加强信息系统审计的监管更为必要。

信息系统在违反国家法规及相关内部控制要求方面的缺陷清清楚楚，而信息系统审计人员根据企业提供的信息系统及相关资料进行审计，因此，信息系统审计人员处于信息劣势的地位，审计博弈的信息对于博弈双方是不对称[①]的，且不完全[②]的。

1）前提假设

为构建审计博弈模型，需要在现实的基础上做出如下假定：

①“经济人”假设，假定信息系统审计博弈的双方始终都是以实现自身利益最大化为唯一目标的“经济人”。对于企业来讲，它是一个以赢利为目的的组织，其出发点和归宿是获得利润，而对于信息系统审计人员、会计师事务所、国家审计部门等来说，他们也追求利益最大化，这个利益既包括经济因素：比如奖励、收入、惩罚等，又包括非经济因素：比如名声、信誉、精神鼓励等。

②风险中性假设，企业和注册信息系统审计师或信息系统审计人员都是风险中性的。这决定了他们的行动是以期望收益最大化为目标的。

③企业与信息系统审计人员都完全了解自己和对方在各种情况下的支付（效用），即了解双方所能采取的各种对策，采取各种对策的概率分布以及在各种情况下所能获得的利益，但他们在做决策时并不知道对方具体做了何种决策。

④不存在信息系统审计技术上的缺陷，也就是说企业故意提供存在瑕疵的信息系统是看它们的主观意图而定；对于信息系统审计人员来讲，他们具有充分的专业胜任能力，只要采取谨慎的执业态度，就一定能查出信息系统中违反国家法规或相关内部控制要求的问题出来。

⑤独立性原则，即企业与信息系统审计人员不存在“串通”以谋取双方利益的最大化。在企业或政府部门违规构建信息系统这个问题上，它们与信息系统审计人员之间的不合作是基本的、主流的，尽管现实生活中存在上市公司贿赂审计人员，双方沆瀣一气的现象，但这些都是暂时的和有条件的，并不影响总体上的非合作关系。因此，假定信息系统审计人员具

① 不对称信息（asymmetric information）的要害在于博弈的某一参与人拥有有用的私人信息（private information）。

② 在不完全信息（incomplete information）博弈中，自然首先行动且它的行动至少对某一参与人来说是不可观测的。否则，该博弈就是一个完全信息（complete information）博弈。

有充分的独立性，即信息系统审计人员总能保持公正、客观的态度进行信息系统审计。

⑥完善信息系统审计规范之后，信息系统审计的监管者对企业或政府部门的信息系统审计质量进行事后监管。事后监管主要着眼于异常情况，针对信息系统中存在的问题进行检查，并对构建违规信息系统的行为实施惩罚。

2）博弈模型及其均衡解

根据信息系统审计的抽象模型，可以得到如图3-9所示的信息系统审计博弈树。

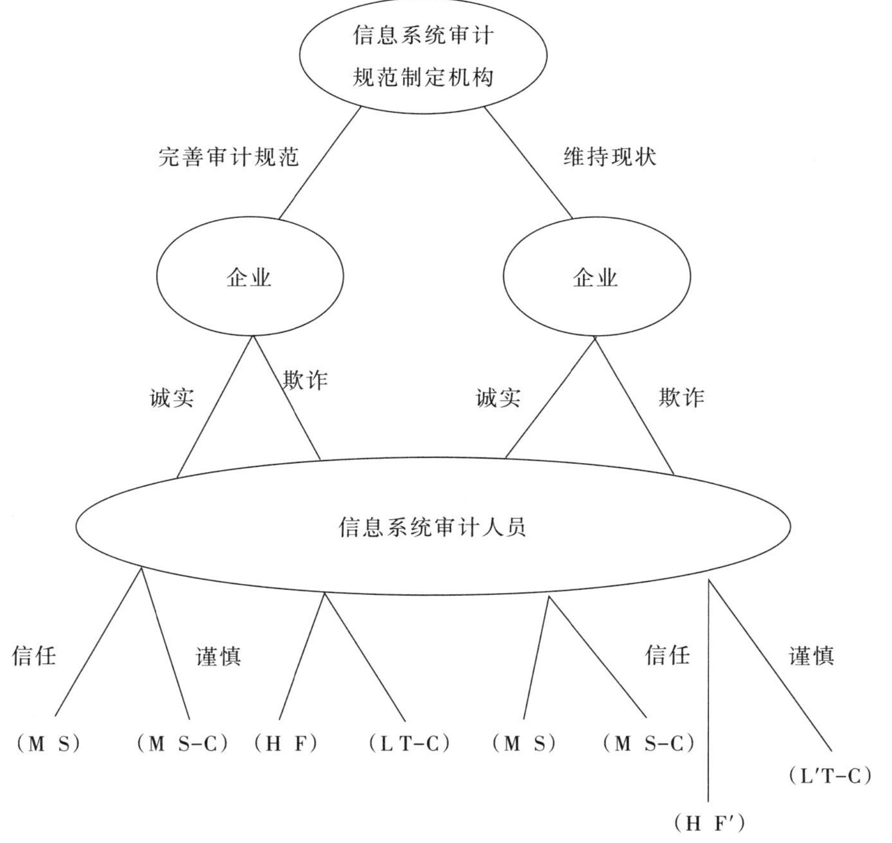

图3-9　信息系统审计博弈树

博弈树括号中字母代表各个博弈参与者所获得的支付，前一个代表企业的支付，后一个代表信息系统审计人员的支付。当企业构建符合国家法规及相关内部控制要求的信息系统时，企业所获得的收益为M；当企业或政府部门为达到自身不可告人的目的构建违反国家法规及相关内部控制要求的信息系统，信息系统审计人员采取谨慎的执业态度查出时，在信息系统审计规范完善的状态下，企业或政府部门所获得的收益为L，在维持当前中国信息系统审计规范现状的情况下，其所获得的收益为L′。同时，由于审计规范制定机构完善了相关的信息系统审计规范，因为，查出的概率将增加，而且惩罚措施也会较没有完善的情况下更为严重，因此，L′>L。如果信息系统审计人员采取信任的执业态度，则企业或政府部门所获得的收益最高，为H。综上，对企业所获得的收益进行排序，即H>M>L′>L。

信息系统审计人员的报酬在通常情况下是S，但审计人员采取不同的信任水平，会付出不同的努力进行审计，即信息系统审计人员采取谨慎的执业态度，则审计人员更加仔细的审计信息系统的内部控制、软硬件、安全等方面的问题，这会导致额外的审计成本C，此时信息系统审计人员的收益会降为S-C；当企业采取欺骗策略，构建不符合国家法规及相关内部控制要求的信息系统时，如果信息系统审计人员采取盲目的信任态度，没有查出信息系统中违规的地方，那么一旦监督机构查出之后，他将受到监管机构的惩罚，因此，在这种情部况下，信息系统审计人员的收益最低。这种最低的情况也是有所区分的，如果相关审计规范制定机构维持现状，则其惩罚措施和查出的概率相对较小，信息系统审计人员所获得的收益为F′，但信息系统审计规范制定机构完善信息系统审计规范体系，则其惩罚措施与查出的概率相对于维持现状的情况都有所提高，信息系统审计人员所获得的收益为F，且F′>F。当信息系统审计人员采取谨慎的执业态度审计存在欺诈的信息系统时，企业为了保障自身利益可能做出更换信息系统审计人员和事务所的决定，这样注册会计师可能得到的收益将会低于正常情况下的报酬，再减去信息系统审计人员采取谨慎执业态度时所付出的努力，信息系统审计人员最后得到的报酬为T-C。综上所述，对信息系统审计人员所获得的收益进行排序，即S>S-C>T-C>F′>F。

可以看出，这个博弈模型不存在纯策略[①]均衡，但可以得出一个混合策略[②]的均衡解。根据以上假设，可以得到企业与信息系统审计人员的期望收益。

$$EU_{企业}=(1-\alpha)(1-\beta)(1-\gamma)M+(1-\alpha)(1-\beta)\gamma M+(1-\alpha)\beta(1-\gamma)H+(1-\alpha)\beta\gamma L+\alpha(1-\beta)(1-\gamma)M+\alpha(1-\beta)\gamma M+\alpha\beta(1-\gamma)H+\alpha\beta\gamma L'$$

企业或政府部门期望收益最大化的条件为：$\frac{\partial EU}{\partial \beta}=0$

即：$\frac{\partial EU}{\partial \beta}=-M+H+\gamma[L-H+\alpha(L'-L)]=0$

由此可得：$\gamma^*=\frac{H-M}{L-H+\alpha(L'-L)}$

$$EU_{信息系统审计人员}=(1-\alpha)(1-\beta)(1-\gamma)S+(1-\alpha)(1-\beta)\gamma(S-C)+(1-\alpha)\beta(1-\gamma)F+(1-\alpha)\beta\gamma(T-C)+\alpha(1-\beta)(1-\gamma)S+\alpha(1-\beta)\gamma(S-C)+\alpha\beta(1-\gamma)F'+\alpha\beta\gamma(T-C)$$

信息系统审计人员期望收益最大化的条件为：$\frac{\partial EU}{\partial \gamma}=0$

即：$\frac{\partial EU}{\partial \gamma}=-C+\beta[T-F+\alpha(F-F')]=0$

由此可得：$\beta^*=\frac{C}{T-F+\alpha(F-F')}$

上述动态博弈模型的策略均衡解为：

$$\begin{cases}\beta^*=\frac{C}{T-F+\alpha(F-F')}\\ \gamma^*=\frac{H-M}{L-H+\alpha(L'-L)}\end{cases}$$

动态博弈模型策略均衡解的经济意义为，在给定条件下，企业以（$1-\beta^*$）的概率构建符合国家法规及相关内部控制要求的信息系统，信息系统审计人员以γ^*的谨慎概率进行信息系统审计。

3）“惩罚悖论”及对信息系统审计规范的指导意义

完善信息系统审计规范体系的目的在于使信息系统审计人员在审计信息系统时采取谨慎的执业态度，同时促使企业构建符合国家法规及相关内部控制的要求。由博弈模型的策略均衡解可以看出，审计人员采取谨慎执业态度的概率、企业构建符合国家法规及相关内部要求的信息系统的概率

① 纯策略（pure strategy）将参与人的每一可能信息集映射到一个行动上。

② 混合策略（mixed strategy）将参与人的每一可能信息集映射到一个关于行动的概率分布上。可以把纯策略看作是混合策略的特例，在混合策略中，参与人某一行动的概率p是介于0和1之间的一个数值，即0<p<1；而在纯策略中参与人某一行动的概率或者是0或者是1。

同信息系统审计规范制定机构维持还是完善现有信息系统审计规范息息相关。$\beta(\alpha)$ 是一个递增函数[①]，其经济意义为，信息系统审计规范制定机构维持审计规范现状的概率 α 越高，则企业构建违反国家法规及相关内部控制要求的概率 β 也就越高。α 对 β 的影响取决于 $F-F'>0$，还是 $F-F'<0$，即对信息系统审计人员的惩罚力度，如果在完善信息系统审计规范体系的过程，加快对信息系统审计人员的处罚力度，企业提供诚实的信息系统的概率将提升，这是因为，加大对信息系统审计人员失职的处罚，会使审计人员采取信任策略的期望收益降低，审计人员也会更努力地工作，对信息系统的审计持谨慎的态度。企业作为理性的“经济人”会预测到信息系统审计人员的行动，它也会在减少信息系统中舞弊行为，最终企业提供具有欺诈性质信息系统的概率就会降低。

同样，我们可以推导出 $\gamma(\alpha)$ 是一个递减函数[②]，即在信息系统审计规范制定机构、审计人员与企业的一次博弈过程中，信息系统审计规范制定机构完善现有信息系统审计规范现状的概率（$1-\alpha$）越高，信息系统审计人员在执行审计活动时，采取谨慎执业态度的概率 γ 也就越低，同完善信息系统审计规范的宗旨是相违背的，形成了加大对企业惩罚的“惩罚悖论”，但 α 对 γ 的影响取决于 $L'-L>0$，还是 $L'-L<0$，即对企业提供有欺诈行为信息系统的处罚力度。这是因为加大对舞弊企业的处罚力度，会

① 假设当前审计规范制定机构维持现状的概率有 α_1 和 α_2，且 $\alpha_1<\alpha_2$，α 为 β 的解释变量，则可以对两种情况下的 β 进行比较：

$$\beta(\alpha_1)-\beta(\alpha_2)=\frac{C}{T-F+\alpha_1(F-F')}-\frac{C}{T-F+\alpha_2(F-F')}$$

$$=C\frac{T-F+\alpha_2(F-F')-T+F-\alpha_1(F-F')}{[T-F+\alpha_1(F-F')][T-F+\alpha_2(F-F')]}$$

$$=C\frac{(F-F')(\alpha_2-\alpha_1)}{[T-F+\alpha_1(F-F')][T-F+\alpha_2(F-F')]}$$

由于 $[T-F+\alpha_1(F-F')][T-F+\alpha_2(F-F')]>0$，$F'>F$

因此，$\beta(\alpha_1)-\beta(\alpha_2)<0$，即 $\beta(\alpha_1)<\beta(\alpha_2)$

② 假设当前审计规范制定机构维持现状的概率有 α_1 和 α_2，且 $\alpha_1<\alpha_2$，α 为 γ 的解释量，则可以对两种情况下的 γ 进行比：

$$\gamma(\alpha_1)-\gamma(\alpha_2)=\frac{H-M}{L-H+\alpha_1(L'-L)}-\frac{H-M}{L-H+\alpha_2(L'-L)}$$

$$=(H-M)\frac{L-H+\alpha_2(L'-L)+H-L-\alpha_1(L'-L)}{[L-H+\alpha_1(L'-L)][L-H+\alpha_2(L'-L)]}$$

$$=(H-M)\frac{(L'-L)(\alpha_2-\alpha_1)}{[L-H+\alpha_1(L'-L)][L-H+\alpha_2(L'-L)]}$$

由于 $[L-H+\alpha_1(L'-L)][L-H+\alpha_2(L'-L)]>0$，且 $L'>L$，$H>M$，则 $\gamma(\alpha_1)>\gamma(\alpha_2)$，由此可见，$\gamma(\alpha)$ 是一个递减函数.

使舞弊企业在信息系统中进行造假的期望收益下降，企业短期内更倾向于提供诚实可靠的信息系统。然而，企业的诚实行为会导致信息系统审计人员从成本效益原则出发，更多地选择信任的执业态度，审计的查处力度和覆盖面从长期来看都会有所下降。这会使得企业提供具有欺诈性质的信息系统的期望收益又上升，在信息系统中舞弊，提供虚假信息的可能性又增大了。因此加大对企业的舞弊处罚，最多只能在短期起作用，在长期内并不能抑制企业在信息系统方面欺诈的发生，它却会使信息系统审计人员更多地选择信任，审计力度和覆盖面都会下降。这显然不是理想的结果。

由上述分析可知，规范信息系统审计行为的路线是完善信息系统审计规范，约束信息系统审计人员，而不是一味强调对违规企业进行处罚，这样即使完善并健全了中国的信息系统审计规范，但最终结果也不会导致信息系统审计市场的良性发展。此外，为防止对企业“惩罚悖论”的出现，信息系统审计职业道德规范的重要性更加凸现出来，要防止信息系统审计人员在执行信息系统审计活动时盲目持信任的执业态度，国家信息系统审计规范制定机构应当制定切实可行的审计职业道德规范以约束信息系统审计人员的审计行为，而不是盲目对提供有欺诈性质信息系统的企业进行惩罚。在加大对企业提供具有欺诈行为信息系统行为处罚力度的同时，应尽快完善信息系统审计规范的配套法规，如建立企业信用数据库、审计作业人员的信用数据库等，使企业在重复博弈多次时，为了长远利益而牺牲眼前利益从而选择不同的策略，使帕累托最优情况出现。

虽然模型与现实存在差距，如由于制度和监管的不足，中国的很多企业往往是风险偏好者等，但模型的结论对于中国信息系统审计规范体系的完善也有着十分重要的借鉴意义。无论是从提高信息审计人员执业谨慎的角度，还是从降低企业构建不符合国家法规及相关内部控制要求风险的角度都应当完善当前的信息系统审计规范体系。上述博弈模型的均衡解也折射出中国信息系统审计规范体系完善的重点是完善信息系统审计规范体系，为信息系统审计行为提供法律依据，加大对信息系统审计人员的处罚力度，而不是一味强调对在信息系统中进行欺诈的企业进行惩罚，加大对违规企业的惩罚力度并不能达到应有的效果，而要加大对审计人员的处罚力度需要有完善的信息系统审计规范。因此信息系统审计规范制定部门应在积极制定信息系统审计准则的同时，应特别注重完善信息系统审计质量控制准则，对达不到审计质量要求的审计人员予以惩罚，同时完善信息系统审计职业道德规范以约束审计人员的审计行为，加快信息系统审计规范相关配套法律法规的建立与健全。

3.4.2 基于内部审计视角的信息系统审计规范博弈模型

企业在进行信息系统内部审计方面的职责在于成立专门的信息系统审计部门，拨付审计资金，开展内部审计工作，并对信息系统审计部门工作进行奖励等等，而具体到信息系统审计部门其职责在于制定相关的信息系统审计制度与规章以防止内部或外部入侵者对企业信息系统入侵，谋取非法利益。而入侵者主要是利用企业信息系统技术或管理上的漏洞，实施入侵行为，谋取非法利益。入侵者与企业是一个入侵与反入侵的博弈模型，而企业与入侵者的具体博弈方是处理信息系统审计业务的相关部门，即信息系统审计部门。企业起到了“自然”的角色，这时三方博弈的行动顺序为，企业首先做出维持信息系统审计规章制度现状的决策，构建信息系统，其次入侵者入侵企业的信息系统以谋取非法利益，信息系统审计部门对企业的信息系统进行审计，以查处非法的入侵行为。

1）前提假设

根据前面对信息系统内部审计的阐述，我们做如下假定：

①企业、信息系统审计部门与入侵者都是风险中性的理性经济人，入侵者的策略空间为入侵与不入侵，入侵者追求自身利益最大化，他将根据自身预期效用最大化来决定采取哪种策略。企业的策略空间为完善内部信息系统审计规范与制度和维持现状，企业也将采取合适的策略来实现自已的效用最大化。信息系统审计部门的策略空间为采取谨慎和信任的执业态度，信息系统审计部门同样也将采取合适的行动策略以保持部门利益的最大化。

②双方对有关博弈规定的信息是不完全的，知道对方的策略空间和效用函数，不知道对方的违法入侵概率和维持内部信息系统审计规范现状的概率，但双方都争取自身利益的最大化，属于不完全信息的不合作博弈模型。

③信息系统审计部门的正常效用为U，即信息系统审计部门采取信任的执业态度，入侵者不违法入侵。如果入侵者的入侵行为不被审计发现，对企业的发展将造成损失，这时给企业带来负效用，信息系统审计部门也会因此在审计经费、工资、绩效等方面受到影响，此时的效用最低为L，而在企业维持现状的情况下，信息系统审计部门的效用为L_1，企业做出完善信息系统审计规章制度的情况下，信息系统审计部门的效用为L_2，由于企业完善了信息系统内部审计规章制度，惩罚力度将大于维持现状的情况，因此，有$L_1 > L_2$。C_2为信息系统审计规章制度完善情况下，进行审计并查处入侵者的成本，C_1为维持当前信息系统审计规章制度现状时查出入侵者的成本，通常来讲有$C_2 > C_1$。企业完善当前内部信息系统审计规章制度的概率为（$1-p$），维持现状的概率为p，同时信息系统审计部门保持谨慎执业态度的概率为γ，保持信任执业态度的概率为（$1-\gamma$）。N为信息系统审计部门查出成功所给予的奖励，在维持现状的情况下，信息系统审计部门所获得的奖励为N_1，在企业建立完善的信息系统内部审计规章制度的情况下，信息系统审计部门所获得的奖励为N_2，由于企业决策者做出加大信息系统审计力度的决策，因此会给予查出信息系统入侵活动的事件更高的奖励，因此有$N_1 < N_2$。同时，我们假定，企业由于完善了内部信息系统审计规章制度，对查出信息系统入侵事件所给予的奖励额将大于信息系统审计部门的成本增加额，即$N_2 - N_1 > C_2 - C_1$。如果奖励增加的额度小于成本增加的额度，将不能给予信息系统审计部门足够的激励机制。

④对于入侵者来讲选择违法入侵并被查出的效用为V_1，且效用为负效用；如果入侵者入侵企业信息系统，信息系统审计部门保持了信任的执业态度，此时入侵者的效用最高为V_2，V_3为不入侵时的正常效用，此时入侵者不能获得非法利益，即入侵者的效用$V_3 = 0$。入侵者违法入侵的概率为q，不入侵的概率为（$1-q$）。因此，对入侵者的效用进行排序，即$V_2 > V_3 > V_1$。

2）博弈模型及其均衡解

由此，根据前面的假设条件，我们可以建立企业、信息系统审计部门与入侵者之间的博弈树（如图3-10所示）。

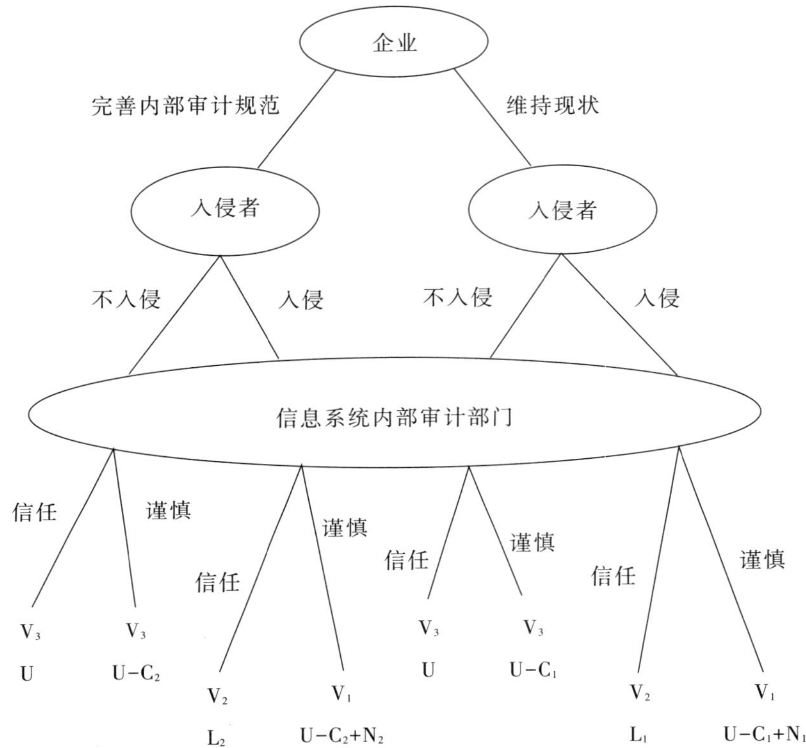

图3-10　企业、信息系统审计部门与入侵者之间的博弈树

通过对上面的博弈树进行分析可以发现，企业、信息系统审计部门与入侵者之间的博弈不存在纯策略解，只存在混合策略解。通过上面的假定，可以得到信息系统内部审计部门与入侵者的期望收益。

$$EU_{入侵者}=(1-p)(1-q)(1-\gamma)V_3+(1-p)(1-q)\gamma V_3+(1-p)q(1-\gamma)V_2+(1-p)q\gamma V_1$$
$$+p(1-q)(1-\gamma)V_3+p(1-q)\gamma V_3+pq(1-\gamma)V_2+pq\gamma V_1$$

由于入侵者不入侵的效用 $V_3=0$，则：

$$EU_{入侵者}=(1-p)q(1-\gamma)V_2+(1-p)q\gamma V_1+pq(1-\gamma)V_2+pq\gamma V_1$$

入侵者期望效用最大化的条件为：$\frac{\partial EU_{入侵者}}{\partial q}=0$

即：$\frac{\partial EU_{入侵者}}{\partial q}=V_2+\gamma(V_1-V_2)=0$

由此可得：$\gamma^*=\frac{V_2}{V_2-V_1}$

$$EU_{审计部门}=(1-p)(1-q)(1-\gamma)U+(1-p)(1-q)\gamma(U-C_2)+(1-p)q(1-\gamma)L_2+(1-p)q\gamma(U-C_2+N_2)$$
$$+p(1-q)(1-\gamma)U+p(1-q)\gamma(U-C_1)+pq(1-\gamma)L_1+pq\gamma(U-C_1+N_1)$$

信息系统审计部门期望效用最大化的条件为：$\frac{\partial EU_{审计部门}}{\partial \gamma}=0$

即：$\frac{\partial EU_{审计部门}}{\partial \gamma}=-C_2+p(C_2-C_1)+q[U-L_2+N_2+p(L_2-L_1)+p(N_1-N_2)]=0$

由此可得：$q^*=\frac{C_2-p(C_2-C_1)}{U-L_2+N_2-p[(L_1-L_2)+(N_2-N_1)]}$

上述动态博弈模型的策略均衡解为：

$$\begin{cases} q^*=\frac{C_2-p(C_2-C_1)}{U-L_2+N_2-p[(L_1-L_2)+(N_2-N_1)]} \\ \gamma^*=\frac{V_2}{V_2-V_1} \end{cases}$$

3）策略均衡解对企业完善信息系统内部审计规章制度的指导意义

企业制定信息系统内部审计规范主要是为了防止外部或者内部入侵者非法进入企业信息系统以获取非法利益，同时使内部信息系统审计人员在进行信息系统审计活动时保持应有的执业谨慎态度。由上述博弈模型的策略均衡解可以看出，入侵者的入侵概率和内部审计人员保持谨慎执业态度的概率与企业是否做出完善内部信息系统审计规范存在着极大的关联。因此，有必要判断函数 q(p) 随解释变量 p 的变化规律。通过推导可以发现，q(p) 都是递增函数[①]。

通过 q(p) 的单调性，可以得出如下结论，入侵者选择入侵企业信息系统与否的概率同企业维持信息系统内部审计规范的现状呈正相关关系，要防止外部或内部人员非法入侵企业的信息系统必须完善当前的信息系统内部审计规章机制。同时，p 对 q 的影响同企业对信息系统审计部门的处罚密切相关，即 $(L_1-L_2)+(N_2-N_1)$ 是大于 0，还是小于 0。如果企业在完善内部信息系统审计规范的同时，加大对信息审计部门查出非法入侵行为的奖励与信息系统审计部门失职的惩罚力度，将会大大降低入侵者入侵企业信息系统的概率。因此，企业内信息系统内部审计规章制度的关键同样是加

① 令 $x_1=C_2-C_1, x_2=U-L_2+N_2, x_3=(L_1-L_2)+(N_2-N_1)$，则 $q(p)=\frac{C_2-px_1}{x_2-px_3}$
由假定条件可知 $x_1>0, x_2>0, x_3>0$，则 q(p) 函数的单调性由 $\frac{-px_1}{-px_3}$ 决定，由于 $\frac{-px_1}{-px_3}>0$，因此，q(p) 是单调递增函数。

强对信息系统审计部门失职的处罚，不仅是要求审计人员遵循信息系统审计准则，更为重要的是根据内部审计相关的质量控制准则衡量信息系统审计的质量，对达不到质量要求的审计失职行为进行处罚。同时加强信息系统审计人员的职业道德素养，防止其在审计活动中盲目采用信任的执业态度。

综上所述，无论是从信息系统审计的内部审计视角，还是从信息系统审计的外部视角，规范信息系统审计市场和审计行为的关键都在于完善信息系统审计规范体系，为审计人员开展审计工作提供指导和约束。

3.5 信息系统审计规范缺失下的信息系统审计案例

A航空公司信息系统审计项目[①]

3.5.1 案例背景

在信息化环境下，要实现“真实、合法、效益”的审计目标，审计人员必须关注信息系统，而且数据审计的开展也需要以信息系统审计为基础。因此，如何开展信息系统审计已成为一个现实而迫切的问题。本案例介绍了在A航空公司审计项目中，从分析数据发现线索，到跟踪数据流程发现非法模块，逐步深入的一个信息系统审计案例。

3.5.2 审计过程

A航空公司的审计项目是2005年的重点审计项目之一，打造精品项目是大家共同的目标。开展信息系统审计是抓住该集团特点，培育项目亮点，把这个项目做成精品的重要举措之一。信息系统到底怎么审，怎么评价，审计人员想找一条别人走过的路子，照猫画虎，但查阅信息系统审计的相关资料，看到的基本上都是国外对信息系统审计的理解与做法，与我们的审计有较大的差别，如果直接硬套过来，只能是东施效颦；询问相关的专业人员，大家都没有类似的经验。经过几次讨论，审计组决定首先找

① 案例背景，案例过程，参见刘汝焯，任有泉.计算机审计情景案例选［M］. 北京：清华大学出版社，2006：181-187.

对A航空公司信息系统实施管理的规则发展部、信息技术中心两个部门的领导进行一次深谈，听听他们对A航空公司信息系统的评价，希望从中理出一些思路，再进一步确定具体工作方案。与被审计单位部门领导谈话进行比较顺利，审计人员也渐渐理出了自己的工作思路：企业的信息系统体现的是企业的管理理念。这次信息系统审计应该主要抓住几个方面：首先是该航空集团信息系统的规划、建设、管理与整个公司的发展是否相适应，信息系统资源的整合是否能够跟上公司其他资源高速整合的步伐；其次是公司信息系统的功能是否能够满足业务特点的要求；第三是结合在数据审计中发现的大量数据问题，特别是数据整理中再现的问题，来考察信息系统中存在的问题。但在实际问题的处理过程中也存在着诸多困难，也无现成的案例和信息系统审计规范可借鉴。为了确保审计目标的实现，审计组开展了信息系统审计。在系统审计的探索中，审计人员根据调查了解的情况，在数据分析的基础上，通过跟踪被审计单位的业务过程和数据处理流程，发现了被审计单位收入结算系统中存在的非法销售暗扣处理模块，具体过程如下所述。

（1）数据分析，发现问题线索

在航空公司中，收入结算不仅是一个重要的业务环节，而且与财务核算密切相关。因此，审计人员重点关注A航空公司的收入结算系统，对该系统的情况进行了认真的调查了解。审计人员在前台观察过程中，发现客票录入、修改等界面包含了：销售类型、代理人、出票日期、承运人、航班号、日期、毛运价、手续费、净运价、实收款、面额、批号等众多信息。为了全面、深入地了解该系统，提出有效的数据需求，审计人员要求该公司先提供少量分析数据（即包含系统各界面信息的2004年12月份的数据），取得12月份数据后，审计人员对这些数据进行了认真的分析。在分析过程中，审计人员发现数据中面额与毛额（毛运价）或毛额之和均相等，而毛额（毛运价）则是大于或等于净额（净运价）。对此，审计人员就产生了疑问：为什么会有小于毛额的净额？系统是否会以净额生成运输报告，存在净价结算的问题呢？因为，一方面，从调查了解的情况看，航空公司为了提高市场份额，可能存在暗扣销售和净价结算行为；另一方面，从业务关系上看，收入结算系统生成运输报告后，传递到财务系统，财务人员依据运输报告确认运输收入。如果收入结算系统按净价结算，以净额生成运输报告，那么财务确认的收入就是不完整的，会影响收入的真实性并存在漏税问题。

（2）通过数据对比，难证问题线索

为了解除上述疑问，审计人员根据业务关系，将财务数据与收入结算数据进行了对比分析，以此来验证该系统是否以净额生成运输报告。在数据采集、整理完成后，审计人员首先从财务数据中提取了2002—2004年的运输收入数据，然后从收入结算数据中提取了2002—2004年的机票面额、毛额和净额数据，进行对比分析。由于财务系统中确认的运输收入，除了收入结算系统提供的客运收入外，还有少部分的其他收入，如公务机收入等。因而，财务系统中的运输收入应该略高于运输报告中的数据。分析数据显示，运输收入低于面额和毛额，而正好略高于净额，所以审计人员判断收入结算系统是以净额生成运输报告的。在此基础上，与航空公司沟通后，证实了该公司以净额与代理人结算，且净额与毛额之间的差额就是销售暗扣。

（3）跟踪业务过程，发现暗扣代码文件

确认上述问题后，审计人员一方面积极构建审计模型，统计核实暗扣金额，落实问题。另一方面又进行深层次的思考：国家的有关法规规定，确认收入应当按实际收入核算，为什么该公司的系统能够按净额生成运输报告呢？这预示可能在这个系统中存在着违犯国家有关规定的非法模块。为了查找系统原因，审计人员首先对收入结算系统涉及的业务过程进行了跟踪。

在收入结算环节，围绕收入结算系统开展的业务主要有以下4项：一是数据信息的输入，即由录入人员和数据采集人员将纸质或电子的机票信息输入到收入结算系统中；二是数据审计，主要有销售审核（根据销售报告对机票会计联信息进行审计）和配比审计（对配比前差异的会计联和乘机联进行审核）；三是系统主文件维护，由维护人员对系统的各个主文件进行及时的更新维护，确保系统运行所需要的基础数据完整、正确；四是财务记账，由财务人员依据系统定期生成的运输报告，确认运输收入。

在对上述业务的跟踪过程中，审计人员发现维护人员维护的主文件中，除了运价信息、航线信息、代理个人信息等文件外，还有一个暗扣信息文件。经过查看、询问，得知该文件中包含了各个代理人的暗扣代码信息，见表3-6。航空公司通过该文件的维护，可以将各种暗扣信息输入到系统中。

表3-6　**扣代码文件**

暗扣代码	航段	代理人员	起始日期	结束日期	暗扣比例
Z03	PZICTUCSX	08038XXX	20041231	20050324	6.00
Z03	XICCTUCSX	08038XXX	20041231	20050324	6.00
Z05	CSXBJS	08046XXX	20041231	20050324	8.00
Z04	CSXCTU	08046XXX	20041231	20050324	7.00
Z04	CSXCKG	08046XXX	20041231	20050324	7.00

（4）跟踪数据处理流程，发现暗扣模块

发现暗扣代码文件后，为了进一步弄清该系统是如何使用暗扣代码信息，又如何将面额转变为毛额乃至净额等关键问题。审计人员对该系统的数据处理过程进行了跟踪。通过跟踪和分析，发现了该系统中存在非法暗扣处理模块，收入结算对国内机票数据处理流程如图3-11所示。

①通过手工录入或数据导入方式进行系统中的原始数据（机票信息）主要有“票号”“面额”“航线”“代理人号”等。

②系统提取主文件中的票价分摊信息，对上述原始数据进行处理，将面额按航段分摊规则分解为毛额1和毛额2。

③将分解后的数据信息，与暗扣代码信息对比，如果数据中的代理人号、航段等信息在暗扣代码文件中存在，那么，系统内的暗扣处理模块就依据暗扣代码文将暗扣代码翻译成具体的暗扣比例，并用此比例计算出相应的暗扣金额；如果不存在，则系统按正常的3%的比例计算代理人的销售手续费。

④系统对有销售暗扣的机票数据，由毛额减去暗扣得到净额；对没有销售暗扣的机票数据，净额等于毛额。

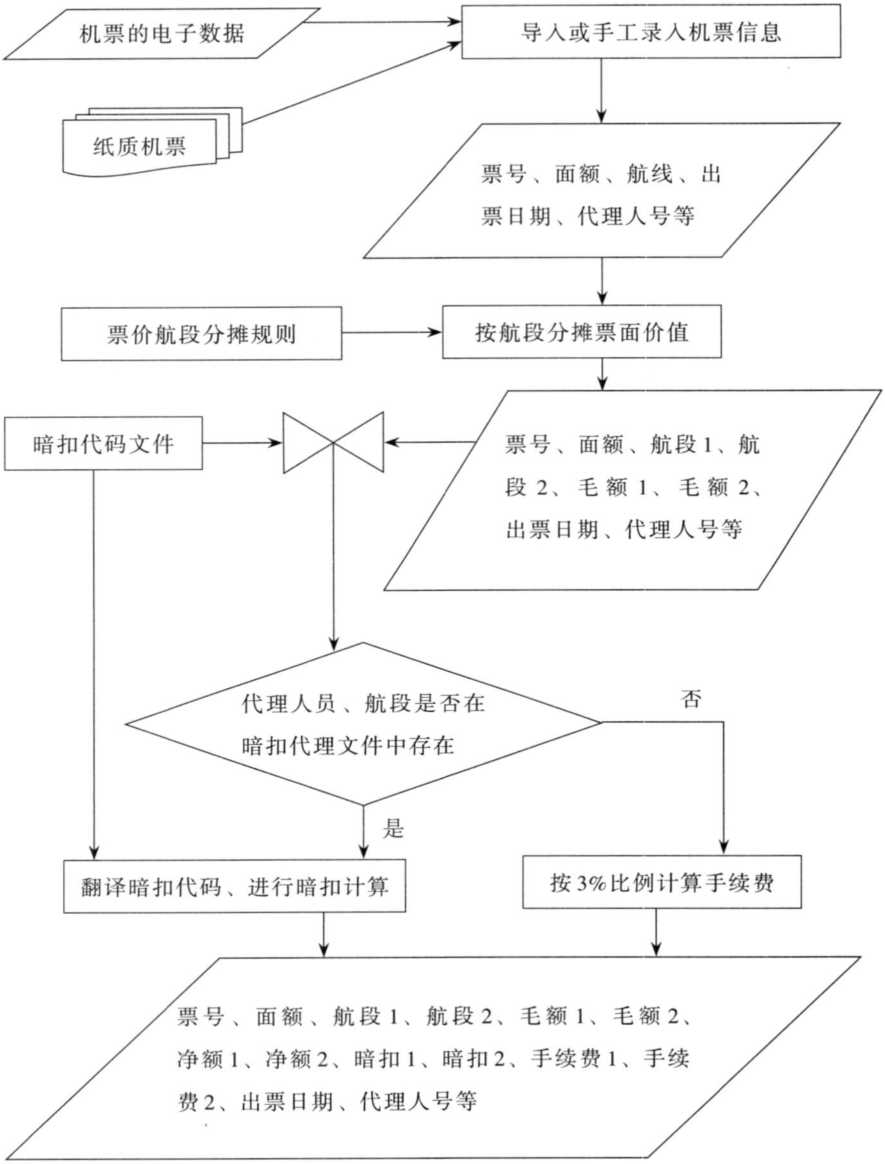

图3-11 收入结算系统的国内机票数据处理流程

经过上述处理过程，进入系统的原始数据就由面额逐步转变为毛额和净额，系统以最后的净额与代理人结算，并生成运输报告传递到财务系统确认收入，从而实现了航空公司暗扣销售和净份结算。

至此，该系统中存在非法模块的问题得到查证落实。

3.5.3 案例分析

由上述案例过程可知，中国对企业信息系统审计还处于探索阶段，在审计实务中到底如何开展信息系统审计还缺乏有说服力的案例和行之有效的办法，更不要说具有可操作性的完整信息系统审计规范体系。总体来讲，笔者认为从上述案例可以反映出当前中国信息系统审计规范体系还存在着如下几个方面的缺陷：

（1）没有完整可借鉴由权威机构制定的信息系统审计规范

信息系统审计规范是信息系统审计经验的总结，是对审计活动内在规范的反映，审计人员按照信息系统审计规范所确定的程序、步骤、技术和方法开展工作，能够少走弯路，提高信息系统审计效率，保障信息系统审计工作科学、有序、高效运行，全面实现信息系统审计目标，降低信息系统风险，同时也可降低财务审计、绩效审计以及环境审计等的风险。而中国信息系统审计尚处于探索阶段，在信息系统审计实践中经验缺乏有服务力的案例，在此基础上，根本谈不上完善的信息系统审计规范体系，而在国外却存在如ISACA这样的机构提供完整的信息系统审计准则、指南和审计程序。因此，国家相关部门应整合信息系统审计规范制定的实践与理论资源，在借鉴国外信息系统审计规范的基础上，推进中国信息系统审计规范体系制定的进程。

（2）信息系统审计的开展缺乏计划，不存在后续审计阶段

对信息系统的审计是一个过程，其中包括信息系统审计计划、实施、审计报告以及后续审计阶段，而在上述案例中，对信息系统的审计是一个摸索的过程，根本谈不上信息系统审计计划。凡事预则立，不预则废。无论是国家审计，还是注册会计师审计，同样需要制订信息系统审计计划。《内部审计具体准则第28号——信息系统审计》指出，内部审计人员在执行信息系统审计之前，需要确定审计目标并初步评估审计风险，估算完成信息系统审计或专项审计所需的资源，确定重点审计领域及审计活动的优先次序，明确审计组成员的职责，并以此制订信息系统审计计划，除此之外第28号具体准则没有做详细深入阐述。在ISACA的审计准则体系中，

关于审计计划的基本准则有审计计划（S5）、审计计划中风险评估的运用（S11）和审计重要性（S12），审计指南有信息系统审计中的重要性概念（G6）、审计计划中风险评估的运用（G13）以及信息系统审计的计划（G15），审计程序中有信息系统风险评估（P1）等可供借鉴与参考，并且ISACA对审计计划的相关准则、指南和程序进行了详细深入阐述以利于引导和约束审计人员的审计行为。

信息系统后续审计，无论是对于企业，还是对政府都是相当重要的。审计报告的签署并不意味着信息系统审计的终结。在ISACA的审计准则体系中，后续审计方面的准则包括基本准则后续工作（S8）以及审计指南后续工作（S35）等。根据ISACA审计标准，审计人员对于在信息系统审计中发现信息系统的重大问题和漏洞，并提出改进意见后，可对被审单位所采取的纠正措施及效果进行后续审计。如果审计建议如期落实，则实现了信息系统审计的目标，也意味着信息系统审计意见得到了被审计单位的认可；如果审计建议没有落实，应耐心听取被审计人员的反馈意见，对于落实的难点问题，审计部门应反映给高级管理层，请其协助落实。此外，对于不切实际的审计建议，审计组成员应该分析原因，以利于下一次审计项目的改进。因此，后续审计阶段对于信息系统审计同样重要，而在上述审计案例中，对A航空公司收入结算系统的审计根据不存在后续审计阶段。

（3）信息系统审计出于“真实、合法、效益”的审计目标

中国开展的信息系统审计与西方的信息系统审计在目标上存在着差异，中国审计部门开展信息系统审计主要是为“真实、合法、效益”的审计目标服务的，主要关注信息系统影响被审计单位的合法经营、财务核算、经营效益等方面的问题，还没有达到审查信息系统安全、可靠、有效以及有效地使用组织资源、实现组织目标的层次。因此，对于信息系统审计，在很大程度上主要是根据数据审计的需要开展。出于“真实、合法、效益”审计目标的信息系统审计已经无法适应信息系统审计内容多样化的需求。随着企业信息化、政务信息化等的发展，信息系统的安全审计、生命周期审计以及软硬件审计等变得越来越重要，其重要程度在很多时候已经超过了出于“真实、合法、效益”审计目标的信息系统审计。2005年2月，美国银行（Bank of American）宣布丢失了一批重要的磁带，上面存

放了120万名政府职员（其中包括60名参议员）的个人资料和信息卡信息，虽然没有任何迹象表明这批数据已经外泄，不过，经历了这次事件之后，美国银行已经元气大伤，信誉跌到了低谷。由此可见，中国信息系统审计及规范的发展不能只是停留在出于“真实、合法、效益”审计目标的基础上。这样只能限制信息系统审计的范围，中国的信息系统审计实践也没有办法拓展到对信息安全保护、软件系统开发、信息系统计划组织以及商业流程评估及风险管理等的审计实践上来。

（4）缺乏信息系统审计项目的质量控制准则

同样中国在信息系统审计项目方面的质量控制准则尚处于空白状态。虽然国家审计署、中注协和内部审计协会都颁布了一些关于审计质量控制的准则或规范，但这些规范不是针对财务审计的，就是针对会计师事务所质量控制的，而专门针对信息系统审计项目的质量控制基本上还处于空白状态。因此，上述案例在信息系统审计过程中，基本上不存在任何质量控制措施，这也对中国提出了尽早制定与颁布信息系统审计质量控制方面相关规范的要求。

3.6 本章小结

自2013年，中国内审协修订《第2203号内部审计具体准则——信息系统审计》以来，中国在信息系统审计准则的理论研究与实务研究方面处于停滞状态。我国信息系统审计准则体系缺少系统性与结构性，尚没有建立完整的信息系统审计准则体系（庄明来、吴沁红、李俊，2008；曹洪泽、唐志豪，2013；唐琳、付达杰，2015）。由此可鉴，完善信息系统审计准则体系成为当前我国审计理论界和实务界亟待解决的重要课题之一。本章在论述中国信息系统审计规范现状与存在问题的基础上，对中国信息系统审计规范的需求进行了分析，在此基础上提出我国信息系统审计规范处于非均衡状态，即信息系统审计规范的供给不能满足审计人员对信息系统审计规范的需求，中国亟须建立相对较为完善的信息系统审计规范体系。此外，本章还以博弈论为基础阐述了完善信息系统审计规范的必要性。

第 4 章
国外信息系统审计规范回顾

国内学者对于国外信息系统审计规范的研究还停留在介绍ISACA审计准则以及与计算机审计相关的准则的介绍方面，没有进行完整而系统的研究。与此同时，信息系统审计规范体系包括正式制度安排与非正式制度安排，但只有正式制度安排是依靠理性设计而形成的，而专门针对信息系统审计的审计法规目前尚未建立。“他山之石，可以攻玉”，本章主要围绕国外信息系统审计的职业道德规范、审计准则和审计质量控制准则进行回顾分析，为中国信息系统审计规范体系的完善提供借鉴。

4.1 信息系统审计职业道德规范

任何一项职业的产生、维系与发展都必须要建立一套随社会环境的变化而不断变化的抽象知识体系以保护和发展该职业的职责范围（Andrew Abbott，1988）。相对于信息系统审计职业来讲，对于职业道德的认识及其标准的制定与实施就是信息系统审计职业的抽象观念体系的重要组成部分。信息系统审计职业道德是从事信息系统审计职业的人员在其工作过程中所应遵循的、与其特定职业活动相适应的道德原则与行为规则，是信息系统审计行业对社会及其公众所负的责任与义务。信息系统审计是审计的一个特殊分支，对信息系统审计职业道德的规范不仅包含在信息系统审计准则中，同时也包含在专门的审计职业道德规范中。

4.1.1 国外审计职业道德规范体系

在审计职业道德方面，最有影响的是美国的职业道德规范体系。AICPA于1983年10月成立了注册会计师职业行为特别委员会（即安德森委员会），其基本任务是：考察变化了的职业和监管环境，彻底评估现行道德准则的相关性和有效性，对今后应采取的行动提出建议[①]。安德森委员会于1986年发布了著名的“安德森报告”。该报告根据70年代以后注册会计师所面临的更富有竞争、更富有商业色彩的环境，在重整职业道德的口号下，提出一个职业道德规范的框架，它包括四个层次，即：概念——行为准则——解释——道德裁决。这四个层次将各项职业道德原则从抽象概念依次具体化为可操作的规范。1986年的职业道德规范框架又经职业道德委员会修订并于1988年正式实施，修订的框架为三个层次：职业行为原则——执业与行为的规则——规则的解释，其功能依然是将抽象的概念演化为可操作的具体规范。1992年、1997年、1999年、2002年和2003年对注册会计行为准则进行了多次修订，使职业行为准则的具体规则更加详细（AICPA，2002）[②]，但其框架结构未做大的改变。这一套职业道德规范体系不仅适用于传统的财务报表审计、绩效审计与环境审计等，同样也适用于信息系统审计。经过长期的发展，AICPA的审计职业道德规范已经发展成为以制定详细规则为导向的职业行为准则，仅对审计师独立性的最终规则就长达200页。

20世纪80年代末期至90年代初期，英国发生了一系列财务舞弊和审计合谋案。为此，英格兰及威尔士特许会计师协会（The Institute of Chartered Accountants in England & Wales，以下简称ICAEW）于1996年开始按照概念框架法修订和应用职业行为准则。ICAEW认为，采用概念框架方法制定和实施职业行为准则更加有效，这种方法强调注册会计师要按照概念框架法对基本原则加以应用，而不是在以AICPA为典型代表的

① 陈汉文，韩洪灵．注册会计师职业道德准则之变迁——基于公共合约观的描述与分析[J]．审计研究，2005（3）：16.

② 陈汉文，韩洪灵．注册会计师职业道德准则之变迁——基于公共合约观的描述与分析[J]．审计研究，2005（3）：16.

规则导向法下对具体规则的机械遵循（Michael Groom，2002）。1998年，ICAEW发布了核心（基本）原则，ICAEW认为概念框架法的主要优点有：基本原则有合乎逻辑的指南所支持，能避免对没有特别禁止的行为方式的争论；基本原则简单易懂，几乎能应用于所有的情形，以避免规则导向所带来的刚性过度问题；商业环境和组织的结构总是处于变化之中，只有建立原则导向的概念结构才能应对这一变化，而规则导向法则需要更加全面的规则，并应不断更新；概念框架法认识到，审计师不能做到完全免于任何威胁，所能做的就是要使对遵循基本原则的威胁降低到不重要的水平；好的指南应该具有前瞻性，这就要求审计师在遵循准则的同时能够发现和确认风险；免于重大的威胁本身不是最终目的，而是为达到最终目的应当采取的手段，最终目的是要提供高质量的鉴证服务①。

国际会计师联合会以道德准则的适用对象将《会计师道德守则》分为三大块，而ICAEW则是按不同的职业道德问题分别发布职业道德指南公告，在每一份指南公告中分别注明了各项规则的适用对象。ICAEW职业道德指南框架如图4-1所示。

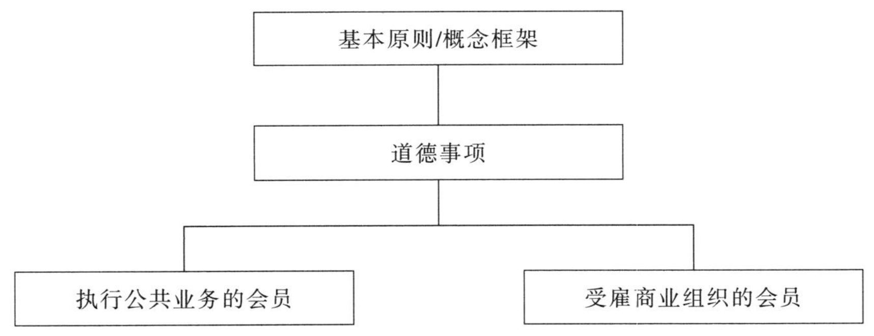

图4-1　ICAEW职业道德指南框架

资料来源：陈汉文，韩洪灵，李若山.审计理论［M］. 北京：机械工业出版社，2009：42.

4.1.2　ISACA发布的职业道德规范

信息系统审计是一个新兴的特殊分支，在当前条件下，绝大多数的国家还未将信息系统审计纳入到强制性审计的范畴，专门针对信息系统审计

① 陈汉文，韩洪灵，李若山. 审计理论［M］. 北京：机械工业出版社，2009：37.

的职业道德准则或规范也相对较少，仅仅只有ISACA颁布了信息系统审计职业道德规范，但ISACA所颁布的《职业道德规范》不存在严密的逻辑体系结构，只是笼统地对信息系统审计人员应遵守的职业道德规范进行了阐述，其具体内容为：支持与信息系统相关的标准、流程和控制措施的实行，并鼓励遵守相应规范；以勤勉、忠诚和诚实的态度为有关团体的利益服务，不应有意参与任何违法或不当的活动；保守在工作过程中所获信息的隐私和机密，除非法律部门要求披露该信息，此类信息不应为个人利益而使用，也不应向不适当的团体透露；在执业过程中应保持独立和客观的态度，并且应当避免任何有损独立性和客观性的活动，或有可能使其独立性和客观性受损的活动；在审计与信息系统控制等相关领域中保持胜任能力；允诺只从事那些专业能力所及的活动；以严谨的执业态度执行工作任务；向相关团体告知执行信息系统审计和/或控制工作的结果，并向他们告知所有重大事实，即那些如果不透露就会导致曲解业务报告或隐藏不法行径的材料；支持客户、同事、公众、管理层和董事会的职业教育，增进他们对信息系统审计与控制专业的了解；维持高水平的行事风范和品性，不做有损职业声誉的行为。归纳起来，ISACA所颁布的《职业道德规范》属于道德原则方面的内容，阐述了信息系统审计人员在责任感、公共利益、正直、保密、客观公正、应有关注、胜任能力等方面道德原则，是信息系统审计人员所追求的理想标准。

除ISACA所颁布的《职业道德规范》之外，为满足信息系统审计职业的要求，ISACA的审计职业道德规范也包含在信息系统基本审计准则和审计指南中，其中基本准则包括《审计独立性》（S2）、《职业道德与标准》（S3）和《职业能力》（S4），审计指南包括《应有的职业谨慎》（G7）、《组织关系和独立性》（G12）、《非审计角色对审计独立性的影响》（G17）、《对违规行为的审计考虑》（G9）、《职业能力》（G30）和《保密》（G31）等。ISACA这种审计职业道德规范的制定模式也是从抽象到具体的模式，基本准则所规定的内容属于原则性的内容，而审计指南则属于具体规范的范畴，由职业道德规范的基本准则推导出具体准则（如图4-2所示）。

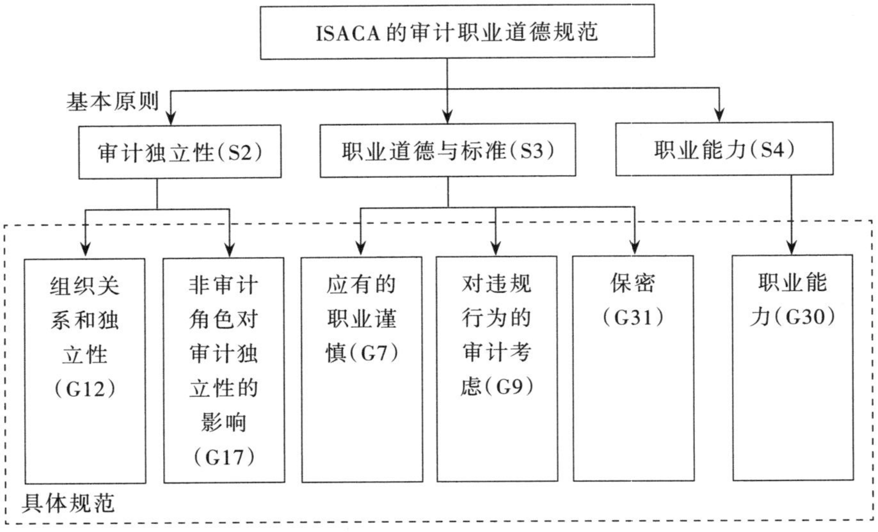

ISACA的审计职业道德规范

基本原则

审计独立性(S2)　职业道德与标准(S3)　职业能力(S4)

组织关系和独立性(G12)　非审计角色对审计独立性的影响(G17)　应有的职业谨慎(G7)　对违规行为的审计考虑(G9)　保密(G31)　职业能力(G30)

具体规范

图4-2　ISACA职业道德规范的体系结构

在基本准则中对信息系统审计人员的审计独立性、职业道德与标准以及职业能力、保密等基本原则方面进行了阐述，并在ISACA的审计指南中对其进行了详细的规定，这种审计规范制定模式可扩展性强，有利于指导信息系统审计人员的审计行为。例如《审计独立性》(S2) 中仅仅简要地阐述了职业独立性和组织独立性两条标准，并要求为保持职业独立性，审计人员对于所有与审计相关的事务，信息系统审计师应当在态度和形式上独立于被审计单位，为保持组织独立性，信息审计职能应当独立于受审查的范围或活动之外，以确保审计工作完成的客观性，属于基本原则和概念框架的范畴。而在审计指南《组织关系和独立性》(G12) 中，对审计人员在计划、执行审计工作和出具审计报告中如何遵循审计独立性进行了详细的规定；而在《非审计角色对审计独立性的影响》(G17) 中，ISACA对非审计角色进行了定义，并对非审计角色在审计计划、审计实施以及对审计报告出具等方面对审计人员独立性的影响进行了详细的规定。

ISACA的信息系统审计职业道德规范在引导和制约信息系统审计人员方面起到了一定的作用，但通过分析ISACA的职业道德规范体系结构可以发现ISACA职业道德规范体系存在以下不足之处：

①ISACA在审计职业道德基本原则方面的规定是不健全的，具体规范也过于简单。一般说来，审计职业道德规范的基本原则包括公正性、客观性、专业胜任能力和谨慎原则、保密、职业行为等基本原则，ISACA的审计职业道德规范在其颁布的《职业道德规范》、基本准则和审计指南中都有涉及，但过于简单。例如，ISACA在S4中对职业能力的规定包括信息系统审计师应该有合格的职业能力，具备进行审计工作的相应知识和技能与信息系统审计师应该通过持续的职业教育和培训保持良好的职业能力。信息系统风险本身所具有隐蔽性以及强大的破坏性，使得信息系统审计人员将专业知识和技能始终保持在应有水平之上以及了解并掌握相关的专业技术和业务的发展变得相当重要，对职业能力的规定，ISACA应当采取更加严格的方针。而ISACA只是规定信息系统审计师应该有合格的职业能力，这种规定应用于规范信息系统审计人员的职业能力显得过于模糊和简单，ISACA应在基本准则中对其进行补充与完善。同时，我们还应当认识到由于信息技术的发展日新月异，审计职业道德的具体规范难以跟上这一迅猛发展的步伐。ISACA在制定信息系统审计职业道德规范时，应当尽快完善审计职业道德规范的基本原则。只有这样，信息系统审计人员在面临新的审计环境时才能根据基本原则遵循信息系统审计职业道德规范，避免信息系统审计具体规范不能规制的“死角”。

②ISACA将审计职业道德规范分散于基本准则、审计指南以及《职业道德规范》之中，这种模式不利于信息系统审计职业道德规范框架的建立，也不可能建立运用信息系统审计职业道德概念框架的方法。职业道德概念框架适用于信息系统审计人员应对威胁职业道德基本原则的各种情形，帮助审计人员识别对遵循职业道德基本原则的威胁，评价已识别威胁的重要程度，采取必要的防范措施消除威胁或将其降至可接受水平等。与审计技术规范和法律规范相比较，审计道德规范的内在逻辑结构似乎最为模糊不清，因此一般道德规范的内在结构就不够清楚，而且人们投入研究审计道德规范的精力也“少得可怜”（Flint，1980）。因此，为健全和完善信息系统审计职业道德规范，笔者认为ISACA应摆脱这种审计职业道德规范的制定模式，加大对信息系统审计职业道德规范

的资源投放力度，建立信息系统审计职业道德规范的框架结构或体系结构。

4.1.3 国外审计职业道德体系框架制定的启示

AICPA与ICAEW的职业道德规范都有一个层次分明的体系，由抽象到具体，大致可以解释为基本原则—具体规则—规则解释三个层次。基本原则是审计人员所追求的理想标准，为审计人员进行审计业务提供了方向性指导，当遇到超出具体规则范围的新情况时，就需要以基本原则作为推理的依据。基本原则是基础，而具体规则则是由基本原则推导出来的。由基本原则到规则解释，层次分明，自成体系，能够为审计人员提供不同程度的指导，具有较强的可操作性。国外审计职业道德体系的框架结构具有合理性，但在信息系统审计职业道德规范方面却存在着诸多不足之处，ISACA将职业道德规范分散于审计准则中，没有分别针对执业会员和非执业会员制定不同的审计职业道德规范，只是对信息系统审计人员的审计独立性、职业道德和标准以及职业能力等做了一些零星的规定，这种模式不能自成体系，层次方面尚不分明。同时没有提出信息系统审计职业道德规范的概念框架，当遇到超出具体规则范围的情况，在一些职业道德规范方面不存在概念框架或基本原则作为推理的依据。在当前，信息系统审计尚未纳入强制性审计的范畴，所实施的信息系统审计大多数属于自愿性审计，ISACA审计职业道德规范尚可满足信息系统审计执业的要求，但若信息系统审计一旦纳入到强制性审计的范畴，当前ISACA所颁布的审计职业道德规范将显得捉襟见肘。

审计职业道德经历了从职业道德观念的萌芽到对职业道德准则的初步探索，以规则为导向的职业行为准则的发展以及以原则为导向（概念框架法）的职业行为准则的最新变革四个阶段。以原则为导向的职业道德规范成为审计职业道德规范发展的新趋势。ISACA应加快制定专门针对信息系统审计的具体职业道德规范，构建信息系统审计职业道德规范体系，完善信息系统审计职业道德规范的基本原则，以概念框架为基础，分别制定适用于执业会员和非执业会员的审计职业道德规范与运用信息系统审计职业道德概念框架的方法。

4.2 信息系统审计准则

由于计算机信息系统的应用，审计轨迹、审计内容以及审计技术手段等方面发生了一系列变化，信息化审计要求一套与之相适应的新的审计准则[①]。早在1974年，AICPA就发布了与信息系统审计相关的准则。而中国直到2008年内审协会才颁布了第一个真正意义上的信息系统审计准则，即《内部审计具体准则第28号——信息系统审计》。国外在信息系统审计准则的制定方面无论是从起步，还是从信息系统审计准则的完善程度方面都先于中国，借鉴国外先进的信息系统审计准则有利于制定和完善中国在信息系统审计的相关准则。

4.2.1 国际内审协会发布的信息系统审计相关准则

1）GAIT

随着信息技术在企业经营管理中的广泛应用，传统的管理、控制、检查与审计技术都面临着巨大的挑战。在网络技术、电子商务以及信息系统迅猛发展的时代，跨国企业越来越重视产生经营管理信息的载体——信息系统的安全与稳定，同时，会计师事务所、专业咨询公司以及高级管理顾问也都将控制风险，特别是计算机控制环境风险和信息系统运行风险作为审计、管理咨询与提供服务的重点。

2002年，美国证券监督管理委员会颁布了Sarbanes-Oxley法案，其中，404条款要求上市公司信息系统能够保证信息处理和控制的适当，并防止数据和程序的错弊，这进一步推动了信息系统审计的实践和发展。如何按照2002年Sarbanes-Oxley法案“404条款”的要求，对财务报告内部控制年度评价的效果性及效率性的范围进行定义，是组织管理者及独立审计师目前遇到的主要挑战。内部审计人员必须具备的计算机软、硬件知识，对计算机网络和信息系统的安全性具有高度而特殊的敏感意识，而且对财务会计和企业内部控制具有深刻的理解能力，既是审计专家，又是信

① 陈汉文，韩洪灵，李若山. 审计理论［M］. 北京：机械工业出版社，2009：373.

息系统专家，以对计算机信息系统及软硬件的技术性审计来保证计算机审计质量的可靠性。同时，对内部审计人员在信息系统审计上的更高要求，还体现在利用信息技术进行审计上。内部审计人员出于减少所需成本的考虑，纷纷在审计实务中采用计算机审计技术，与此同时SEC、CICA、AICPA以及IIA先后都表明将对基于信息系统的计算机审计模式加以大力支持和倡导，并多次提出社会各界应加快相关研究进程。事实上，计算机审计的开展必须基于一定的信息系统平台，也可以看作企业内部控制的信息化。合理开展计算机审计的一个前提是企业的信息系统控制必须是健全的、适当的。如果忽略健全内部控制这个前提，信息系统本身就可能发生两类风险：不重要的控制可能被评估和测试，导致不必要的成本和资源分散与浪费；关键的控制可能没有被测试，或很可能在过程后被测试，给评估或审计带来风险。在这两类风险发生的时候，审计人员是无法保证计算机审计的效率和效果的。另外，按照信息控制系统作为内部控制系统的一部分，本身也需要在年度财务报告中内部控制评价部分对其进行评价。正是由于内部审计需要在信息系统审计上做出更多的努力，作为全球内部审计人员的权威性组织IIA，2005年7月开始制定GAIT，以指导内部审计人员在信息系统审计方面开展实践，并于2006年11月29日的国际内部审计协会峰会中审议通过。

GAIT为管理者和外部审计师[①]提供了一种识别IT控制中的关键控制点的方法，作为自上而下的、以风险为基础的财务报告内部控制关键范围的一部分和延伸。该指南与上市公司会计监管委员会第2号审计准则（AS/2）[②]、证券交易监管委员会的解释性指南以及内部审计师协会的《萨班斯—奥利克斯法案404条款：内部控制管理指南》所描述的方法是一致的。

GAIT是一套原则和方法，用于帮助评价企业信息系统控制的成本收益以及效率效果。通过制定GAIT，IIA一方面帮助企业识别信息系统控制中的关键因素，避免财务数据错、弊的发生；另一方面指导管理层和审

① 指导中提到的“使用者”，包括对404条款项目负责的管理者、独立审计师和内部审计师等。

② 政策上，上市公司会计监管委员会没有认可或公开支持该文性质的指南，也没有确定这与第2号审计标准相一致。

计人员识别信息系统的关键控制点，以满足企业遵守404条款的要求。GAIT包括了4个核心原则，并在此基础上，提出了应GAIT应用核心原则的方法。

表4-1 **GAIT的四个核心原则**

	原则
原则1	信息技术常规控制过程（如变更管理、调度、访问安全、操作）中的风险和相关控制点的识别应该是对自上而下的、以风险为基础的方法的延续，用于识别企业流程中的重要账户、这些账户的风险以及关键的控制点
原则2	需要识别的信息技术常规控制过程风险，是那些可以影响信息技术在财务上的重要应用和相关数据的功能的风险
原则3	需要识别的信息技术常规控制过程风险存在于信息系统的各个层次中：应用程序代码、数据库、操作系统和网络
原则4	信息技术常规控制过程中的风险可以通过信息技术控制目标的达成，而不是某个控制点的完成来降低

资料来源：国际内部审计协会网站（http：//www.theiaa.org）。

总体而言，GAIT的四个原则并没有形成一个具体的控制框架，也没有包含一些具体控制的目标，但他提供了一个标准，用以帮助管理层以及内部审计人员在一个一致的基础上，识别与考虑相关的信息系统控制点，可以辅助外部审计人员在信息系统审计活动中执行内部控制审计。

2）GTAG

由于信息技术的高速发展和信息系统及其基础结构的日益复杂，信息系统审计变得越来越困难，对信息系统质量做出评价需要多方面的信息技术知识，因此不同学科之间的合作变得越来越必要（Leon Strous，1998）。在遵从SOX法案的过程中，尤其是在规范企业管理方面，信息系统起着极为重要的作用，因此，信息系统审计与内部管理审计相融合成为历史的必然（时现、李庭僚，2009）。GTAG是为满足首席审计执行官（CAE）和审计主管人员的要求，目的是解决董事会和高级经理关心的问题，提供了有关信息技术管理、控制或安全方面最及时的问题。全球信息技术审计指南的目标在于：①从主管人员的角度解释信息系统控制；②解释在整个内部控制系统中信息系统控制的重要性；③描述组织职责和义务，以确保信息系统控制在整个内部控制系统中得到适当处理；④描述固有风险这一概念以及组织的技术管理；⑤描述首席审计执行官所需了解的基本信息系统控制知识，以确保对信息系统控制实施有效的内部审计评估；⑥描述信息系统控制评估过程中由内部审计提供的相关要素。在某种程度上，全球信息技术审计指南是为方便审计人员与IT部门进行沟通。每一个GTAG也都是采用直白的商业语言编写，以便及时地解决与信息技术管理、控制和安全有关的问题。GTAG将作为首席审计执行官用于培训董事会成员、审计委员会成员、管理层、流程负责人以及其他与技术关联风险有关的人员的现成资源以及实践中推荐采用的标准。同时，国际内部审计协会也调动安排了审计和安全专家、董事会成员、首席执行官、财务经理、技术供应商以及信息技术和安全经理共同编写该指南。

截止到2009年10月底，国际内部审计协会一共颁布了12个全球技术审计指南（见表4-2）。从审计指南的分布情况来看，GTAG的主要内容包括三个部分：第一部分，信息系统审计的内容，GTAG1、GTAG2、GTAG3主要涉及的是信息系统控制与审计的问题，GTAG5和GTAG6从IT审计延伸到管理与审计隐私风险、IT薄弱点审计及相关的管理要求部分，GTAG12以IT项目为对象，从IT项目概念介绍开始，逐渐深入地分析了影响IT项目成功的主要因素、IT项目管理与组织管理之间的关系，确定了内部审计在IT项目中的角色，并明确了IT项目审计的思路、方法及组织管理要求；第二部分，IT审计的程序、技术与方法，GTAG7—GTAG11从信息技术外包、审计应用控制到身份识别和访问管理、业务持续性计划与制订IT审计计划，逐步深入系统地阐述了IT审计的基本程序、技术和方法等主要内容；第三部分，IT审计管理，GTAG4研究了与IT控制审计相关的风险，确立了内审人员在履行信息系统审计职责时应执行的标准和管理框架，阐述了IT审计资源管理的主要内容，架构了IT审计管理框架，为保障IT审计质量明确了管理的方向。

表4-2　**IIA颁布的全球技术审计指南**

指南	指南名称
GTAG1	信息技术控制(Information Technology Controls)
GTAG2	改变和修正管理控制:组织成功的法则(Change and Patch Management Controls: Critical for Organizational Success)
GTAG3	连续审计:确认、监督和风险评估的含义(Continuous Auditing: Implications for Assurance, Monitoring, and Risk Assessment)
GTAG4	IT审计管理(Management of IT Auditing)
GTAG5	管理与审计隐私风险(Managing and Auditing Privacy Risks)
GTAG6	管理与审计IT薄弱点(Managing and Auditing IT Vulnerabilities)
GTAG7	信息技术外包(Information Technology Outsourcing)
GTAG8	应用控制审计(Auditing Application Controls)
GTAG9	身份识别与访问管理(Identity and Access Management)
GTAG10	业务持续性计划(Business Continuity Management)
GTAG11	制订IT审计计划(Developing the IT Audit Plan)
GTAG12	审计IT项目(Audit IT Project)

资料来源：国际内部审计协会网站（http://www.theiaa.org）。

IIA提供全球技术审计指南的目的在于宣传和教育（IIA，2005）[①]，该指南主要适用于管理人员，但同时也有助于技术人员能够更好地从管理和治理的角度来看待问题，以本指南为基础，用户可以评估或构建组织中IT业务控制、合规性和保证框架，开展审计活动。借助于本指南，用户可以更好地理解来自于不同方面的意见，合理安排组织活动，以迎接不断变化、日益复杂、充满威胁的挑战，满足提高效率的需要（David A.

① 例如，应用控制审计（GTAG8）主要是为首席审计执行官和其他员工解决如下问题，即应用控制是什么，它们能带来什么利益，内部审计师的角色，怎样进行风险评估，定义应用控制复核的范围，应用程序审核的方法和其他需要考虑的问题等等。其主要目的是让首席审计执行官、管理人员、技术人员、内部审计人员等清晰了解信息系统审计或IT审计中的应用控制审计问题。

Richards，2009）。信息系统审计单方面的行为，它需要内部审计人员和IT部门的配合，GTAG的主要功能是为了方便审计人员与IT部门进行沟通协调，能够帮助内部审计人员更好地参与到信息系统审计中。虽然GTAG的主要目的不是用于指导信息系统审计人员具体执行审计活动，但就目前而言，GTAG的颁布对于企业组织来说是相当必要的，在IIA2006年所做的一项关于GTAG前5项指南的反馈调查的结果中显示，平均92.4%的参与者认为GTAG对参与者的组织是相当重要的（见表4-3）。为保证信息系统审计活动的顺利开展，促使内部审计人员、IT部门等配合信息系统审计，中国内部审计协会或信息系统审计准则制定的有关组织也应在借鉴GTAG的基础上，颁布适合中国国情的技术审计指南，将信息技术与组织活动紧密联系起来，帮助企业、政府或其他组织的内部审计人员、IT人员等参与到信息系统审计活动中。

表4-3　　　　**GTAG对组织是否重要**

	是	否
GTAG1 信息技术控制	98.4%	1.6%
GTAG2 改变和修正管理控制：组织成功的法则	93.2%	6.8%
GTAG3 连续审计：确认、监督和风险评估的含义	88.3%	11.7%
GTAG4 IT审计管理	93.2%	6.8%
GTAG5 管理和审计隐私风险	88.9%	11.1%
平均	92.4%	7.6%

资料来源：国际内部审计协会网站（http：//www.theiaa.org）。

4.2.2 IFAC发布的信息系统审计相关准则

IFAC下属的国际审计实务委员会（IAPC，2001年更名为国际审计和可信性保证委员会，即IAASB）为适应信息技术对审计环境、审计线索、审计对象等的影响，分别于1994年和2001年颁布或修订了一系列与计算机信息系统审计相关的准则和实务公告（见表4-4）。

表4-4　**IFAC发布的与信息系统相关的准则**

准则或实务公告	准则或实务公告名称	发布日期
ISA401	在计算机信息系统环境下审计(Auditing in a Computer Information Systems Evironment)	1994
IAPS1001	IT环境:独立微型计算机(IT Enviroments——Stand-alone Personal Computers)	2001
IAPS1002	IT环境:联机计算机系统(IT Enviroments——On-line Computer Systems)	2001
IAPS1003	IT环境:数据库系统(IT Enviroments——Database Systems)	2001
IAPS1008	风险评估和内部控制:计算机信息系统的特征与考虑因素(Risk Assessments and Internal Control——CIS Characteristics and Considerations)	2001
IAPS1009	计算机辅助审计技术(Computer-Assisted Audit Techniques)	2001

资料来源：国际会计师联合会网站（http：//www.ifac.org）。

国际审计准则第401号——在计算机信息系统环境下审计。该项准则指出了计算机信息系统环境对审计的影响，明确了信息系统环境下对审计人员技术与能力的要求，要求审计人员在计划、指导、监督与评审审计工作时要有足够的计算机信息系统知识，同时对审计计划、内部控制、风险评估、制定与实施审计程序等方面也做出了相应的规定。国际审计准则第401号（IAS401）为在计算机信息系统环境下的审计制定一般原则和指导，IAPS1001、IAPS1002、IAPS1003、IAPS1008、IAPS1009均为该准则的补充或扩展。国际审计实务公告第1001号——IT环境：独立微型计算机，其明确了微型计算机系统及其特征、在微型计算机环境下的内部控制控制、微型计算机环境对审计程序的影响等；国际审计实务公告1002号——IT环境：联机计算机系统，该审计实务公告明确了联机处理特别重要，包括存取控制、控制方面的口令、系统开发和维护控制、程序编制以及业务记录控制；国际审计实务公告第1003号——IT环境：数据库系统，该项审计实务公告明确了数据库系统及其特征，在数据库系统下的内部控制，数据库环境对审计程序的影响等；国际审计公告第1008号——风险评估和内部控制：计算机信息系统的特征与考虑因素，该实务公告是国际审计准则第401号的补充，明确了计算机信息系统环境的特殊性征，计算机信息系统环境下的内部控制的内容及评价方法；国际审计实务公告第1009号——计算机辅助审计技术，该实务公告为国际审计准则第401号的扩展，其明确了审计软件和测试数据两种辅助审计技术、利用计算机辅助审计技术的范围及需要考虑的因素、注册会计师在计算机辅助审计技术应用中的主要工作和控制手段。从ISA401及实务公告的阐述可知，ISA401及实务公告是为满足信息系统环境下的财务审计而制定的，不是单纯的信息系统审计准则，如ISA401在风险评估中指出，依照《ISA400——风险评估与内部控制》审计人员对主要的财务报告认定做固定风险和控制风险的评估。

为进一步反映审计师在从事含有较高信息技术因素的审计工作时审计方法的变化，以及大多数审计工作都涉及计算机信息系统的现实，IFAC同意更新现有关于计算机信息系统的准则和实务公告。2004年12月，IFAC颁布了《国际审计准则第315号——了解被审计单位及其环境和评估重大错报风险》（ISA315，Understanding the Entity and Its Enviroment and Assessing the Risks of Material Misstatement）与《国际审计准则第330号——审计师针对风险评估水平应采取的程序》（ISA330，The Auditor's Procedure in Response to Assessed Risks）取代《国际审计准则第401号——在计算机信息系统环境下审计》，将与信息系统审计相关的准则融入到了具体的财务审计准则之中。同时，IAPS1001、IAPS1002、IAPS1003、IAPS1008、IAPS1009也于2004年12月被撤销。IFAC在其随后发布的一系列审计准则或实务指南也将信息技术融入到具体财务审计准则之中，而不是发布专门针对信息系统审计的相关准则与实务指南。

由上述对IFAC所颁布的与计算机信息系统相关的审计准则可知，IFAC所制定的与信息系统审计相关的准则，着眼于财务审计规范的制定，他们制定的技术性规范目的也是为了服务于财务审计的，其目的是为了适应信息技术广泛应用于财务报告产生过程的要求。信息系统审计与财务审计从根本上来看是两种完全不同的审计类型，在审计对象、审计目标、内容、依据、准则等各个方面存在着显著差异。虽然财务报告在企业经营管理信息中占据举足轻重的地位，但这并不意味着应忽略其他方面的经营管理信息，信息系统审计不仅包括对产生财务报告的会计信息系统进行审计，同时也包括对客户关系管理系统（CRM）、供应链管理系统（SCM）等进行审计。如果将IFAC制定的与信息系统审计相关的准则广泛应用于信息系统审计的各个方面，则显得有些捉襟见肘。虽然IFAC这种制定信息系统审计准则的模式不能很好满足信息系统审计实践的要求，不能成为中国信息系统审计准则体系制定的重要参考资料，但这种审计准则的制定模式对于中国制定或修改财务审计准则等还是具有相当重要的借鉴意义。信息技术已经渗透到社会的各个角落，企业的经营管理、财务活动等无不与信息技术存在关联，如果在财务审计、绩效审计、环境审计中忽略信息技术对重要性水平、重大错报风险，则会或多或少地降低审计报告的质量，但IFAC的与信息系统审计准则制定相关的模式对于中国注册会计师审计准则、内部审计准则和国家审计准则的制定有着重要的借鉴意义。

4.2.3 ISACA发布的信息系统审计准则

1）ISACA的信息系统审计准则体系

ISACA信息系统审计准则是由ISACA制定，并向全球发布的信息系统审计规范。该准则以其国际领先的地位和专业水平，正成为信息系统审计准则的国际标准。在制定准则时，ISACA准则委员会致力于广泛的咨询和磋商。在发布任何准则之前，准则委员会都会利用网站发布等形式，向全球公布草稿文本，以供公众审议。在必要时，准则委员会还会寻求专家的意见。

ISACA在其所制定的每一个标准中，都强调指出，信息系统审计的特殊性和进行审计所需的专门技术，要求制定出特殊的相关标准，ISACA的目标之一就是制定出可全球操作的审计标准以实现其愿景①。ISACA的信息系统审计规范类似于CPA审计准则体系，它由基本准则、审计指南

① 庄明来，吴沁红，李俊．信息系统审计内容与方法［M］．北京：中国时代经济出版社，2008：31．

和作业程序构成，其显著特点就是以COBIT（Control Objectives for Information and related Technology，以下简称COBIT）为基本工具，并借以与ITGI的指南相联系，以弥补ISACA规范在审计细节方面关注的不足（庄明来、阳杰，2009），此框架为信息系统审计人员执业提供了多层次的指引。ISACA基本审计准则的16大类可以分为4个部分：审计章程或审计业务约定书；对审计师职业资格的要求，包括独立性、职业道德和职业能力的要求；从计划、实施、报告到跟踪这4个审计过程；其他，包括不正当及非法行为、IT治理、审计计划中风险评估的利用等。由此，可以绘出ISACA的信息系统审计体系结构图（如图4-3所示）。

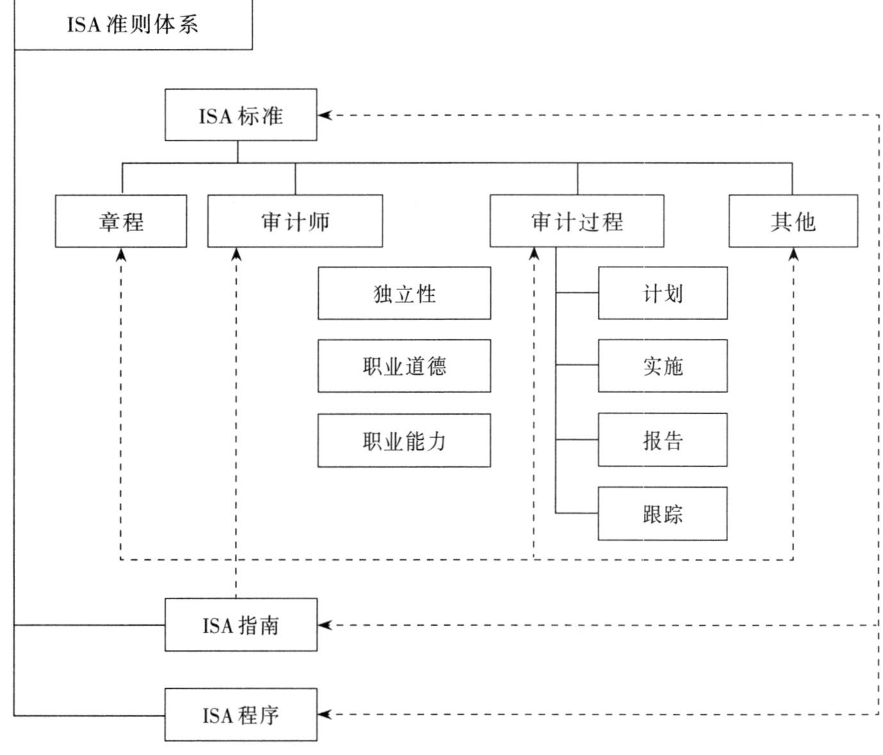

图4-3 ISACA信息系统审计体系结构图

资料来源：马良渝，潘婉霞．ISACA信息系统审计准则体系浅析［J］．中国管理信息化，2007（3）：69.

至2010年4月，ISACA共发布了16项基本准则、41项审计指南和11

项作业程序，这些规范层次清晰，可操作性强。

（1）基本准则

基本准则（见表4-5），是整个ISACA信息系统审计准则体系的总纲，ISACA的审计指南与审计程序都是在基本准则的指导下制定或推导出来的，基本准则是审计指南与审计程序制定的基础依据。在基本准则制定的过程中，ISACA于1997年发布了一项信息系统审计准则，包括审计章程、独立性、职业道德和准则、职业技术、审计计划、实施审计工作、报告和后续工作8个部分，该准则于1997年7月25日开始生效。随着审计指南与作业程序的制定与发布以及对信息系统基本审计准则可扩展性的考虑，ISACA于2005年将1997年所发布的信息系统审计准则拆分为8个基本准则，并对原有内容根据信息技术发展状况进行了修订。同时，于2005年9月之后陆续发布了S9到S16等其他8个基本准则。

表4-5　**ISACA的基本准则**

信息系统审计标准		生效日期
S1	审计章程(Audit Charter)	2005.1.1
S2	审计独立性(Independence)	2005.1.1
S3	职业道德与标准(Professional Ethics and Standards)	2005.1.1
S4	职业能力(Competence)	2005.1.1
S5	审计计划(Planning)	2005.1.1
S6	审计工作的实施(Performance of Audit Work)	2005.1.1
S7	审计报告(Reporting)	2005.1.1
S8	后续工作(Follow-Up Activities)	2005.1.1
S9	违规行为(Irregularities and Illegal Acts)	2005.9.1
S10	IT治理(IT Governance)	2005.9.1
S11	审计计划中风险评估的运用(Use of Risk Assessment in Audit Planning)	2005.11.1
S12	审计重要性(Audit Materiality)	2006.7.1
S13	使用其他审计专家的工作成果(Using the Work of Other Experts)	2006.7.1
S14	审计证据(Audit Evidence)	2006.7.1
S15	IT控制(IT Controls)	2008.2.1
S16	电子商务(E-commerce)	2008.2.1

资料来源：www.isaca.org.

在ISACA基本准则的内容方面，审计章程规定了审计职能的责任、权利和义务，而独立性、职业道德和标准和专业胜任能力则是对审计人员的要求，最后的计划、审计工作的实施、报告和后续工作4个部分则是对审计工作的规范。同时ISACA根据审计对象的特殊性，将IT治理、IT控制、电子商务等纳入到基本准则规定的范畴，并对IT控制、审计风险等概念进行了界定。从总体上来讲，ISACA在信息系统审计的基本准则方面是比较全面的，从审计职能的责任、权力、义务到信息系统审计工作执行，审计报告的出具，ISACA都作了规定，基本准则不仅考虑到了审计的一般性特点，同时也结合了信息系统审计的独特性。

在基本准则颁布和生效的时间方面，ISACA先根据审计工作的一般要求，先颁布S1到S8的基本准则，对审计人员的职业能力以及信息系统审计的程序进行规范，再结合信息系统审计的特点和要求，陆续颁布S9到S16等其他基本准则，以填补先前所颁布的准则的不足或缺陷（见表4-6）。这种基本准则的制定模式，可扩展性较强，适应信息技术飞速发展的要求，ISACA可根据信息系统审计发展的要求弥补基本准则存在的不足与缺陷。

表4-6　**ISACA基本准则的内部关系**

<table>
<tr><th colspan="2">基本准则</th><th colspan="2">基本准则的补充准则</th></tr>
<tr><td>S1</td><td>审计章程</td><td></td><td></td></tr>
<tr><td>S2</td><td>审计独立性</td><td></td><td></td></tr>
<tr><td>S3</td><td>职业道德与标准</td><td>S9</td><td>违规行为</td></tr>
<tr><td>S4</td><td>职业能力</td><td></td><td></td></tr>
<tr><td>S5</td><td>审计计划</td><td>S11</td><td>审计计划中风险评估的运用</td></tr>
<tr><td></td><td></td><td>S12</td><td>审计重要性</td></tr>
<tr><td rowspan="6">S6</td><td rowspan="6">审计工作的实施</td><td>S10</td><td>IT治理</td></tr>
<tr><td>S13</td><td>使用其他审计专家的工作成果</td></tr>
<tr><td>S14</td><td>审计证据</td></tr>
<tr><td>S15</td><td>IT控制</td></tr>
<tr><td>S16</td><td>电子商务</td></tr>
<tr><td></td><td></td></tr>
<tr><td>S7</td><td>审计报告</td><td></td><td></td></tr>
<tr><td>S8</td><td>后续工作</td><td></td><td></td></tr>
</table>

尽管ISACA在基本准则方面的内容比较全面，但通过分析发现ISACA的基本准则体系仍存在不足之处：

①将审计独立性、职业道德和标准以及职业能力等审计职业道德规范一并纳入到基本准则中，这三项审计职业道德规范从基本准则中独立出来，建立以基本原则或概念框架为导向的信息系统审计职业道德规范体系，这样有利于建立层次分明、自成体系的审计职业道德规范体系，体现审计职业道德在信息系统审计中的重要性。

②信息系统审计理论结构是信息系统审计规范制定的理论基础，ISACA所颁布的基本准则没有完整体现信息系统审计理论结构的内容，即没有对信息系统审计进行定义，没有规定信息系统审计本质、审计目标、审计假设、审计质量控制等内容。具有摩尔定律发展速度的信息技术使得信息系统变得越来越复杂，网络安全及信息系统安全问题也变得越来越重要。信息系统审计人员在面临新的审计环境时，需要审计规范加以引导和约束，而在基本准则中界定信息系统审计的本质、目标与假设等有利于引导审计人员的审计行为，界定信息系统审计以及审计范围，可以在飞速发展的信息社会中出现新信息技术问题时不至于使审计人员陷入判断新领域是否属于信息系统审计范畴的境地。

审计质量就是审计活动对公认审计准则或标准的遵循程度（如Gao，2003；Krishnan&Sehauer，2001；Tie，1999；MeConnell & Banks，1998）。非法使用者出于娱乐、报复或利益等目的而侵入计算机（Palmer，2001），Garg，Curtis和Hapler（2003）估计安全事件对普通的公开上市公司来说，其市场影响占到年销售额的0.5%到1.0%。除了病毒和蠕虫之外，组织还可能遭受DOS攻击，这是21世纪代价第二昂贵的网络犯罪，估计其损失达6 500万美元（Computer Security Institute，2003），而新发展的DDOS的威胁很现实，每周有超过4 000次的DDOS攻击（Marayanaswamy，2002），新型的DOS正在不断地被制造出来，例如，DROS用伪造的有效数据包冲垮服务器（Joyce，2002）。Bell实验室的网络研究副总裁Krishan Sabnani（2009）表示，最新的DOS攻击将威胁无线网络。审计质量是信息系统审计存在的生命线，没有质量保证的信息系统审计行为，不仅不能为企业信息系统的可靠性、安全性等提供保证，反而会给企业带来更大的损失。在ISACA的基本准则中，尚不存在审计质量控制方面的规定，这有待于ISACA审计准则制定机构完善审计质量控制方面的基本准则，或是单独建立信息系统审计质量控制准则体系。

③在ISACA所颁布的基本准则中，并没有关于信息系统审计业务承接以及审计业务三方关系方面的基本准则。在审计实践活动中，不仅内部审计部门要开展信息系统审计活动，会计师事务所也越来越重视财务审计中信息系统审计活动的开展。若会计师事务所在承接信息系统审计时，某些审计业务所涉及的专门知识和技能超越了信息系统审计人员的能力，事务所将借助外力来完成信息系统审计活动，而基本准则在这些方面的缺失不利于正确引导审计部门或人员承接审计业务，正确处理审计业务三方关系。

④标准是指用于评价或计量鉴证对象的基准。标准可以是正式的规定，如国家颁布的相关法律、法规；也可以是某些非正式的规定，如单位内部制定的内部控制制度。信息系统审计人员在运用职业判断对信息系统做出合理一致的评价或计量时，需要有适当的标准。在ISACA颁布的基本准则中，没有对信息系统审计进行审计职业判断的标准进行界定，也没有对信息系统审计人员选用的判断标准的特征进行界定，这不利于指导信息系统审计人员选择判断标准，进行合理的职业判断。

（2）审计指南

审计指南（见表4-7）提供了应用信息系统审计准则的指引，是ISA标准的具体化，图4-3的虚线箭头反映了此关系。审计指南是对审计准则的详细操作说明，但并非所有指南都需要不折不扣机械地遵循，而需要审计人员理解其精髓，运用专业判断具体情况具体分析[①]，截至2010年4月颁布的审计指南有41个。审计指南在1998年6月1日之后陆续生效。同时，ISACA根据信息系统审计实践发展的要求在2008年对审计指南G1到G14以及审计指南G22分别进行了修订。考虑到审计指南《违规行为》（G19）与审计指南《对违规行为的审计考虑》（G9）在内容规定上存在着

① 钱啸森. 国外信息系统审计案例［M］. 北京：中国时代经济出版社，2006：122.

重复性，ISACA于2008年9月1日起撤销了该审计指南。

表4-7　　**ISACA的信息系统审计指南**

信息系统审计指南		生效日期
G1	利用其他审计人员的成果(Using the Work of Other Auditors)	1998.6.1
G2	审计取证(Audit Evidence Requirement)	1998.12.1
G3	利用计算机辅助审计技术(Use of Computer Assisted Audit Techniques)	1998.12.1
G4	信息系统业务外包情况下的审计(Outsourcing of IS Activities to Other Organisations)	1999.9.1
G5	审计章程(Audit Charter)	1999.9.1
G6	信息系统审计中的重要性概念(Materiality Concepts for Auditing Information Systems)	1999.9.1
G7	应有的职业谨慎(Due Professional Care)	1999.9.1
G8	审计文档(Audit Documentation)	1999.9.1
G9	对违规行为的审计考虑(Audit Considerations for Irregularities and Illegal Acts)	2000.3.1
G10	审计抽样(Audit Sampling)	2000.3.1
G11	信息系统控制的效果(Effect of Pervasive IS Controls)	2000.3.1
G12	组织关系和独立性(Organisational Relationship and Independence)	2000.9.1
G13	审计计划中风险评估的运用(Use of Risk Assessment in Audit Planning)	2000.9.1
G14	应用系统评审(Application Systems Review)	2001.11.1
G15	信息系统审计计划(IS Auditing Planning)	2002.3.1
G16	第三方对信息系统控制的影响(Effect of Third Parties on an Organisation's IT Controls)	2002.3.1
G17	非审计角色对审计独立性的影响(Effect of Nonaudit Role on the IS Auditor's Independence)	2002.7.1
G18	IT治理(IT Governance)	2002.7.1
G19	违规行为(Irregularities and Illegal Acts)	(失效)
G20	审计报告(Reporting)	2003.1.1

续表

信息系统审计指南		生效日期
G21	企业资源计划系统评审(Enterprise Resource Planning (ERP) Systems Review)	2003.8.1
G22	B2C电子商务审核(Business-to-consumer(B2C)E-commerce Review)	2003.8.1
G23	系统开发生命周期审核(System Development Life Cycle (SDLC) Review Reviews)	2003.8.1
G24	网上银行(Internet Banking)	2003.8.1
G25	对虚拟专用网络的审核(Review of Virtual Private Networks)	2004.7.1
G26	企业流程再造项目审核(Business Process Reengineering(BPR) Project Reviews)	2004.7.1
G27	移动设备的使用审核(Mobile Computing)	2004.9.1
G28	计算机取证(Computer Forensics)	2004.9.1
G29	执行后的评审(Post-implementation Review)	2005.1.1
G30	职业能力(Competence)	2005.6.1
G31	保密(Privacy)	2005.6.1
G32	业务连续性计划的审核(Business Continuity Plan (BCP) Review From It Perspective)	2005.9.1
G33	对网络使用的总体考虑(General Considerations on the Use of the Internet)	2006.3.1
G34	责任、权利及义务(Responsibility, Authority and Accountability)	2006.3.1
G35	后续工作(Follow-up Activities)	2006.3.1
G36	指纹识别控制(Biometric Controls)	2007.2.1
G37	配置管理过程(Configuration Management Process)	2007.11.1
G38	访问控制(Access Controls)	2008.2.1
G39	IT组织(IT Organisation)	2008.5.1
G40	安全管理实践评审(Review of Security Management Practices)	2008.10.1
G41	安全投资收益(Return on Security Investment)	2010.5.1
G42	持续认证(Continuous Assurance)	2010.5.1

在每一项基本准则下，几乎都延伸出了相应的审计指南（见表4-8），来对基本准则作进一步的阐述和说明。同时，ISACA的审计指南与ITGI所颁布的COBIT存在着紧密的联系，几乎在每一个审计指南都阐述了该审计指南与内部控制标准COBIT的联系，如在《审计抽样》(G10)中就阐述了审计抽样与管理质量（PO8）、评估与管理IT风险（PO9）、监督与评估内部控制（ME2）等的关联。这主要是为了方便以COBIT为工具，加强与ITGI所颁布的指南相联系，以弥补ISACA规范在审计细节方面关注的不足。

表4-8　**信息系统基本审计准则与审计指南之间的关系**

信息系统基本审计准则		信息系统审计指南	
编号	基本准则	编号	审计指南
S1	审计章程	G4	信息系统业务外包情况下的审计
		G5	审计章程
		G34	责任、权利及义务
S2	审计独立性	G12	组织关系和独立性
		G17	非审计角色对审计独立性的影响
S3	职业道德与标准	G7	应有的职业谨慎
		G9	对违规行为的审计考虑
		G31	保密
S4	职业能力	G30	职业能力
S5	审计计划	G6	信息系统审计中的重要性概念
		G13	审计计划中风险评估的运用
		G15	信息系统审计计划
		G16	第三方对信息系统控制的影响
S6	审计工作的实施	G1	利用其他审计人员的成果
		G2	审计取证
		G3	利用计算机辅助审计技术

续表

信息系统基本审计准则		信息系统审计指南	
编号	基本准则	编号	审计指南
S6	审计工作的实施	G8	审计文档
		G10	审计抽样
		G11	信息系统控制的效果
		G14	应用系统评审
		G18	IT 治理
		G21	企业资源计划系统评审
		G22	B2C 电子商务审核
		G23	系统开发生命周期审核
		G24	网上银行
		G25	对虚拟专用网络的审核
		G26	企业流程再造项目审核
		G27	移动设备的使用审核
		G28	计算机取证
		G29	执行后的评审
		G32	业务连续性计划的审核
		G33	对网络使用的总体考虑
		G36	指纹识别控制
		G37	配置管理过程
		G38	访问控制
		G39	IT 组织
		G40	安全管理实践评审
		G41	安全投资收益
		G42	持续认证
S7	审计报告	G20	审计报告
S8	后续工作	G35	后续工作

ISACA的审计指南对信息系统审计所涉及的各个方面都进行了深入阐述，但由于ISACA在基本准则方面存在着不足之外，也导致了ISACA在信息系统审计指南方面也存在着一些缺陷。同信息系统审计的基本准则一样，审计指南应将审计独立性、职业道德和标准以及职业能力、保密等相关的审计指南独立出来，自成体系，以保证建立层次分明的审计道德规范体系。此外，在ISACA所颁布的信息系统审计指南中，ISACA仅仅是在《审计章程》（G5）中简要阐述了质量保证过程，即要求信息系统审计人员应当考虑建立一个质量控制过程，了解被审计人的需求，这些质量控制包括访问、客户满意度调查等。ISACA在G5中关于质量控制的阐述过于粗略，不具有可实施性。众所周知，审计质量是审计存在的生命线，ISACA应在将来的基本准则和审计指南的制定过程中，合理配置审计准则制定资源，加强信息系统审计质量控制准则方面的制定，防止信息系统审计市场出现一般化的格雷欣法则，成为“柠檬市场”。

（3）作业程序

作业程序（见表4-9）是对信息系统审计过程中可能遇到的一些特殊情况、特殊方面做出了参考性指导，为审计人员提供在实务中可以参考、遵循的例子。但它不是必须遵循的步骤和测试方法，也不是达到同样目的唯一的步骤和测试方法，仅供审计人员参考。作业程序是对基本准则和审计指南的另外一种补充。作业程序自2002年7月1日后陆续生效。ISACA所颁布的作业程序也阐述了与COBIT的联系，如在作业程序《违规行为》（P7）中根据评估风险（PO9）、确保系统安全（DS5）和管理数据（DS11）提出了调查不正当及非法行为应考虑的问题。作业程序在2002年7月1日之后陆续生效。现在已经发布的作业程序有：①信息系统风险评估方法；②数字签名[①]；③入侵检测[②]；（4）病毒和其他恶意代码[③]；

① 数字签名（又称公钥数字签名、电子签章）是一种类似写在纸上的普通的物理签名，但是使用了公钥加密领域的技术实现，用于鉴别数字信息的方法。一套数字签名通常定义两种互补的运算，一个用于签名，另一个用于验证。

② 入侵检测（Intrusion Detection）是对入侵行为的检测。它通过收集和分析网络行为、安全日志、审计数据、其他网络上可以获得的信息以及计算机系统中若干关键点的信息，检查网络或系统中是否存在违反安全策略的行为和被攻击的迹象。

③ 恶意代码是指没有作用却会带来危险的代码，一个最安全的定义是把所有不必要的代码都看作是恶意的，不必要代码比恶意代码具有更宽泛的含义，包括所有可能与某个组织安全策略相冲突的软件。

（5）控制风险自我评估；（6）防火墙[①]；（7）违规行为；（8）安全性评估-穿透测试[②]和弱点分析；（9）对加密方法管理控制的评估；（10）商业应用转换控制；（11）电子资金转账。

表4-9　**ISACA的信息系统作业程序**

信息系统作业程序		生效日期
P1	信息系统风险评估(IS Risk Assessment)	2002.7.1
P2	数字签名(Digital Signatures)	2002.7.1
P3	入侵检测(Intrusion Detection)	2003.8.1
P4	病毒及其他恶意代码(Viruses and other Malicious Code)	2003.8.1
P5	控制风险自我评估(Control Risk Self-assessment)	2003.8.1
P6	防火墙(Firewalls)	2003.8.1
P7	违规行为(Irregularities and Illegal Acts)	2003.11.1
P8	安全性评估-穿透测试和弱点分析(Security Assessment-Penetration Testing and Vulnerability Analysis)	2004.9.1
P9	对加密方法管理控制的评估(Evaluation of Management Controls Over Encryption Methodologies)	2005.1.1
P10	商业应用转换控制(Business Application Change Control)	2006.10.1
P11	电子资金转账(Electronic Funds Transfer)	2007.5.1

信息技术在社会经济活动中的应用带来了审计的革命。财务报表审计、绩效审计与环境审计等已经不能满足审计监督、控制功能的要求，对产生信息的载体信息系统进行审计变得越来越重要。正是在这种背景下，信息系统审计应运而生，虽然ISACA制定的信息系统审计准则在审计质量控制方面存在欠缺，但ISACA所制定的信息系统审计准则、指南与程序也涉及信息系统审计的绝大部分领域，且层次清晰，可操作性强。经过十多年的发展，ISACA信息系统审计准则已经逐步走向了成熟和完善，并且还逐步对原来制定的准则进行了修订。审计指南和作业程序的制定在基本准则的框架下，正有计划、有顺序、有重点地向前发展。在未来发展

① 所谓防火墙指的是一个由软件和硬件设备组合而成、在内部网和外部网之间、专用网与公共网之间的界面上构造的保护屏障。是一种获取安全性方法的形象说法，它是一种计算机硬件和软件的结合，使Internet与Intranet之间建立起一个安全网关（Security Gateway），从而保护内部网免受非法用户的侵入，防火墙主要由服务访问规则、验证工具、包过滤和应用网关4个部分组成。

② 作为网络安全风险评估中的一员，穿透测试普遍被认为是计算机安全审核的一个子集，其目标是尝试获得诸如操作系统、数据库等基于认证模式的软件系统的访问权限。完整的穿透测试过程大致可以分为以下五个阶段：信息收集、漏洞检测、漏洞攻击、扩大测试和生成报告。

中，商业智能[①]（Business Intelligence）、能力评审（Capacity Review）、信息系统战略规划[②]评审（IS Strategic Plan Review）、安全评级（Secure Classification）和知识管理[③]（Knowledge Management）等项目将成为制定审计指南和作业程序的重点关注的领域。中国在制定与完善信息系统审计标准的过程中应大力借鉴ISACA的先进信息系统审计准则、指南与程序，结合中国信息系统审计运用的现状制定信息系统审计准则体系。

2）IT鉴证框架（ITAF）

经过十多年的发展，ISACA制定和颁布了大量的信息系统审计准则和审计指南，同时ITGI及其他组织，如IIA，也制定了类似的规范，使得IT审计或鉴证人员在实践中可能面临“规范过载”的问题。为了方便IT审计和认证专业人员在执行信息系统审计业务或者其他IT鉴证活动时提供统一的规范来源，同时整合这一领域的优秀资源，以弥补ISACA规范在审计细节方面关注的不足，ISACA于2008年4月出台了信息技术鉴证框架（Information Technology Assurance Framework，简称ITAF™）（如图4-4所示）。

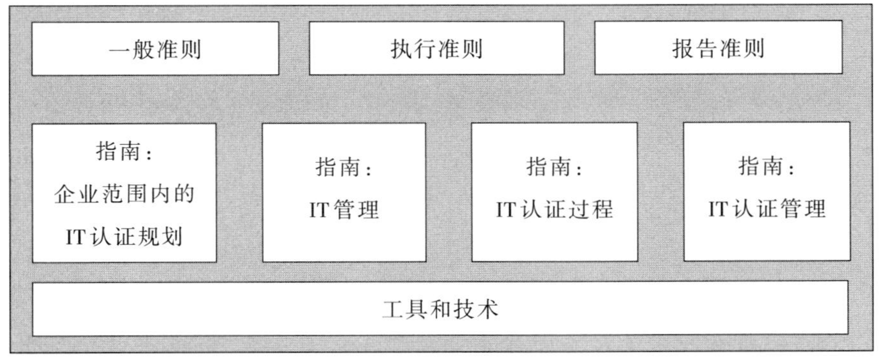

图4-4　IT认证框架

① 目前，学术界对商业智能的定义并不统一。商业智能通常被理解为将企业中现有的数据转化为知识，帮助企业做出明智的业务经营决策的工具。这里所谈的数据包括来自企业业务系统的订单、库存、交易账目、客户和供应商等来自企业所处行业和竞争对手的数据以及来自企业所处的其他外部环境中的各种数据。而商业智能能够辅助的业务经营决策，既可以是操作层的，又可以是战术层和战略层的决策。为了将数据转化为知识，需要利用数据仓库、联机分析处理（OLAP）工具和数据挖掘等技术。因此，从技术层面上讲，商业智能不是什么新技术，它只是数据仓库、OLAP和数据挖掘等技术的综合运用。

② 信息系统战略规划是指帮助管理层建立以组织战略为导向、以外界环境为依据、以业务与IT整合为重心的观念，从而正确定位IT部门在整个组织的作用，保证信息系统的战略目标能够和组织发展目标相协调。

③ 知识管理（Knowledge Management，KM）就是为企业实现显性知识和隐性知识共享提供新的途径，知识管理是利用集体的智慧提高企业的应变和创新能力。知识管理包括几个方面工作：建立知识库；促进员工的知识交流；建立尊重知识的内部环境；把知识作为资产来管理。

ITAF™由一般准则、执行准则、报告准则、指南和工具与技术组成。一般准则是IT鉴证人员的指导原则，应用于在审计活动中处理IT审计或鉴证人员的道德规范、独立性、客观性和应有的职业谨慎以及知识、能力和技术等，一般准则包括独立性、客观性、合理的预期、管理层的声明、培训与技能、与被审计主体相关的知识、应有的职业谨慎、标准以及标准的选择问题等①，与一般准则相系的ISACA审计准则包括独立性（S2）、职业道德和标准（S3）、职业能力（S4）和审计工作的实施（S6）②。执行准则用于任务的执行，比如计划和监督、范围、风险和重要性、资源运用、监督和任务管理、审计和鉴证证据、职业判断和应有关注的运用等③，与执行准则相联系的ISACA审计准则包括S1、S5、S9、S10、S11、S12、S13、S14、S15④。报告准则用于解决报告的类型、沟通方式和沟通信息等问题⑤，与报告准则相联系的ISACA审计准则包括审计报告（S7）和后续工作（S8）⑥。

指南为IT审计或鉴证人员提供关于审计和鉴证领域的信息和方向，与上述三类准则一致，指引关注各种各样的审计手段、方法、工具和技巧，以及协助计划、执行、测试和报告IT过程、控制和相关审计和鉴证活动的有关资料⑦。例如，在IT管理过程IT治理所涉及的资源包括IT治理（G18）、IT组织（G39）、ITIL（Information Technology Infrastructure Library）、ISO 17799、制订战略计划（PO1）、监督和评估IT绩效（ME1）、IT投资治理——Val IT框架等。

工具和技术提供了各种方法、工具和模板的特定信息——并为他们的应用和使用提供了方向，从而使得指引中的信息可用。这些工具和技术直接和特定的指南相联系，呈现各种形式，比如讨论文档、技术指南、白皮书、审计计划或书籍，如ISACA颁布的有关SAP的书籍，就是为ERP系统提供的指导方针⑧。

---

① ITAF™.A Professional Practices Framework for IT Assurance [R]. ISACA，2008：2.
② TAF™.A Professional Practices Framework for IT Assurance [R]. ISACA，2008：12.
③ ITAF™.A Professional Practices Framework for IT Assurance [R]. ISACA，2008：2.
④ TAF™.A Professional Practices Framework for IT Assurance [R]. ISACA，2008：15.
⑤ ITAF™. A Professional Practices Framework for IT Assurance [R]. ISACA，2008：2.
⑥ TAF™. A Professional Practices Framework for IT Assurance [R]. ISACA，2008：17.
⑦ TAF™.A Professional Practices Framework for IT Assurance [R]. ISACA，2008：2.
⑧ TAF™.A Professional Practices Framework for IT Assurance [R]. ISACA，2008：2.

总体来看，IT鉴证框架在整合信息系统审计领域的优秀资源方面起到了相当重要的作用，在一定程度上也弥补了ISACA信息系统审计准则体系的不足与缺陷，有利于引导信息系统审计人员的审计行为，对中国信息系统审计规范体系的研究有着重要的借鉴意义。

4.3 信息系统审计质量控制准则

信息系统审计准则规定了信息系统审计人员在审计工作中应遵循的操作规范，同时也规定了信息系统审计工作应达到的质量要求。为保证信息系统审计工作能按照规范的要求执行，就必须制定相关的信息系统审计质量控制[①]准则，对信息系统审计进行质量控制。在绝大多数国家，信息系统审计还未纳入到强制性审计的范畴，基本上还属于自愿性审计的范畴，也谈不上制定相关的信息系统审计质量控制准则，对信息系统审计进行质量控制。在现有的信息系统审计准则中，仅有ISACA在审计指南《审计章程》（G5）中粗略地对审计质量控制进行了阐述，不具有可操作性，对于指导审计人员进行质量控制还是远远不够的。随着信息技术在社会经济活动中的广泛应用以及审计人员素质的提高，信息系统必将纳入强制性审计的范畴，制定信息系统审计质量控制准则也将提上日程。

众所周知，美国是最早实施审计质量控制的国家。早在1978年，美国注册会计师协会专门成立了质量控制准则委员会（Quality Control Standards Committee，以下简称QCSC），负责颁布会计师事务所质量控制标准。该委员会于1979年11月发布了第1号质量控制公告《质量控制九要素》（SQCS No.1, A Quality Control System Consists of Nine Elements），提出质量控制必须考虑的9个要素，以指导事务所建立合适的质量控制政策和程序。继1979年颁布SQCS NO.1后，又陆续公布了SQCS NO.2，SQCS NO.3，SQCS NO.4，SQCS NO.5，SQCS NO.6和SQCS NO.7。SQCS NO.7（A Firm's Systems of Quality Control）于2007年由AICPA的审计准则委员会颁布，用于取代前面颁布的所有审计质量

① 审计质量控制是审计机构为确保执业质量而制定的政策和程序。

控制准则。SQCS N O.7于2009年2月开始实施，其目标并不是与以前的质量控制准则完全不同，新的质量控制准则扩展了以前的质量控制准则。在SQCS No.7中，AICPA提出了审计质量控制的六要素，即对业务质量承担的领导责任（Leadership responsibilities for quality within the firm）；职业道德规范（Relevant ethical requirements）；客户关系与具体业务的承接与续约（Acceptance and continuance of client relationships and specific engagements）；人力资源（Human resources）；业务执行（Engagement performance）；监控（Monitoring）。

为加强对事务所审计执行财务报告评审以及其他鉴证业务的质量控制，IFAC也于2009年颁布了《事务所审计、财务报告评审以及其他鉴证及相关业务的质量控制》（ISQC No.1，Quality Control for Firms that Perform Audits and Reviews of Financial Statements and Other Assurance and Related Services Engagements）准则，并于2009年12月15日开始实施。ISQC No.1同样提出了与SQCS No.7一样的质量控制六要素，ISQC No.1是审计师事务所为审计工作质量控制提供合理的保证，而应采取的控制方针和程序。在ISQC No.1的基础上，IFAC根据ISQC No.1的质量控制六要素颁布了第220号国际审计准则《财务报告审计质量控制》（ISA220，Quality Control for an Audit of Financial Statements，2009），ISA220是在假设事务所遵循了ISQC No.1要求的基础上专门针对财务报告审计的质量控制。由上述对ISQC No.1和ISA220的阐述可知，ISQC No.1与ISA220是宏观与微观的关系（如图4-5所示），两者并不能互相替代。

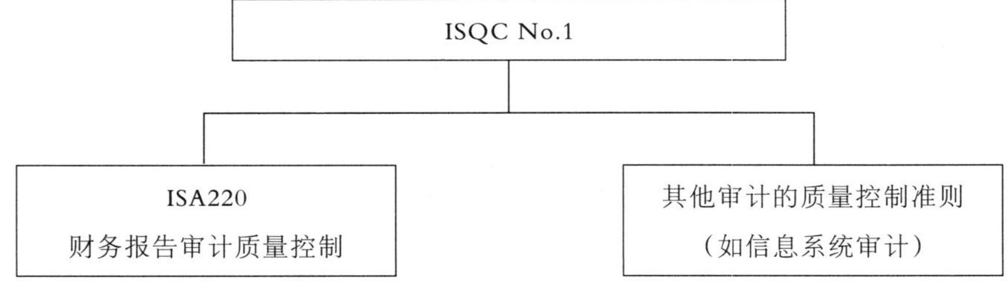

图4-5　IFAC的审计质量控制层次

ISQC No.1是ISA220的基础，ISQC No.1全面阐述了事务所执行财务报告评审以及其他鉴证及相关业务的质量控制，具有普遍性，而ISA220

是具体到财务报告审计质量的控制，具有较强针对性。

AICPA与IFAC发布的审计质量控制准则提出了审计质量控制的诸多要素，这对于推动世界范围的审计质量控制起着相当重要的作用，但SQCS No.7、ISQC No.1与ISA220主要是为满足财务审计质量控制的要求。这种审计质量控制准则的现状与其上级机构的性质存在着很强的联系，AICPA与IFAC主要致力于财务会计准则的制定，信息系统审计是以财务审计为主线，其下属机构所发布的质量控制准则主要是针对财务审计而言的。随着信息技术在企业经营管理中的广泛应用，AICPA与IFAC在其质量控制准则中也考虑到信息技术对财务审计的影响，将信息技术对财务审计的影响融入到具体准则中，而颁布专门针对信息系统审计方面的质量控制准则还有一段很长的路要走。

信息系统的风险，同其他审计对象的风险相比，更具有隐蔽性，破坏性更强，舞弊手段及方法更为先进，若不采用严格的信息系统审计质量控制准则或措施，在信息系统审计过程中，审计人员即使忽视一段小程序代码的审计也可能导致整个信息系统的瘫痪，从而造成巨大的经济损失，如UT斯达康深圳分公司一位工程师利用管理上的漏洞，轻而易举地绕开了北京移动通信公司耗费1.2亿元建立起来的网络完全体系，侵入其充值中心数据库，修改充值卡原始数据并窃取了充值卡密码，然后通过淘宝网和QQ向他人出售，致使北京移动通信公司损失近380万元[①]；2008年，法国第二大银行——兴业银行的交易员杰罗斯·凯维埃尔侵入银行的计算机系统进行未经授权的交易导致该银行损失49亿欧元，这几乎等于该银行一年的总收入，这是历史上单个交易员所造成的最大一笔损失，超过了英国巴林银行交易员尼克·利森造成的14亿美元损失，而巴林银行因此破产[②]。因此，对信息系统审计的质量控制应当更严格，忽视对信息系统审计质量的控制，不仅仅是让被审计过的信息系统成为一个巨大的“柠檬”，更为重要的是会为企业日后造成巨大的损失埋下隐患。

以财务审计为主线的审计质量控制准则适用于信息系统审计时，存在着一定的缺陷，但ISQC No.1与SQCS No.7的质量控制六要素体现了系

① 陈耿，王万军．信息系统审计［M］．北京：清华大学出版社，2009：13.
② 陈耿，王万军．信息系统审计［M］．北京：清华大学出版社，2009：5.

统论与控制论的观点（如图4-6所示）。依据系统论的观点，审计活动可分为审计资源的输入、审计业务活动的执行与审计报告的出具三个过程。ISQC No.1与SQCS No.7的质量控制六要素分别嵌入到了这三个过程中。ISQC No.1与SQCS No.7通过对业务质量承担的领导责任、职业道德规范、客户关系与具体业务的承接与续约、人力资源等四个方面控制审计资源的输入，通过质量控制的要素，业务执行，控制审计业务活动的执行过程，对事务所质量控制的政策与程序进行监控，督促事务所对所执行的审计业务建立事前、事中和事后的质量控制体系。ISQC No.1与SQCS No.7所提出的质量控制六要素对于信息系统审计质量控制准则的制定有着十分重要的借鉴意义。在制定信息系统审计质量控制准则时，应当借鉴ISQC No.1与SQCS No.7的审计质量控制六要素，根据信息系统审计程序与内容制定和发布信息系统审计质量控制准则。

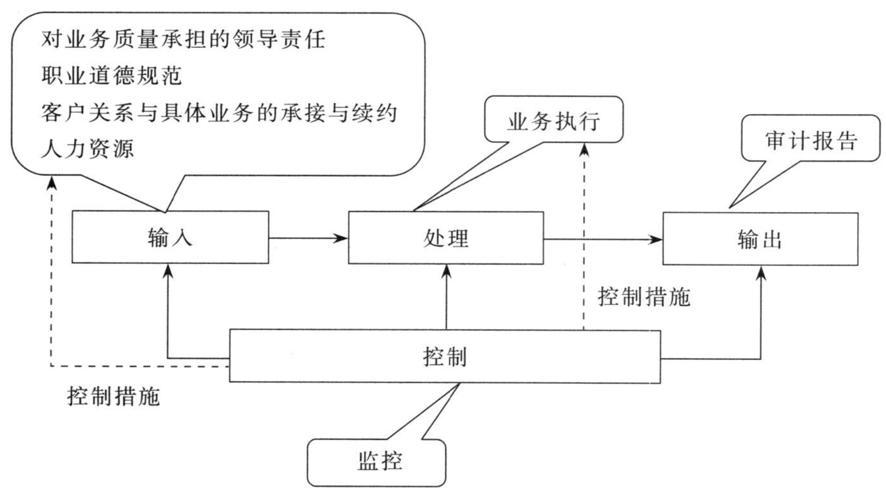

图4-6　基于系统论与控制论的审计质量控制六要素

同时，信息系统审计质量控制准则的制定需要专门的信息系统审计制定机构，如ISACA，应摆脱信息系统审计质量控制依附于传统财务审计质量控制准则的现状。以财务审计为主线的信息系统审计是在当前条件下信息系统审计人力、物力等资源匮乏情况下的理性选择，一旦这种“资源瓶颈”问题得到解决，笔者认为信息系统审计将不再完全以财务审计为主线，而是与财务审计相辅相成，则信息系统审计质量控制准则的重要性就会凸现出来。依附于传统财务审计所制定信息系统审计质量控制准则针对性程度不高，不能全面、合理地考虑信息系统以及信息系统审计所具有的特殊性，中国在制定信息系统审计质量控制准则时应逐步摆脱这种质量控制准则的制定模式。

4.4 国外信息系统审计案例分析及其启示

笔者收集整理了国外近20个信息系统审计案例并逐一进行分析，限于篇幅，本书无法一一加以列举。在对这些案例归类整理的基础上，对照上述信息系统审计的各项审计准则，笔者认为，目前国外信息系统审计具有以下的特点：

（1）国外信息系统审计规范来源于审计实践

ISACA的基本准则自1997年7月25日后陆续生效，审计指南自1998年6月1日后陆续生效，审计程序自2002年7月1日后陆续生效。虽然ISACA基本准则生效的最早时间为1997年7月25日，但这并没有妨碍美国的信息系统审计实践。例如，美国审计署1996年11月对美国联邦存款保险公司时间和出勤处理系统进行了审计，并出具了审计报告。在此次审计实践中，审计人员有明确的审计目标、审计范围等，这与ISACA后来所颁布的基本准则——审计计划（S5）中的规定基本一致，即在S5中要求“信息系统审计师必须起草并以书面形式记录一份审计计划书，详述审计目标及其性质、审计时间和范围，以及所需相关资源”。同时美国审计署还针对美国联邦存款保险公司时间和出勤处理系统的开发情况，提出了系统开发需要完善的流程，并在1998年再次对美国联邦存款保险公司中止开发时间和出勤处理系统的具体情况进行了审计。美国审计署对该项目的后续跟踪也蕴涵着ISACA所颁布的基本准则——后续工作（S8）的基本思想，即在报告审计发现和建议后，信息系统审计师必须获取和评估相关信息，对管理层是否已及时采取恰当的措施做出结论。虽然不能说ISACA所颁布的基本准则、审计指南和作业程序全部来自于审计实践，但可以肯定的是，ISACA所颁布的准则中部分来自于信息系统审计实践，这是值得中国借鉴的。中国在完善信息系统审计规范体系的过程中，除了借鉴国外先进的信息系统审计规范之外，还以从国家审计、注册会计师审计以及内部审计的实践中发掘有价值的审计规范，使其成为信息系统审计规范的成文法典，引导和约束信息系统审计行为。

（2）权威的信息系统审计规范是信息系统审计成功实践的指南

国外信息系统审计规范体系虽然不存在成熟的信息系统审计质量控制准则，却存在着相对完善的信息系统审计准则、指南和作业程序。从TALLAHASSEE市审计局对本市局域网逻辑安全审计的案例、多伦多审计局2003年对该市政府的Oracle数据库安全问题审计的案例以及美国审计署2000年关于SBA财务管理信息安全审计的案例等可以看出，审计组在整个审计过程中有明确的审计目标、审计范围、审计方法，同时审计组还会根据审计过程中发现的问题提出有建设性的改进意见。管理层在整个审计过程中也并非置身事外，在审计工作开始阶段与审计组人员交换意见，介绍现有的逻辑进入控制，提出认为还需要改进的方面，在后续审计阶段，根据审计组所提的建议进行整改，并将整改结果回复给有关信息系统审计部门。在整个审计过程中，ISACA的审计准则、审计指南与作业程序都能为其提供从审计计划、实施、审计报告和后续审计方面的指导，如在审计过程中，审计组成员要进行薄弱点评价，而ISACA所颁布的作业程序——安全性评估-穿透测试和弱点分析（P8）可以引导审计人员进行薄弱点分析，而不至于让审计人员在审计过程中处于无序状态。

（3）信息系统审计涵盖的范围广

ISACA所颁布的信息系统审计准则不仅仅是为了满足更好进行财务审计的需要，这也决定了国外在执行信息系统审计时所涵盖的范围广泛，如2001年澳大利亚联邦政府互联网安全的审计，2003年多伦多审计局对该市政府的ORACLE数据库安全问题进行了审计，加拿大审计署对2002年加拿大政府IT安全审计的后续审计等，这些信息系统审计实践不是依附于财务审计的信息系统审计，而是完全意义上的信息系统审计。这同中国信息系统审计出于“真实、合法、效益”的审计目标相比，信息系统审计的范围扩大了许多。中国信息系统审计实践与国外信息系统审计实践在这方面的差异，除了在信息系统审计的人力、物力等方面赶不上诸如美国、加拿大等西方国家之后，最主要的原因还是中国不存在相对完善的信息系统审计规范，信息系统审计还处于依附财务审计的状态。

（4）信息系统审计质量控制准则亟待发布[①]

没有监督的权力，容易滋生腐败，同样没有监督的信息系统审计，也会出现权力寻租的行为。审计质量是信息系统审计的生命，审计质量达不到规定要求，信息系统审计较强的技术性也使得没有人敢去相信经审计人员审计过的信息系统是质量好的信息系统，而把它当成一个被审计过的巨大“柠檬”。健全完善的质量控制制度是保证信息系统审计人员遵守法律法规、职业道德规范以及信息系统审计程序的保障。国外的财务审计质量控制准则相对于信息系统审计的质量控制准则而言是相对比较完善的，信息系统审计的质量控制准则，除了在ISACA所颁布的审计指南——审计章程（G5）中有粗略的阐述之外，还基本上处于空白状态。信息系统审计较强的技术性决定了审计人员掌握的信息会优于委托人，更容易导致在注册信息系统审计师审计过程中与被审计机构勾结欺骗委托人，被审计过的信息系统并不一定会被认可为质量好的信息系统，会产生高质量的信息，内部没有嵌入非法的内部控制规范等等。这种猜疑会促使人们认为信息系统审计人员是“柠檬”的制造者，从而失去对信息系统审计的信任。为确保信息系统审计的质量，审计规范制定机构不仅仅是要制定信息系统审计准则，而且还要加快制定信息系统审计质量控制准则的步伐。

4.5 本章小结

本章主要对国外信息系统审计职业道德规范、审计准则和审计质量控制准则进行了回顾。国外在审计职业道德规范方面相对比较完善，而在信息系统审计职业道德规范方面却存在着诸多不足之处，ISACA发布的信息系统审计职业道德规范在基本原则方面的规定是不完整的，具体规范过于简单，审计职业道德规范分散于基本准则、审计指南以及《职业道德规

① 信息系统审计项目质量控制，即对具体审计项目实施阶段的各环节进行质量控制，并明确不同审计人员的权责。因此，具体审计项目质量控制分为四个阶段，审计计划阶段质量控制、审计实施过程中的质量控制、审计报告阶段质量控制和后续审计阶段的质量控制。

范》之中，不利于信息系统审计职业道德规范框架的建立。ISACA应结合以原则为导向的审计职业道德规范发展新趋势，加快制定专门针对信息系统审计的具体职业道德规范，构建信息系统审计职业道德规范体系。国外在信息系统审计准则方面存在着诸多优秀的资源，如IIA的GAIT和GTAG、IFAC的信息系统审计准则以及ISACA的信息系统审计准则体系，特别是ISACA的信息系统审计准则体系，层次清晰，可操作性强，中国在制定信息系统审计规范时就借鉴这种审计准则体系结构。在信息系统审计质量控制准则方面，国外仅有ISACA在审计指南《审计章程》（G5）中粗略地对审计质量控制进行了阐述，不具有可操作性。而AICPA与IFAC所发布的SQCS No.7和ISQC No.1虽然主要是针对财务审计的，但SQCS No.7与ISQC No.1所提出的审计质量控制六要素体现了系统论与控制论的思想，这一思想也是值得中国借鉴的。最后，本章还结合国外的信息系统审计规范对国外的信息系统审计案例进行了研究。

第 5 章
中国信息系统审计规范建设

中国信息系统审计正处于探索发展阶段，存在发展水平不均衡、实务操作不规范的问题，现有的规范体系主要是对一般性的计算机审计方面的规范，专门用于信息系统审计的规范比较少等问题，而在准则遵循性方面，中国绝大部分的信息系统审计人员目前主要是采用美国ISACA所颁布的信息系统审计准则（庄明来、吴沁红、李俊，2008）。因此，当务之急是立足于国情，分析中国当前信息系统审计规范体系所存在的弊端，进而构建适合本土的信息系统审计规范体系。

5.1 信息系统审计规范制定的路径选择

诺斯开创的制度变迁路径依赖理论对理解信息系统审计规范的制定提供了一个有效的分析视角，制度变迁选择何种方式，主要受制于不同审计规范制定部门之间的权力结构和偏好结构。本节将基于路径依赖理论对信息系统审计规范的路径选择问题进行研究。

5.1.1 中国信息系统审计准则制定的路径依赖

制度变迁中的路径依赖理论经过二十多年的发展，经过许多制度研究者的完善，已经从诺思（1990）开创的制度变迁的路径依赖理论，形成了一个关于制度路径依赖过程的基本分析框架（皮天雷，2009）。伍尔德曼（Woerdman，2004）认为，制度变迁过程有其自身的特殊性，制度路径依赖过程有其特殊的含义，在确定形成制度路径依赖的各种自增强[①]机制时，要和技术路径依赖过程进行区别。伍尔德曼分析了转换成本、递减的运行成本、网络外部性、学习效应、适应性预期、正式的法律约束、非正式的文化约束、既得利益约束、人们的主观理解以及解决问题的能力等十种自增强机制发挥作用的途径，提供了判别自增强机制的方法，并且对这十种自增强机制在制度路径依赖过程中的作用进行了分析。伍尔德曼认为转换成本、运行成本和解决问题的能力是造成制度锁定的关键因素，正式的法律约束、非正式的文化约束和既得利益约束不直接造成制度锁定，它们决定了转换成本的大小，从而起到强化或者减弱制度锁定效应的作用，网络外部性和学习效应也不直接造成制度锁定，它们决定运行成本的大小，人们的主观理解和适应性预期是更次要的机制，它们通过影响以上八种机制起作用。各种自增强机制之间并不相互排斥，它们彼此影响，以复杂的方式建立一个决定性动力，推动动态系统走向路径依赖。

伍尔德曼的自增强机制关系如图5-1所示。

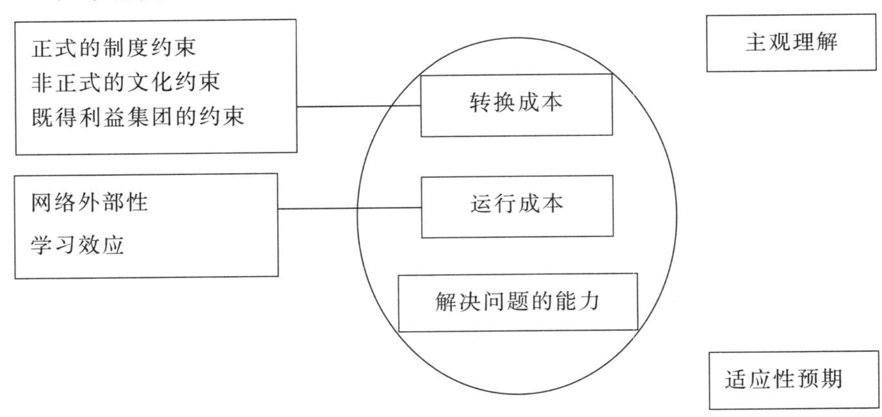

图5-1 伍尔德曼的自增强机制关系图

基于对自增强机制的认识，诺思（1990）认为路径依赖有两种极端形式：一种是一旦走上了某一条路径，系统的外部性、组织的学习过程及主观模型都会强化这一轨迹，一种适应性的有效制度演进轨迹将允许组织在

① 自增强是指在一定条件下，微小的事件会被扩大和发展，而不是趋于消失。

环境的不确定下选择最大化目标，进行试验，建立反馈机制，去识别并消除无效的选择，并保护组织产权，进而引致了长期的经济增长；另一种是一旦在起始阶段带来报酬递增的制度，当阻碍了生产活动的发展，而从中获利的利益集团为了既得利益尽力维护它，此时这个社会陷入无效制度安排，“锁定”在某种无效率的状态下而导致停滞。诺斯认为，除这两种制度变迁的极端形式外，还有其他一些中间性的情形和方式。路径依赖类似于物理学中的“惯性”，一旦进入某一路径就可能对这种路径产生依赖。其原因是：制度变迁过程与技术变迁过程一样，存在着报酬递增和自我强化的机制。这种机制使制度变迁一旦走上某一路径，它的既定方向会在以后的发展中得到自我强化。所以人们过去做出的选择决定了他们现在可能的选择。沿着既定的路径，经济和政治制度的变化可能进入良性循环的轨道，迅速优化；也可能顺着原来错误路径往下滑，甚至被“锁定”在某种无效率的状态下而导致停滞。一旦进入了锁定状态，要脱身而出就会变得十分困难，要打破这种制度“锁定状态”，其条件取决于形成自我强化机制的各种因素的性质。路径依赖对制度变迁有极强的制约作用，信息系统审计准则的制度变迁也不例外。

路径依赖理论告诉我们“历史是至关重要的”。中国在审计准则的制定方面，国家审计准则的提供机构是国家审计署，内部审计准则的提供机构是中国内部审计协会，而注册会计师审计准则的提供机构是中国注册会计师协会。这种审计准则的提供模式也就决定了在信息系统审计准则的提供方面，也是由不同准则机构各自提供与信息系统审计相关的准则。伍尔德曼（2004）认为转换成本、运行成本和解决问题的能力是造成制度锁定的关键因素。在中国信息系统审计规范的制定方面同样如此。在中国，信息系统审计还未纳入强制审计的范畴，在信息系统审计准则的制定方面缺乏必要的动力机制，审计准则制定机构在审计准则制定方面的重点还是在财务审计方面，各种资源也主要投向财务审计准则的制定，还未转移到对产生财务信息的信息系统审计上来，导致审计准则制定机构在制定与颁布信息系统审计规范方面的能力相当有限。若要转向信息系统审计准则的制定，现有的准则制定资源不能满足信息系统审计准则的制定，准则制定机构必然会重新投入人力、物力和财力等资源，带来大量的转换成本，同时，国家对资本市场和财务审计的关注也使得将资源投入到财务审计准则会得到更多的收益，这种收益主要是指社会收益。在运行成本方面，由于学习效应和网络外部性[①]的存在也会使得准则制定机构相同的资源投入到财务审计准则所带来的效益会高于投入到信息系统审计准则所带来的效益。由于转换成本、运行成本和解决问题的能力是造成制度锁定的关键因素，当前审计准则制定机构的各种自增强机制，有利于财务审计准则的制定，而不利于信息系统审计准则的制定。通过上述分析也不难理解中国的信息系统审计主要是出于“真实、合法、效益”审计目标的原因。

正如上文所述，无论是在国家审计、内部审计中，还是在注册会计师审计中，信息系统审计的主要内容、目标等方面只是在文字表述上存在着差异，而在实质内容上不存在任何差别。信息系统审计准则具有同质性，内审协会、国家审计署和中注协所提供的审计准则都是同质产品。若一方提供符合中国国情的信息系统审计准则，则其他方可引用现成的信息系统审计准则，但提供信息系统审计准则的机构将耗费大量的人力、物力、财力，而将这些审计准则制定资源用于财务审计准则的制定将获得更大的收益。假设制定信息系统审计准则所带来的收益为 S，制定信息系统审计准则由于大量的转换成本和运行成本的存在，使得信息系统审计准则制定的成本为 C_1，而信息系统审计准则这种公共品具有同质性，可以完全模仿，假设模仿现有信息系统审计准则基本上不花费任何成本，假设模仿成本为 C_2，且 $C_2 < C_1$。由于国家关注的重点在财务审计准则的制定方面，则节约的成本用于制定财务审计准则，则可得到一个额外的收益 ΔS。若审计准则制定机构的都采用模仿的策略，将成本 C_1 完全用于制定财务审计准则、管理审计准则等，则审计准则制定机构则可得到收益 S'，且存在 $S' > S - C_1$，由不存在任何转换成本，且运行成本低于信息系统审计准则的制定，此时所带来的收益 S' 将大于 $S - C_1$。由此，我们可以得到一个如表 5-1 所示的信息系统审计准则制定的“囚徒困境”。由于存在 $S' > S - C_1$ 和 $S + \Delta S - C_2 > S - C_1$，则审计准则制定机构甲和乙的最佳策略组合为（模仿，模仿）。这种策略组合也使得中国在信息系统审计准则制定

① 国内外可供参考的财务审计准则多于可供参考的信息系统审计准则，因此，财务审计准则的网络外部性会高于信息系统审计准则的网络外部性。

方面始终是渐近的方式，处于制度“锁定”状态。若不打破这种制定的“锁定”，信息系统审计准则的非均衡状态将持续下去，不能很好地引导信息系统审计人员的审计行为。

表5-1 **信息系统审计准则制定的收益矩阵**

		审计准则制定机构乙	
		制定	模仿
审计准则制定机构甲	制定	$(S-C_1, S-C_1)$	$(S-C_1, S+\Delta S-C_2)$
	模仿	$(S+\Delta S-C_2, S-C_1)$	(S', S')

5.1.2 中国信息系统审计准则制定的路径选择

通过对中国信息系统审计准则的路径依赖问题进行分析可知，各种自增强机制也使得信息系统审计准则的制定倾向于渐进式的模式。1993年，国家审计署颁布《审计署关于计算机审计的暂行规定》，而事隔15年之后，中国才于2008年由中国内部审计协会颁布第一真正意义上的信息系统审计准则，即《内部审计具体准则第28号——信息系统审计》，其间所发布的与信息系统审计相关的规范也屈指可数。若继续采用这种模式制定信息系统审计准则，中国信息系统审计规范的制度变迁过程将相当缓慢，不能适应信息系统审计实践发展的要求。

1）信息系统审计准则制定的路径选择

制度变迁根据变迁是由一个（群）人自发引起还是由政府法令强制推行的可划分为诱致性制度变迁和强制性制度变迁。诺斯（1994）认为制度变迁的一般过程分为以下五个步骤：第一，形成推动制度变迁的第一行动集团，即对制度变迁起主要作用的集团；第二，提出有关制度变迁的主要方案；第三，根据制度变迁的原则对方案进行评估和选择；第四，形成推动制度变迁的第二行动集团，即起次要作用的集团；第五，两个集团共同努力去实现制度变迁。根据充当第一行动集团的经济主体不同，可以把制度变迁分为自下而上的制度变迁和自上而下的制度变迁。所谓自下而上的制度变迁，是指由个人或一群人，受新制度获利机会的引诱，自发倡导、组织和实现制度变迁，又称为诱致性制度变迁，其特点可以概括为：①赢利性，即当只有制度变迁的预期收益大于预期成本时，有关创新群体才会推进制度变迁；②自发性，诱致性制度变迁是一种自下而上的、从局部到整体的制度变迁过程，因而制度的转换、替代、扩散都需要时间，是一个缓慢的过程[①]。所谓自上而下的制度变迁，是指由政府充当第一行动集团，以政府命令和法律形式引入和实行的制度变迁，又称为强制性制度变迁。强制性制度变迁的主体是国家（或政府），国家这之所以采取强制方式变革制度，一是因为它是垄断者，它通过权力垄断与其他资源的垄断，可以比竞争性组织以低得多的费用提供制度性服务；二是国家在制度供给的"生产"上，具有规模经济优势（罗必良，2005）。

制度变迁选择何种方式，主要受制于一个社会的利益集团之间的权力结构和社会的偏好结构（诺思，1999）。中国信息化资金投入的逐年增加以及令人担忧的网络安全问题已经使信息系统审计规范的制定提上日程。在信息系统审计规范的制度变迁模式方面，政府应综合考虑诱致性制度变迁与强制性制度变迁模式的优点与缺点。在当前条件下，信息系统审计规范的正式制度安排若采用诱致性的制度变迁模式，各种自增强机制的存在会造成信息系统审计规范制定的制度"锁定"，而采用强制性的制度变迁，可以打破制定"锁定"的先决条件，加速中国信息系统审计规范的制定进程。信息系统审计规范的非正式制度安排具有渐进性和诱致性特征，并不受权威机构控制，也不致发生剧烈性波动，非正式制度的演化比较缓慢，而正式制度则可以迅即改变。同时，国家的强制力可以用节约交易费用（Arrow，1969）。

由上述对信息系统审计规范各种自增强机制的研究发现，中注协、内部协会和国家审计署将审计规范制定的重点从财务审计准则转移到信息系统审计规范制定上来，存在着巨大的转换成本。与此同时，中国信息系统审计实践亟须一批信息系统审计规范，许多信息系统审计实践缺乏指导，如2005年审计署驻京津冀特派办对某航空公司收入结算系统进行审计时对如何进行信息系统审计处于盲目状态，信息系统审计规范的颁布对信息

① 林毅夫. 关于制度变迁的经济学理论：诱致性变迁与强制性变迁，财产权利与制度变迁［M］. 上海：上海三联书店，1994：394.

系统审计实践的执行有着重要的指导意义。有鉴于此，笔者认为中国当前信息系统审计职业道德规范、信息系统审计准则和审计质量控制准则的制度变迁应采用强制性的制度变迁模式。采用强制性的制度变迁之后，信息系统审计准则制定机构之间的组织际关系如图5-2所示。

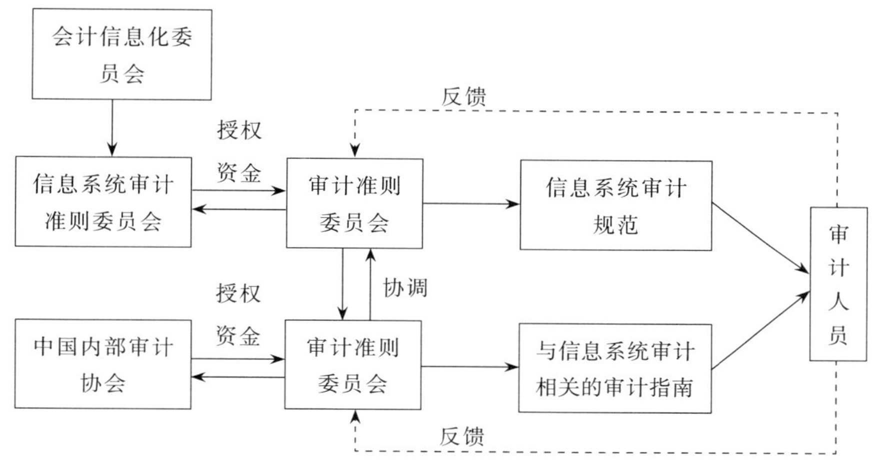

图5-2　中国信息系统审计规范制定的组织关系图

从中国注册会计师协会、内审协会以及审计署中抽出与信息系统审计规范制定相关的人力、物力等，整合信息系统审计规范制定的资源，成立类似于ISACA的信息系统审计规范制定机构，该机构应当隶属于会计信息化委员会，其职责在于专门制定信息系统审计职业道德规范、信息系统审计准则以及审计质量控制准则，用于指导和规范信息系统审计人员的审计行为。这也符合国家审计署《2006年至2010年审计工作发展规划》与《2008年至2012年审计工作发展规划》整合审计资源的思想。与此同时，信息系统审计是技术性较强的审计活动，若内部审计人员缺乏对信息技术管理、控制与安全方面的了解或者信息技术人员缺乏对审计的了解，都将增加审计人员的审计成本，甚至会导致信息系统审计的失败。鉴于信息系统审计的这种特殊状况，中国内部审计协会应加强与信息系统审计准则委员会，特别是下属的审计准则委员会的沟通与协调，配合信息系统审计规范制定、颁布与信息系统审计相关的审计指南，提升内部审计人员以及信息技术人员对信息技术管理、控制、安全以及审计知识方面的了解程度，从而达到减少审计成本，提升信息系统审计成功率的目的。信息系统审计人员在执行具体审计活动时，若发现信息系统审计规范以及与信息系统审计相关审计指南的不足之时，应建立反馈机制将意见和建议直接反馈给审计准则委员会，以利于其对相关信息系统审计规范的修改。

2）信息系统审计规范制定的资源依赖问题

资源依赖理论的基本假设是，没有组织是自给的，所有组织都在与环境进行交换，并由此获得生存。在与环境的交换中，环境给组织提供关键性的资源（稀缺资源），没有这样的资源，组织就不能运作。由此，对资源的需求构成了组织对外部的依赖。资源稀缺性和重要性决定了组织对环境的依赖程度，进而使得权力成为显象（Emerson，1962）。为了获得组织需要的资源，组织必须进行协商，交易，交付和获取，甚至对其他组织施加压力。通过这些过程，组织际关系被建立、改变和终止，最终，系统发展起来或发生改变。资源依赖的关系是多种多样的，这主要取决于依赖的性质。依赖通常用权力（Power）表示，权力差别是依赖内在的本质特征。依赖具有共生性、竞争性或者共生性和竞争性混合的特征。共生性主要发生在组织为达到共同的目标或者一个组织获得目标而使其他组织受损的过程中，或者是两个组织共同合作以获得第三方的资源；竞争性主要发生在一个组织获得目标，而使其他组织处于不利的过程中；当一个组织同时追求几个目标时，竞争性和共生性就会同时发生。

为保证信息系统审计准则制定机构之间组织际关系的顺利运转，协调与沟通机制的建立是相当重要的。尽管组织际之间的依赖存在着共生性、竞争性或者共生性和竞争性混合等三种特征，但信息系统审计准则委员会与中国内部审计协会之是的关系应是共生性，即两个组织共同合作完善中国信息系统审计规范体系（如图5-3所示）。信息系统审计准则委员会在制定信息系统审计规范方面有着天然的优势，而内部审计协会在发布与信息系统审计相关的指南用于培训董事会成员、审计委员会成员、管理层、流程负责人以及其他与技术关联风险有关的人员方面也有着不可替代的优势。这是一种具有共生性的组织际依赖关系。因此，信息系统审计准则委员会与内部审计协会在信息系统审计规范制定的过程加强协调与沟通有利于发布更完善的信息系统审计规范体系。

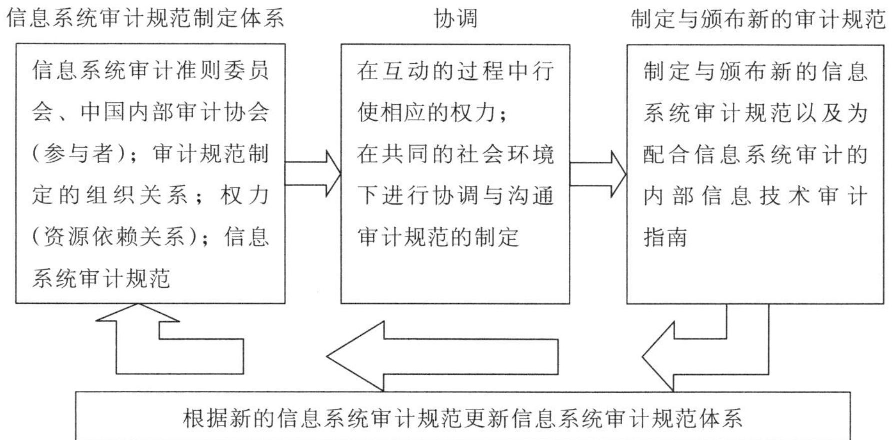

图5-3　信息系统审计规范制定机构之间的协调机制

信息系统审计准则是一种公共品[①]，无论是在国内，还是在国外，信息系统审计规范的制定过程，都存在着对人物、物力以财力等资源的依赖问题，信息系统审计准则委员会需要相关部门或主管机构投入大量的人力、物力和财务，这就形成了审计准则委员会对相关的部门的组织依赖关系（如图5-4所示）。中国当前审计准则制定的重点主要还是放在财务审计准则的制定上面，再加上信息系统审计规范的公共品性质，使得政府部门要在资源配置上要做出一定的倾斜，加大对信息系统审计规范制定的资金投入力度，以推动中国信息系统审计规范体系的完善。

图5-4　信息系统审计规范制定的组织依赖关系

5.2　信息系统审计规范体系的框架结构

完善信息系统审计规范体系能起到规范信息系统审计活动的作用，使信息系统审计活动步入科学化、制度化、规范化的轨道，防止信息系统审

① 由公共部门提供用来满足社会公共需要的商品和服务称之为公共品。公共品具有不可分割性、非竞争性和非排他性。

计行为的随意性和无序性，降低审计风险，引导审计人员保持谨慎的执业态度，引导企业构建符合国家规范的信息系统。

5.2.1 构建信息系统审计规范体系应考虑的若干因素

要探讨信息系统审计规范体系的框架结构至少应考虑信息系统审计规范的权威性、审计规范适用的主体、审计规范实施的内容等因素。

（1）信息系统审计规范的权威性

信息系统审计规范由不同的机构或部门制定，其权威性也就不同；信息系统审计规范的权威性不同，其执行的强制性也就不同。由立法机构制定的审计规范，其权威性最强。通常而言，经济比较发达的国家，对审计工作比较重视，立法机构通常制定权威性很强的审计规范。这些权威性的审计规范对审计机构的设置和权限、审计对象、审计范围、审计责任等做出了明确的规定，为审计机构及其人员履行其职责提出了法律的要求与保障，而由部门制定的审计规范，包括信息系统审计规范，其权威性相对而言要差一些。制定这一层次审计规范的部门通常是审计工作的主管部门，民间审计的注册会计师协会以及内部审计师协会等。

（2）信息系统审计规范的适用主体

不同的信息系统审计主体，适用的信息系统审计规范也不同。这是因为不同的审计主体，其法律地位、职责权限、侧重履行的审计职能和审计内容，以及独立性等均存在较大的差异，要使不同的审计主体更好地履行其职责、更好地发挥其作用，就应该用不同的信息系统审计规范来约束。

对于民间审计来说，信息系统审计的审计主体是会计师事务所和注册会计师。由于民间审计地位超脱，履行经济鉴证职能最能体现独立、客观、公正的原则，因此民间审计从事信息系统审计在于证明信息系统的安全性、可靠性、有效性、效率性以及对信息系统这项特殊资产的保全性。为了规范会计师事务所和注册会计师的行为，维护社会公众的利益，必须制定相关的职业规范。这些规范可以由国家权力机构制定，如中国的《审计法》《注册会计师法》等，也可以由具体的职业团体制定，最常见的有信息系统审计准则、信息系统审计职业道德、信息系统审计质量控制等。信息系统审计是审计的一个特殊分支，因此，在中国针对注册会计师行业制定的《违反注册会计师法处罚暂行办法》《注册会计师行业业务监管制度》《事务所质量检查工作规范》等也属于民间审计主体执行信息系统审计的审计规范。

对于国家审计来说，信息系统审计的审计主体是审计署和审计师。由于国家审计具有宪法赋予的权力，具有极高的威望，履行经济监督职能最能体现其强制性、权威性的特点，因此国家审计从事财经法纪审计，在查错防弊、打击经济犯罪方面发挥的作用最大。为了规范国家审计机构和人员的行为，更好地维护国家的利益，也有必要制定有关国家审计的法规。国家审计法规可以由国家权力机构制定，如中国的《中华人民共和国审计法》等，也可以由国家审计机构自行制定，如美国审计总署年制定的《政府组织、项目、活动和职责的审计准则》等。中国在国家审计方面的信息系统审计规范还不够完善，只是在2001年国务院办公厅颁布《关于利用计算机信息系统开展审计工作有关问题的通知》，规定审计机关有权检查被审单位运用计算机管理财政财务收支的信息系统，在审计机关对被审单位电子数据真实性产生疑问时，可以对计算机信息系统进行测试。

对于内部审计而言，审计主体是内部审计机构和内部审计师。由于内部审计充分了解单位的生产经营状况，善于发现生产经营过程中存在的问题，提出的改进建议往往比较切合实际，履行经济评价职能最能发挥其长处，尽可能地为管理当局出谋划策，因此内部审计从事经济效益审计，在避免损失浪费、提高企业经济效益和经营管理水平方面发挥的作用也最大。为了规范内部审计机构和人员的行为，进一步提高内部审计工作的效率和效果，提高内部审计的地位，也有必要制定有关内部审计的规范。内部审计规范一般由内部审计职业制定，如中国内部审计协会发布《内部审计具体准则第28号——信息系统审计》。

虽然不同主体在从事信息系统审计活动时，对不同审计主体进行规制的审计法规不同，但正如上文所述信息审计人员在遵循的审计职业道德规范、信息系统审计准则以及质量控制准则方面不存在区别。

（3）信息系统审计规范实施的内容

在信息系统审计工作中，需要规范的内容很多。从审计人员的职业行为上来说，应制定信息系统审计职业道德准则来明确信息系统审计师对被审计单位、对社会、对同行等的责任；从审计人员的职业技术上来说，应制定信息系统审计准则来指导信息系统审计师在审计过程中如何编制审计计划，如何运用各种方法获取审计证据，如何编制审计报告、发表审计意见；从审计机构内部管理上来说，应制定信息系统质量控制准则来规范审计机构，如何提高信息系统审计人员的业务能力和素质，如何提高信息系统审计质量、降低信息系统审计风险；从信息系统审计的内容上来说，应制定各种具体的信息系统审计准则、实施公告、规范指南、规定办法等，要求信息系统审计人员遵照执行，以合理保证被审计后的事项不存在重大错误和舞弊等等。

（4）信息系统审计规范的前瞻性

目前，中国信息系统审计多数是自愿的。随着信息系统安全、可靠性等问题的暴露以及运用信息系统进行舞弊事件的发生，我们有理由相信在不远的将来对企业或政府部门信息系统的强制性审计必会成为现实。信息系统审计实践已经产生，如果并未形成或制定相应的信息系统审计规范，则信息系统审计实践很可能是盲目的，没有相应的信息系统审计规范对信息系统审计行为进行约束很容易滋生审计舞弊的思想，也可能使得信息系统审计人员对企业相关人员利用信息系统进行舞弊的事件视而不见。因此，为避免“救火式”的信息系统审计规范制度模式，有必要将信息系统审计理论结构纳入信息系统审计规范体系结构。

（5）信息系统审计规范的完整性

在信息系统审计实践中，需要进行规范的内容很多，因此，信息系统审计规范的内容也会很多。从广义上讲，所有对信息系统审计进行规范的内容，均可列入信息系统审计规范的范畴，但从逻辑严密上讲，属于信息系统审计规范的内容应注意两方面：①信息系统审计规范只与信息系统审计工作有关，只规范信息系统审计工作，与信息系统审计工作无关的内容，不能纳入信息系统审计规范体系；②信息系统审计规范只与信息系统审计主体有关。

（6）灵活性

灵活性指在制定与颁布信息系统审计规范时，可以适当参考其他专业标准以及信息系统审计实践中比较成熟的审计规范。例如，美国一般公认政府审计准则（GAGAS，2004）规定，对于财务与鉴证审计业务来说，其参照标准有三个：①AICPA的现场工作准则和报告准则；②GAGAS的补充标准；③单项审计法案（SAA，2003）的特殊要求。同样道理，在设计中国信息系统审计准则框架时，我们也可以适当参考中国信息系统审计实践中的成功经验，以提高审计规范制定的经济性与效率性。

5.2.2　中国信息系统审计规范体系的框架结构

根据构建信息系统审计规范体系所应考虑的因素，在借鉴国内信息系统审计相关规范框架的基础上，综合考虑信息系统审计规范的制度形成机制，构建如图5-5所示的信息系统审计规范体系框架。

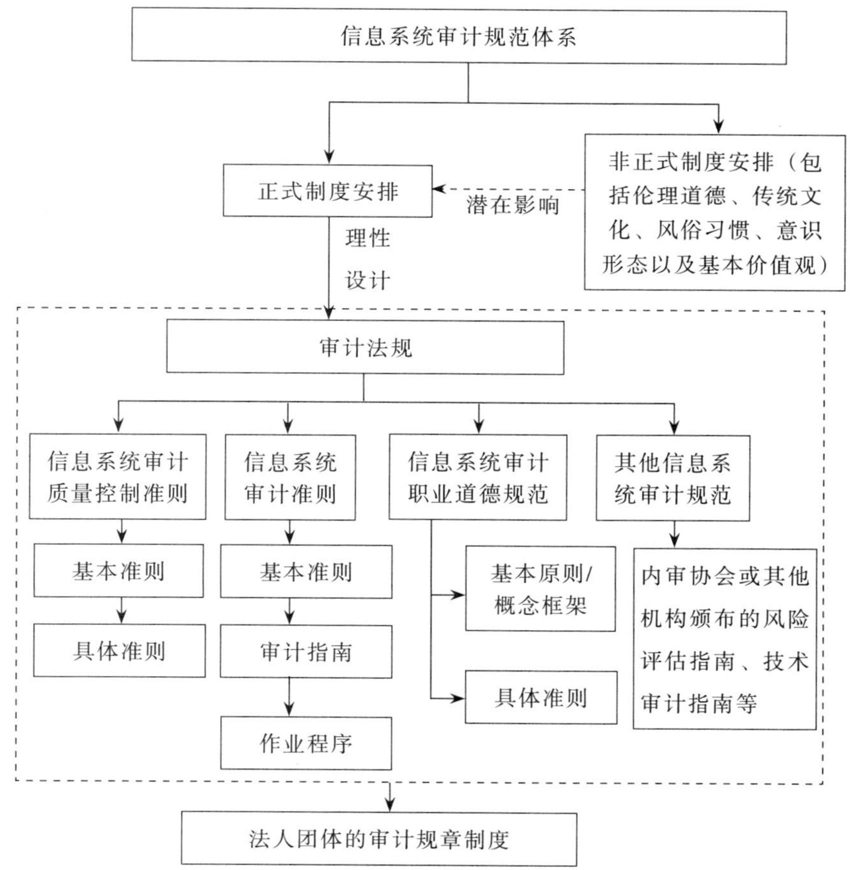

图5-5　中国的信息系统审计规范体系结构

在信息系统审计规范体系的形成方面，不能按照自由社会的状态形成审计规范体系，只能以全权社会的制度形成系统形成信息系统审计规范体系，应在哈耶克全权社会制度形成系统的基础上，理性选择信息系统审计的体系结构。由此，中国的信息系统审计规范体系应在考虑非正式制度安排对正式制度安排潜在影响的基础上，以国家的审计法规为主导，形成信息系统审计规范的主体，即信息系统审计质量控制准则、审计准则、职业道德规范以及其他信息系统审计规范，并借鉴国外审计规范体系框架，构建中国信息系统审计规范主体的框架结构。在信息系统审计规范体系中，不能只考虑国家层面的审计规范制定，同时还要将法人团体的审计规章制度纳入信息系统审计规范体系结构，而法人团体的信息系统审计规章制度应在国家审计法规、信息系统审计质量控制准则、审计准则、职业道德规范以及其他信息系统审计规范的指导下加以制定。特别需要指出的是其他信息系统审计规范的作用，信息系统审计是一项技术很强的工作，在实施信息系统审计行为时，需要取得内部审计人员、IT 部门以及其他人员的支持和帮助，其他的信息系统审计规范主要是指 IT 风险评估指南以及信息技术审计指南等，诸如此类的审计规范主要是让相关人员了解和熟悉 IT 内部控制、连续审计、IT 审计管理、管理和审计隐私风险等概念，以配合信息系统审计人员审计活动的开展。

5.2.3 信息系统审计理论结构与信息系统审计规范体系的关系

随着美国安然、世通以及中国银广厦等审计舞弊事件的东窗事发，我们亟须研究信息系统审计理论结构与信息系统审计规范体系的关系，进一步明确前者对后者所起的重大作用。同时，我们应当认识到厘清信息系统审计理论结构在信息系统审计规范中的地位与作用对信息系统审计规范的研究具有相当重要的意义。在本质上，信息系统审计理论是一套用以解释、指导、预测信息系统审计实践的系统化和理性化的命题，不是具体的审计规范，其主要功效在于评估现行信息系统审计规范，同时通过信息系统审计假设、审计目标、审计程序以及审计质量控制等基本概念和原则指导未来信息系统审计规范的制定，并不是仅仅依赖于照搬国外现成的信息系统审计准则或规范。具体而言，信息系统审计理论结构又主要包括以下作用：①为信息系统审计规范的制定提供一种合理的解释；②评估现在已经颁布实施的信息系统审计规范；③指导未来信息系统审计规范的制定，否则，信息系统审计规范的制定势必招致批评与指责，信息系统审计规范的发展也缺乏明确的目标与宗旨；④为信息系统审计规范的制定节约成本，信息系统审计理论结构的存在，为审计规范的制定提供了一个一致的概念基础，使信息系统审计规范的制定有严谨的逻辑体系，节约信息系统审计规范制定成本；⑤在信息系统审计规范没有进行规定的领域，审计人员可根据包含信息系统审计理论结构的基本准则实施审计行为，避免信息系统审计规范不能适应高速发展的信息社会要求。因此，信息系统审计理论结构应包含在信息系统审计规范中，如在信息系统审计的基本准则中，应全面深入地阐述信息系统审计的本质、审计目标、审计假设、审计程序以及审计报告等要素的内涵。

5.3 中国信息系统审计规范的构建

5.3.1 信息系统审计职业道德规范的构建

Littleton（1953）指出："人们对审计知识和技能的关注清楚地表明，审计人员的工作被认为是专业性的……以高标准的职业要求、知识和技能为基础的法定职业资格，在一定程度上给社会公众提供了保障……优秀的审计人员必须具备这样的一些素质：具有批判性分析的能力、在瞬息万变的环境中进行正确判断的能力以及保持客观公正的气质。"职业者的技术水平通常是外行人所无法念及的，寻求这种职业技能和服务的人就不得不依靠职业者的声望，或者依靠职业者的职业道德准则（Lawrence B · Sawyer，1990中译本），对于审计职业来说，对其职业道德的认识及其标准的制定与实施就是该职业的抽象观念体系的重要组成部分（韩洪灵、陈汉文，2007），由此可以看出，信息系统审计职业道德规范对信息系统审计活动的作用不言而喻。自1996年以来，概念框架法的职业行为准则制定也成为职业道德规范制定的新趋势，ICAEW等机构认为，采用概念框架方法制定和实施审计职业道德规范更加有效，而不是采用AICPA规则导向法下对具体规则的机械遵循。

无论是在国际上，还是在国内，信息系统审计职业道德规范的制定都相对落后，审计规范制定机构的重点还放在信息系统审计准则的制定上，还没有转移到审计职业道德规范和审计质量控制准则的制定上来。即使是信息系统审计准则制定的权威机构ISACA在审计职业道德方面的规范也是相当薄弱的，而中国在信息系统审计职业道德方面的规范主要是依据国家审计准则、注册会计师审计准则和内部审计准则方面的职业道德规范。在比较分析的基础上，笔者认为中国信息系统审计职业道德规范的完善存在着两条路径：

一是完全采用由中注协颁布的《中国注册会计师协会会员职业道德守则》，该规范相对比较完善。信息系统审计职业道德规范是审计职业道德规范的重要组成部分，无论信息系统审计与财务审计、绩效审计、环境审计等存在什么样的差别，但其审计职业道德规范的要素并不存在任何差别，都是对职业品德、职业纪律、专业胜任能力以及职业责任等要素进行规范。在信息系统审计职业道德规范方面，可以完全在考虑信息技术对审计影响的基础上，采用中注协颁布的《中国注册会计师协会会员职业道德守则》。

二是提出如图5-6所示的信息系统审计职业道德规范框架，以基本原则/概念框架为基础，而具体规则则是由基本原则推导出来，分别制定针对注册信息系统审计师和受雇信息系统审计师的具体准则。具体而言，信息系统审计职业道德规范的基本原则应当包括诚信、客观、专业胜任能力与应有的关注、保密以及职业行为等方面的因素。同时提出注册信息系统审计师与受雇信息系统审计师运用职业道德框架的方法和具体规则。信息系统审计职业道德规范与注册会计师职业道德规范最大的区别在于专业胜任能力方面的规定，对于专业胜任能力方面的规定，不仅要在审计职业道德规范中加以阐述，而且要在具体的信息系统审计准则中得到体现。信息系统审计的内容相对丰富多样，对不同审计内容的技能要求存在着显著区别，如在灾难恢复计划审计中特别强调审计人员必须掌握数据恢复、系统恢复等方面的知识，而在系统生命周期开发评审中则要求审计人员必须掌握系统规划、系统分析、系统设计以及系统实施、运行与维护等方面的知识。信息系统审计职业道德规范对于专业胜任能力只是做一个总体的规定，而详细具体的规定则需要在具体信息系统审计准则中加以阐述。在审计职业道德规范内部结构的比例方面，由于中国信息系统审计规范制定的起步较晚，无论是企业、政府部门，还是审计机构对于信息系统审计的内容、重要性、目标、职业道德规范等认识程度都不是很高。在信息系统审计职业道德规范制定的前期应更多强调各种特别情形的具体规范。随着信息系统审计在企业、政府部门等的广泛开展，信息系统审计也会纳入到强制性审计的范畴，而企业、政府部门、审计机构等对于信息系统审计、信息系统审计职业道德规范的认识也会逐步深化，此时信息系统审计职业道德规范框架中，应强调更多的原则和对原则的一致应用，应减少对各种特别情形下的庞大详细规则。此外，鉴于信息系统具风险隐蔽性强、风险损失后果更加严重以及舞弊手段与方法更加先进等特征，对信息系统审计各种具体职业道德规范的规定应当更加严格。

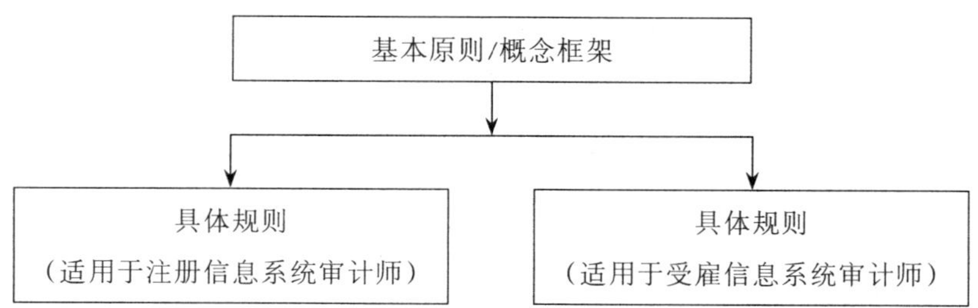

图5-6 信息系统审计职业道德规范的框架

5.3.2 信息系统审计准则的构建

当前中国所开展的信息系统审计基本上出于“真实、合法、效益”的审计目标，而非财务信息系统审计活动大多属于自愿性审计的范畴，急切需要信息系统审计准则引导信息系统审计人员的审计行为。信息系统审计准则的构建也成为当前中国信息系统审计规范制定的重点。

1）信息系统审计准则的框架分析

社会学家斯宾塞（Herbert Spencer）认为，一个系统的存在与发展满足了社会的某种需求，任何一个系统里的动力过程都可视为是满足这些基本需求的功能过程，一个系统对其环境的适应程度取决于他满足这些功能需求的程度。信息系统审计准则是以管理为核心，法律法规为保障，技术为支撑的信息系统审计框架体系①。信息系统审计准则是一个规范的管理框架，把审计人员和被审单位各自的权利、义务和责任等纳入管理框架，解决各方因为职责不明确而影响信息系统质量的问题。信息系统审计准则不仅能起到规范信息系统审计活动的作用，使信息系统审计走上法制化、规范化的道路，同时还有助于提高审计工作的质量与效率，降低审计风险。信息系统审计准则的框架若不能满足上述需求，则将使信息系统审计准则失去存在的基础。

ISACA所制定的信息系统审计准则采用了基本准则、审计指南和作业程序的体系结构。基本准则作为审计准则体系的基础，既反映了信息系统审计理论与实务的研究成果，又体现了长期以来制定信息系统审计准则的实际经验，修订或发布的准则都是基本准则在具体实务上的延伸。在ISACA准则体系下制定的准则体现了前后有序，内容科学完整，概念统一的特征（陈婉玲、杨文杰，2006）。中国在制定信息系统审计准则时，可以借鉴ISACA的审计准则体系结构，采用三个层次体系结构，以基本准则为核心，统领审计指南和作业程序，从而使整个准则体系不断扩展、完善。三层次的体系结构既考虑到信息系统审计准则体系的完整性、前瞻性，又考虑到审计准则体系的灵活性。

2）信息系统审计准则的制定分析

信息系统审计准则制定在中国是一个复杂的系统工程，准则的制定涉及信息系统审计准则制定模式的选择，信息系统审计准则的具体内容以及信息系统审计准则颁布的时间选择等问题。

（1）信息系统审计准则的制定模式

在信息系统审计准则的制定模式方面，可采用两种方法制定信息系统审计准则。按照审计工作流程的划分，借鉴ISACA信息系统审计准则，按照审计工作的流程阶段划分为：计划、实施、报告和后续工作四种类型，准则的内容主要围绕审计工作的各个阶段，规范各个阶段审计工作的

① 胡克瑾，等．IT审计［M］．北京：电子工业出版社，2004：462.

开展，例如计划的制订、审计证据的收集、报告的内容格式、应执行的后续工作的内容等；按照信息系统审计工作任务来划分，信息系统审计工作任务主要包括以下基本内容：①研究、审查与评价信息系统的内部控制；②信息系统开发的审计；③信息系统功能的审计；④信息系统电子资料的审计。针对这些审计工作任务，分别制定规范相应审计工作的准则（陈婉玲、杨文杰，2006；庄明来、吴沁红、李俊，2008）。

两种准则的制定相比较而言，第一种准则制定方式具有较好的普遍适用性，是信息技术飞速发展时代比较有效的准则制定模式，而第二种方式要求准则制定面面俱到，不能有准则的盲区出现。按照摩尔定律，集成电路板上可容纳的晶体管数目约每隔18个月便会增加一倍，性能也将提升一倍。信息技术的飞速发展可能使信息系统审计准则的制定落后于审计实务发展，当审计人员面临新问题、新情形时可能会处于无所适从的状态。而按照审计工作流程制定的信息系统审计准则具有结构清晰与可扩展性强等特征。当信息系统审计准则落后于审计实务时，审计人员也可根据基本准则以及对基本准则解析的审计指南执行审计工作。因此，中国在信息系统审计准则具体内容的制定方面应当按照审计工作流程划分的方式来制定审计准则（如图5-7所示）。

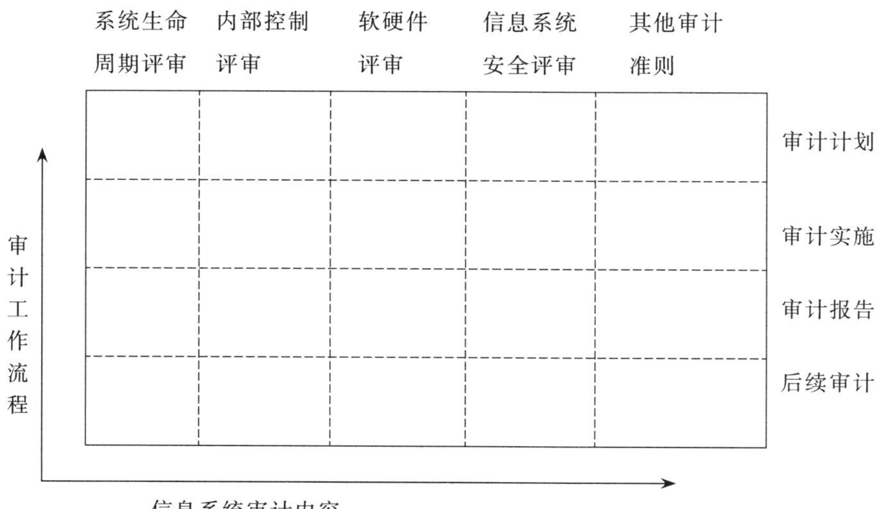

图5-7　按审计工作流程划分的审计准则制定模式

（2）信息系统审计准则的具体内容

信息系统审计准则体系应当包括基本准则、审计指南与作业程序三个组成部分，笔者在借鉴ISACA信息系统审计准则以及其他与信息系统审计相关准则的基础上认为，中国信息系统审计的基本准则、审计指南与审计程序的具体内容应包括如表5-2所示的内容。

信息系统审计的基本准则是对审计章程、审计目标、审计业务承接、审计标准、审计计划、审计实施、审计报告以及后续审计等进行规范的准则，是审计指南与作业程序制定与发布的基础。信息系统基本审计准则的内容应当全面完整。因此，笔者认为在信息系统审计的基本准则中，应完整、全面体现信息系统审计理论结构的内容，对相关概念进行解析。若这些基础概念不清晰，在一定程度上会将信息系统审计引入误区。例如，部分审计机关及审计人员将信息系统审计的目标理解为查错纠弊，则对信息系统审计的理解也只能停留在计算机辅助审计层次上。信息系统审计理论结构的存在主要是用于指导、评估和发展信息系统审计准则、指南和审计程序。将信息系统审计理论结构排除在审计准则体系之外，信息系统审计准则的制定将缺乏理论指导，飞速发展的信息技术也很可能使审计人员在面临崭新问题时陷入到盲目境地。在信息系统基本审计准则中，应全面、完整地体现信息系统审计的定义、本质、目标和假设、审计程序、审计报告等内容，使其成为信息系统基本审计准则整体中不可分割的审计基础概念部分。同时，我们注意到在ISACA的基本准则中，缺乏标准这一项基本准则，中国的信息系统基本审计准则不应忽视这一基本准则。信息系统审计标准可以是正式的规定，也可以是非正式的规定。信息系统审计的标准应当具有客观性、可衡量性、易理解性、完整性和相关性等特征。在标准的选择方面，应当考虑到标准的来源、用途以及被审计单位的情况。

信息系统审计指南的具体内容分为两个层次，第一个层次是信息系统基本审计准则的解释指南，而第二个层次是实施信息系统具体审计项目的评审指南。在审计指南与审计程序的具体内容上，中国的信息系统审计指南应当与ISACA所发布的审计指南基本上一致，其最主要的区别在于信息系统基本审计准则的解释指南方面。在基本准则部分，笔者强调应全面、完整体现信息系统审计的定义、本质、目标和假设、审计程序、审计

表5-2　　**中国信息系统审计准则目录**

基本准则	审计指南		作业程序
	基本准则的解释指南	具体项目评审指南	
审计章程	信息系统业务外包情况下的审计		
	责任、权利与义务		
审计的本质与目标	信息系统审计的本质与目标		
审计假设	信息系统审计假设		
审计业务承接	信息系统审计业务承接		
标准	审计标准		
审计计划	信息系统审计计划		
	第三方对信息系统控制的影响		
	审计计划中风险评估的应用		
	信息系统审计中的重要性概念		
审计实施	对网络使用的总体考虑	应用系统评审	信息系统风险评估
	利用其他审计人员的成果	信息系统控制的效果	数字签名
	计算机辅助审计技术	企业资源计划系统评审	入侵检测
	持续审计	电子商务审核	病毒及其他恶意代码
	审计证据	系统开发生命周期审核	控制风险自我评估
	审计取证	网上银行	防火墙

续表

基本准则	审计指南		作业程序
	基本准则的解释指南	具体项目评审指南	
审计实施	审计抽样	对虚拟专用网络的审核	违规行为
	审计文档	企业流程再造项目审核	安全性评估-穿透测试和弱点分析
	IT治理	业务连续性计划的审核	
	执行后的评审	指纹识别控制	对加密方法管理控制的评估
		配置管理过程	
		访问控制	商业应用转换控制
		安全管理实践评审	电子资金转账
		信息系统投资收益评审	知识管理能力评估
		信息系统软硬件审核	
审计报告	审计报告		
后续审计	后续审计		

报告等内容，在审计指南中也应有相关的解释指南。ISACA在2010年发布了《信息系统审计指南第41号——安全投资收益评审》，这表明ISACA已经开始关注信息系统投资绩效的审计问题，但安全投资只是信息系统资金投入的一个方面，G41不能完全适用于信息系统绩效审计问题。随着中国经济发展的推动，企业或政府在信息化资金方面的投入呈现不断增长的趋势。早在2005年的《亚太地区信息化技术应用展望报告》中就认为，中国从2005年开始，未来3年中国行业信息化将进入一个提速增长期，年均提速15%，今后几年信息化资金投入累计将超过1万亿元。面临如此庞大的信息化资金投入，企业不得不应对如何科学、准确、公正地评价企业信息系统效率、效益和效果的问题以及软硬件资产的保护问题。因此，信

息系统的具体评审指南，应注重发布对信息系统投资收益评审与信息系统软硬件评审的相关指南。

信息系统审计的作业程序不具有强制性，只是对信息系统审计实践中的网络入侵检测、防火墙、数字签名、电子资金转账等特殊问题提供指导性意见。至2010年4月，ISACA已经发布了11项作业程序，这11项作业程序主要是关于信息系统风险管控与安全问题的作业程序。中国的信息系统审计准则体系可以对比这11项作业程序制定与发布同中国国情相适应的审计作业程序。同时，随着企业对知识管理能力重视程度的提高，对企业知识管理能力评估的作业程序也应当成为信息系统审计作业程序的重要组成部分，以指导企业对自我知识管理能力的评估过程。

信息系统审计准则的制定是一项庞大的系统工程，对于每一项基本准则、审计指南和审计程序具体内容的制定，准则机构都应当立足国情，广开言路，发挥审计准则机构、信息系统审计实践部门以及其他各方力量在信息系统审计准则制定中的作用，加强与社会各方面力量的沟通与协调，积极听取社会各方面的意见，尤其要注重吸引信息系统审计实践部门的意见。在各项基本准则、审计指南与作业程序的具体内容上，准则机构除参考IIA与ISACA的审计准则之外，也应当积极借鉴中国信息系统审计实践部门的信息系统审计规范，某些成熟的信息系统审计实践规范可以由准则制定机构修订后发布。例如审计署京津冀特派办发布的《信息系统审计操作规则》，该规则对信息系统审计阶段以及每个阶段的审计内容、步骤及方法等都做了深入详细的规定。虽然该操作规则主要是为了检测信息系统的内部控制问题，内部控制审计仅仅是信息系统审计的一个重要组成部分，虽然该操作规则不能称其为完整意义上的信息系统审计准则，但该操作规则对中国信息系统内部控制审计准则的构建起着重要的借鉴意义。同时该操作规则立足于审计署“真实、合法、效益”的审计目标也是值得在制定信息系统审计准则的过程中效仿的。

（3）信息系统审计准则的制定与发布

信息系统审计准则的制定、发布可以参照ISACA做法，即首先规划出基本准则的内容，在此基础上，有计划、有步骤、按照现实需要出台各项具体准则、指南和程序，准则采用分项制定与发布，完成一项，发布一项，实施一项（陈婉玲、杨文杰，2006）。ISACA基本准则的雏形在1997年就已经制定并发布。1997年所发布的信息系统审计准则包括审计章程、独立性、职业道德和规则、职业能力、审计计划、实施审计工作、审计报告以及后续审计等内容。2005年随着审计指南与作业程序的制定与发布，ISACA将1997年发布的信息系统审计准则拆分了八项基本准则，并对基本准则的内容进行了修订，2005年9月以后发布了相关的补充准则以弥补前面八项基本准则的不足之处。审计指南是根据基本准则制定的，因此ISACA发布的信息系统审计指南在时间上晚于基本准则，第1号审计指南发布的时间为1998年1月1日，生效日期为1998年6月1日。截止到2003年1月1日生效的前20项审计指南基本上都是信息系统基本审计准则的解释性指南。上述信息系统基本审计准则与审计指南基本上都是关于信息系统审计流程的规定，也是信息系统审计实践急需的规范，ISACA首先致立于与信息系统审计流程相关的基本准则与审计指南的制定与发布。随着B2C电子商务、ERP系统、网上银行、计算机信息系统、互联网的广泛运用以及企业业务流程再造的开展，ISACA陆续制定并发布了B2C电子商务审核、企业资源计划系评审计、网上银行、系统开发生命周期审核、虚拟专用网络评审、企业流程再造项目审核等具体项目审计指南。同时，为弥补前面所发布的审计指南在后续审计、责任、权利和义务、保密以及审计方法等方面的不足之处，ISACA也根据信息系统审计实践状况修订并发布了相关指南。在ISACA所发布的作业程序方面，第1号作业程序的生效时间相对于基本准则与审计指南而言更晚，这主要是考虑到作业程序是对信息系统审计过程中可能遇到的一些特殊情况、特殊方面做出了参考性指导，为审计人员提供在实务中可以参考、遵循的例子。作业程序需要信息系统基本审计准则与审计指南应用于实践之后，从信息系统审计实践中进行提炼。从ISACA信息系统审计准则的发布顺序可以看出其是根据先基本准则，后审计指南，其次才是作业程序的顺序来发布信息系统审计准则的。而在基本准则与审计指南中，先发布信息系统审计实践亟须的规范，其次再发布具体项目的信息系统审计指南以及相关补充准则。

中国信息系统审计规范制定人力、物力与财力等资源比较短缺，信息系统审计准则的基本准则、审计指南以及作业程序不可能一蹴而就，也应当按照轻重缓急的原则来进行，即先基本准则，后审计指南，其次才是作业程序的顺序；完成一项，发布一项，实施一项。信息系统审计章程、信息系统审计的本质与目标、审计假设、审计业务承接、审计计划、标准、审计实施、审计报告和后续审计等基本准则是信息系统审计实践亟须的。中国在信息系统审计规范制定方面没有可以借鉴的经验，所发布的基本准则可能存在诸多不足之处，但并不影响信息系统基本审计准的发布。信息系统审计准则制定机构随后可以根据审计实践的调查与反馈采用补充准则的方式对基本准则加以完善。在信息系统审计指南方面，制定有关审计工作流程方面的指南也应是当务之急，即制定与发布利用其他审计人员的成果、审计取证、信息系统业务外包情况下的审计、审计业务承接、信息系统审计中的重要性概念、审计文档、审计抽样、信息系统控制的效果、审计计划中风险评估的运用、应用系统评审、审计计划修订、第三方对信息系统控制的影响、标准、IT治理、审计报告以及后续审计等审计指南。其次，在具体项目的信息系统审计指南方面，准则制定机构应加强与信息系统审计实践部门的沟通，对当前亟须的具体项目审计指南进行制定与发布。例如，有关电子商务评审的审计指南。随着2005年《电子商务签名法》的颁布以及电子商务在企业中的广泛应用，中注协有鉴于电子商务广泛应用对财务审计的影响，也在财务审计准则的制定过程发布了相关准则，即《中国注册会计师审计准则第1633号——电子商务对财务报表审计的影响》，但该准则仅仅适用于注册会计师执行财务报表审计业务，注册会计师按照本准则的规定对电子商务进行考虑，旨在对财务报表形成审计意见，而非对电子商务系统或活动本身提出鉴证结论或咨询意见[①]。《中国注册会计师审计准则第1633号——电子商务对财务报表审计的影响》与ISACA发布的信息系统审计指南第22号《B2C电子商务评审》中存在着巨大的差距。在《B2C电子商务评审》中，ISACA对B2C电子商务的定义、模型、审计人员的职业能力、评审中应注意的问题、B2C电子商务评审的计划、执行以及审计报告的出具问题都作了深入详细阐述。中国信息系统审计准则制定机构应当在借鉴国外审计指南的基础上，结合中国信

① 《中国注册会计师审计准则第1633号——电子商务对财务报表审计的影响》第二条与第五条。

息系统审计实践尽早制定B2C电子商务评审等相关审计指南。至于作业程序的制定与发布，准则制定机构应当加强对信息系统审计实践的调查研究，作业程序的内容应当借鉴国内信息系统审计实践中成熟的审计操作规则，而不是完全照搬、照抄ISACA的信息系统审计作业程序，对当前审计实践亟须的作业程序先制定，先发布。

综上对信息系统审计准则制定模式、具体内容以及制定与发布等问题的论述，准则制定机构应当立足中国国情，谨慎对待信息系统审计准则制定过程中的方方面面，这样才能制定出符合中国国情的信息系统审计准则，而不至于照搬、照抄ISACA的信息系统审计准则，导致事务所或企业增加无效审计成本。

5.3.3 信息系统审计质量控制准则的构建

审计职业服务的质量会直接影响经营者、投资者、债权人等社会公众的利益，进而影响整个社会的经济秩序（Zeff，1978），而审计质量控制是审计职业服务质量的决定因素之一。由于信息系统审计在大多数国家还未纳入强制性审计的范畴，在信息系统的审计质量控制准则方面尚处于起步阶段。中国对信息系统的审计均出于“真实、合法、效益”审计目标，质量控制方面的准则的重点都在财务审计方面，而对产生财务信息的信息系统进行审计的质量控制准则还处于空白状态。目前ISACA的精力也主要放在信息系统审计准则的制定上面，还未转移到质量控制准则的制定上来。中国1996年出台了《中国注册会计师质量控制基本准则》，虽然在准则中对全面质量控制与审计项目质量控制进行了阐述，但该准则只是一个总体性框架，原则性强，可操作性弱（叶少琴，2002）。随着中国的经济日渐融入全球经济的大潮，完善审计准则，加快国际趋同，已成为经济发展的必然要求。为同国际审计准则趋同，中注协于2006年将“中国注册会计师质量控制基本准则”改名为“会计师事务所质量控制准则”，并在会计师事务所质量控制准则中包含了质量控制的七要素，即①事务所领导者的质量控制责任；②职业道德规范；③客户与特殊业务的承接与续约；④人力资源；⑤委托业务的执行；⑥业务工作底稿；⑦监控。目前已发布《会计师事务所质量控制准则第

5101号——业务质量控制》和《会计师事务所质量控制准则第1121号——财务报表审计的质量控制》。5101号审计准则是审计质量控制准则的基本准则，而1121号审计质量控制准则是在5101号审计质量控制准则的基础上制定的，专门针对历史财务信息审计的质量控制准则。中国在信息系统审计质量控制的架构方面同样也应采用基本准则——具体准则，具体准则主要制定针对某个具体审计项目的质量控制准则。中注协所颁布的第5101号质量控制准则借鉴了国际审计准则的质量控制六要素，体现了系统论与控制论的思想。信息系统审计是审计的一个特殊分支，在基本准则方面没有必要再浪费大量的人力、物力、财力去制定信息系统审计的基本准则，可以结合信息系统审计实践的要求继续采用和完善《会计师事务所质量控制准则第5101号——业务质量控制》的内容，对信息系统审计业务的承接、职业道德规范、领导者的质量控制责任、人力资源以及监控等质量控制要素进行阐述，同时也要对委托业务执行等质量控制要素进行阐述，防止在具体质量控制准则没有进行规范时形成信息系统审计质量控制的空白区域。

结合信息系统审计的内容，中国信息系统审计质量控制的具体准则应当包括信息系统内部控制审计质量控制准则、系统生命周期审计质量控制准则、信息系统软硬件审计质量控制准则、信息系统安全审计质量控制准则以及信息系统绩效审计质量控制准则等（如图5-8所示）。

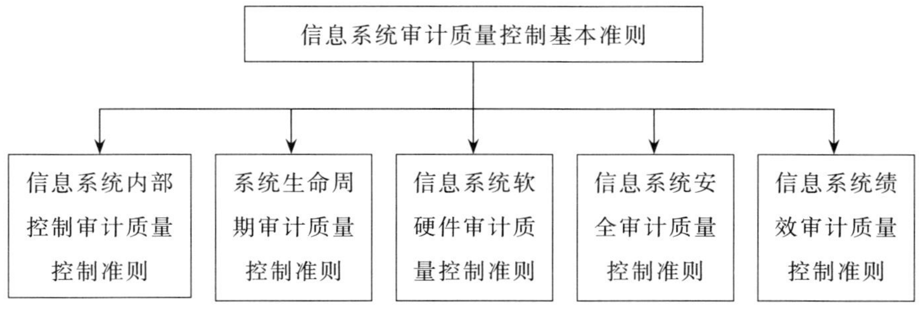

图5-8　信息系统审计的质量控制准则体系

审计质量包括内涵和外延两个部分，即审计实施中各个作业环节的工作质量和外在社会效益质量，前者指审计实施过程中各个环节应达到的标准，后者表现为三个方面：在国家宏观调控方面发挥作用；为廉政建设服务；为提高企业经营管理水平服务（王福正，1989）[①]。审计工作质量是一个概念，它要通过整个审计工作全过程的各个环节综合地反映出来。……审计工作质量的好坏最终是体现在审计报告之中，对被审计单位的审计结论是否正确、适当和完整（李金华，1992）。信息系统审计的具体质量控制准则主要是阐述如何对审计工作进行质量控制，应该从过程和结果两个方面进行。信息系统审计过程的质量是指在信息系统审计业务执行过程中各项工作的优劣程度，对审计过程的质量控制主要体现在对信息系统审计业务执行过程中的各项工作的优劣程度进行控制。信息系统审计结果质量是指信息系统审计结果的可靠性，对被审计单位的审计结论是否正确、适当和完整。审计的最终结果主要体现在信息系统审计人员出具的信息系统审计报告及其提供的审计意见上，其质量控制主要是对信息系统审计人员所出具的信息系统审计报告及其审计意见进行质量控制。对信息系统审计质量控制的具体准则应当按照审计流程来设计审计质量控制准则与审计质量复核准则，包括审计计划阶段的质量控制与复核、审计实施阶段的质量控制与复核、审计报告的质量控制与复核以及后续审计的质量控制与复核（如图5-9所示）。按照这种方式设计的审计质量控制准则体现了系统论与控制论的思想，有利于建立事前、事中以及事后的质量控制体系，对信息系统审计项目的审计过程进行全面的质量控制。

5.3.4 信息系统审计规范资源整合框架

在信息系统审计规范领域存在着大量的优秀资源，如ISACA、ITGI、AICPA、IIA、中注协、中国内审协会、国家审计署等机构发布的信息系统审计准则和指南，中国在制定与颁布信息系统审计规范时不仅要借鉴这些审计规范，而且在执行信息系统审计活动时，应整合该领域的优秀审计规范。

中国在制定与颁布信息系统审计规范时，不可能一步到位建立完善的信息系统审计规范体系，发布不存在漏洞的信息系统审计规范。为达到弥补中国所发布的信息系统审计规范的不足，同时整合信息系统审计规范领

① 王砚书．审计理论专题研究［M］．石家庄：河北人民出版社，2006：138．

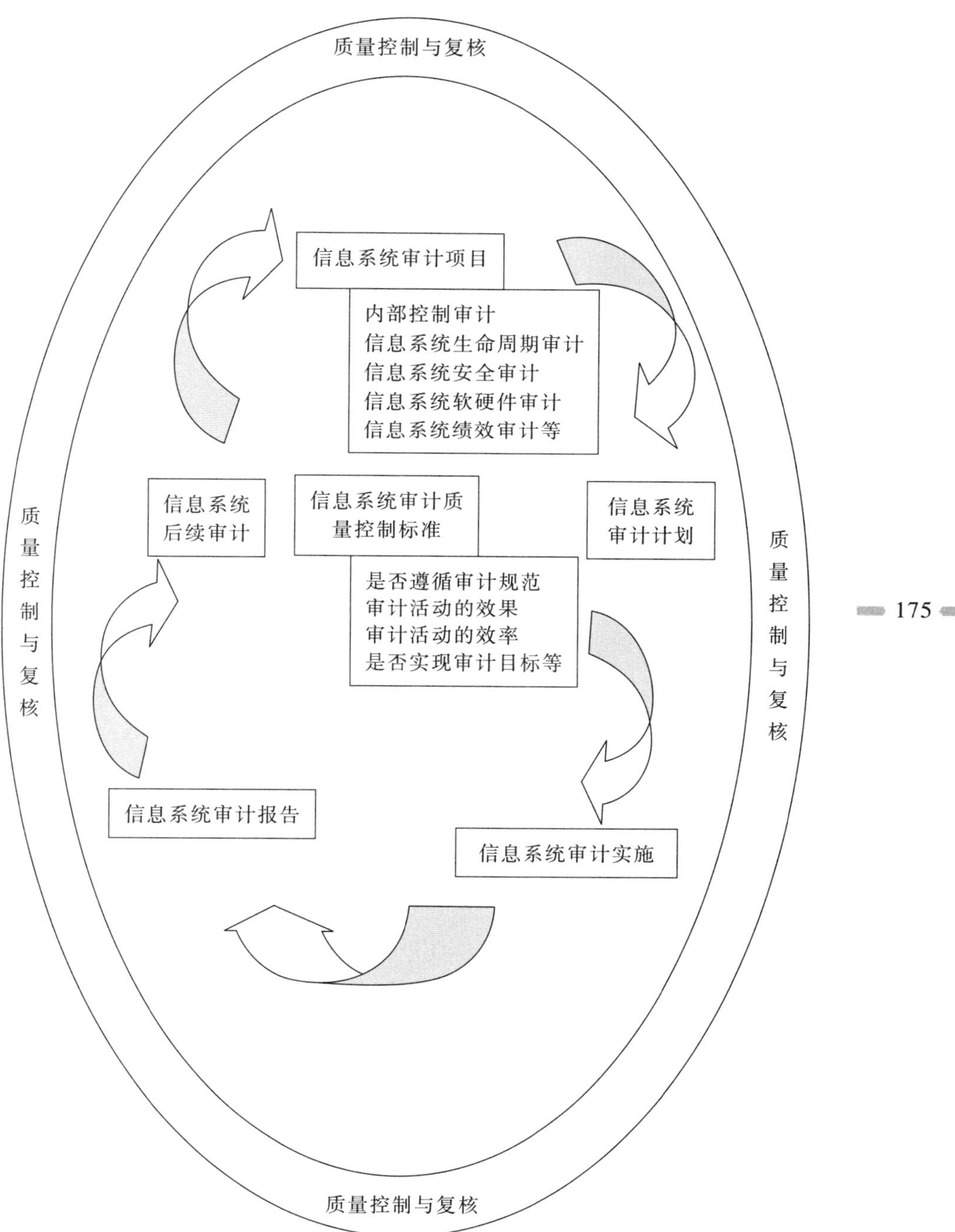

图5-9　信息系统审计质量控制模型图

域的优秀资源，笔者尝试着提出了如图5-10所示的信息系统审计规范资源整合框架图。

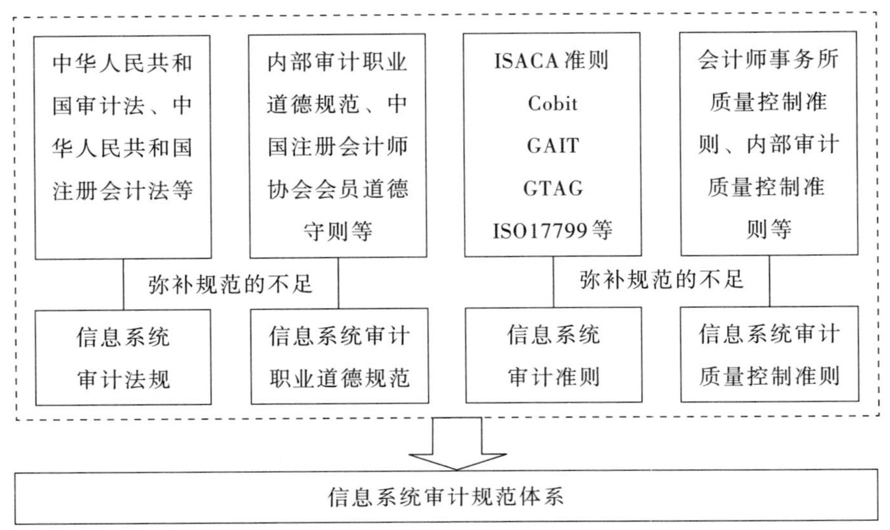

图5-10 信息系统审计规范资源整合框架图

信息系统审计规范的资源整合分别从审计法规、审计职业道德规范、审计准则和审计质量控制准则四个方面进行，以达到约束和正确引导信息系统审计人员的功能。需要指出的是在信息系统审计规范与其他审计规范发生冲突时，应当以信息系统审计规范的相关规定作为信息系统审计活动开展的依据。在采用其他与信息系统审计相关的规范指导审计行为时，应当适时的考虑成本收益问题，一些审计规范应用信息系统审计活动时会导致较高的成本，如Gupta（2008）认为COSO是一个过时的框架，因为它太关注于制造业的实体，太关注于大型企业的正式流程，对于IT控制充耳不闻；Coe（2005）认为使用COSO还可能带来沉重和不合理的成本。因此，采用其他与信息系统审计相关的规范时，应适当考虑成本收益问题。

5.4 本章小结

信息系统审计规范在引导和约束信息系统审计人员，规范信息系统审计市场等方面发挥着重要的作用，而当前中国的信息系统审计规范不能满足信息系统审计实践发展的要求。本章首先对中国信息系统审计规范的现状进行了研究，通过研究发现，国家审计准则、注册会计师审计准则以及内部审计准则自成体系的现状不利于信息系统审计规范的制定，信息系统审计规范的制定依附于财务审计准则，信息系统审计规范在数量和质量上同国外信息系统审计规范相比还存在着巨大的差距，同时信息系统审计实践存在着不一致的信息系统审计操作规定。中国的信息系统审计规范尚处于非均衡状态，有待进一步完善。其次，通过对中国信息系统审计规范制定的路径依赖问题进行分析发现，由于财务审计准则制定的各种自增强机制，信息系统审计规范的制定呈现出制度“锁定”的状态。为打破这种状态，国家应成立专门的信息系统审计准则制定机构，而信息系统审计规范的正式制度应采取强制性的制度变迁模式迅速制定与颁布相关规范以引导和约束信息系统审计人员。在此基础上，本章对信息系统审计规范体系的体系结构、信息系统审计理论结构与审计规范体系之间的关系、信息系统审计职业道德规范、审计准则与质量控制准则的构建以及信息系统审计规范资源整合等问题进行了探讨。

第 6 章

信息系统审计规范研究的未来展望

在本研究的基础上，结合国内外目前研究的现状以及本研究的不足，笔者认为，有关信息系统审计规范的后续研究可以从以下几个方面进行：

第一，本研究是立论于中国信息系统审计规范体系的研究，但笔者对信息系统审计规范体系主要是进行了原则性和方向性的讨论，提出了信息系统审计规范体系的框架结果，并对信息系统审计职业道德规范、质量控制准则以及审计准则等的框架结构进行了论述。信息系统审计规范的最终目的是发挥引导和约束信息系统审计人员的功能，对信息系统审计规范进行调查研究是相当必要的。由于笔者掌握的各种资源相当有限，无法完成对信息系统审计规范的调查研究，尚有许多信息系统审计实践中的问题没有涉及。因此，对于信息系统审计职业道德规范体系、信息系统审计准则体系以及信息系统审计质量控制准则体系等具体内容的调查分析就成为了后续研究的重点。尤其是在信息技术飞速发展的情况下，通过调查研究适合中国国情的信息系统审计准则以及质量控制准则是后续研究的关键性问题。

第二，审计资源的整合问题，涉及人力、物力、财力等的整合，其中最为关键的问题就是如何处理不同审计规范制定机构之间的关系，使其达到互相配合、相得益彰的目的。组织际关系中强调各种用来描述组织间冲突和合作、相互依赖密切程度行为因素，如信任、承诺、长期合作愿望等。信息系统审计规范体系的制定与颁布，不仅仅是信息系统审计准则委员会一家机构的事情，也涉及为配合信息系统审计工作开展而制定信息技术审计指南的中国内部审计协会。因此，正确恰当处理信息系统审计规范制定机构之间的关系也是至关重要的，即如何正确处理信息系统审计准则委员会与中国内部审计协会之间的组织际关系也可成为后续性研究的方向。

第三，信息系统审计规范的制定与颁布需要审计理论作为指导，否则在面临新的信息系统审计问题时，审计人员将面临不知所措的困境。中国在信息系统审计理论方面的研究是相当薄弱的，笔者在文中对信息系统审计理论结构以及其与信息系统审计规范体系之间关系的研究是比较粗略的，对这方面的研究主要是想起到抛砖引玉的作用，希望有更多的学者对信息系统审计理论结构以及其与信息系统审计规范体系之间的关系进行研究。

第四，信息系统审计以及完善信息系统审计规范的博弈问题。由于博弈论可以揭示众多经济问题内在规律和根源，帮助人们分析经济关系，认识经济现象，评判经济效率，指导人们进行科学的经济决策。无论对企业等实际经济部门的经营活动，还是对政府的管理和政策制定，博弈论都有重要的指导意义。博弈论也广泛应用于审计研究中，美国南加州大学教授琳达·迪安吉洛（L. E. DeAngelo）在1981年发表的Auditor independence，'low balling'，and disclosure regulation将博弈论最早用于研究审计定价问题以及在审计业务招标中审计师如何竞价的问题上；耶鲁大学教授安特尔（R. Antle）和内尔巴夫（B. Nalebuff）在1991年发表的Conservatism and Auditor-Client Negotiations一文中构建审计师和客户之间的谈判博弈模型分析审计师的工作努力程度和审计报告决策问题；李正龙等（2001）运用完全信息静态博弈模型分析了中国政府监管层与企业会计监管博弈；姚海鑫，尹波，李正（2003）分析了上市公司、中介和监管部门的行为动机及博弈均衡；洪剑峭，娄贺统（2004）等通过一个信息披露的博弈论模型分析虚假披露均衡存在的条件；李兆华（2005）运用博弈理论分析了事务所定期轮换制对解决“合谋”作假的有效性；任夏仪等（2006）运用动态博弈模型对上市公司独立审计质量行为选择及其影响因素进行分析，提出了提高上市公司独立审计质量的相关政策建议；赵保卿、朱蝉飞（2009）将博弈论应用于注册会计审计质量控制的研究之中。在现有的信息系统审计规范研究中，运用博弈论分析信息系统审计问题并不多见，而信息系统审计规范的制定与完善也涉及政策制定者、企业、审计机构与入侵者等多方的博弈过程，因此，运用博弈论深入分析和解释信息系统审计以及完善信息系统审计规范的必要性也可成为后续性研究的重点。

第五，如何运用信息系统审计规范解决信息系统审计的信息不对称问题。信息不对称理论是现代信息经济学的核心。最早研究信息不对称理论的是阿克尔洛夫（G. Akerlof），1970年，阿克尔洛夫在哈佛大学经济学期刊上发表了著名的《柠檬市场：质量不确定性与市场机制》一文，首次提出了“柠檬市场”概念。该理论认为：市场中卖方比买方更了解有关商品的各种信息；掌握更多信息的一方可以通过向信息贫乏的一方传递可靠信息而在市场中获益；买卖双方中拥有信息较少的一方会努力从另一方获取信息；市场信号显示在一定程度上可以弥补信息不对称的问题；信息不对称是市场经济的弊病，要想减少信息不对称对经济产生的危害，政府应在市场体系中发挥强有力的作用。信息问题可能导致整个市场崩溃，或者市场萎缩成只有劣等品充斥市场。信息系统审计是一项技术性极强的活动，更容易导致“柠檬市场”的市场，信息不对称理论对于研究如何运用信息系统审计规范化解信息系统审计市场的不对称问题存在着重大的启发作用。

第六，信息系统绩效审计问题。随着中国经济发展的推动，企业或政府在信息化资金方面的投入呈现不断增长的趋势。早在2005年的《亚太地区信息化技术应用展望报告》中就认为，中国从2005年开始，未来3年中国行业信息化将进入一个提速增长期，年均提速15%，2007年行业信息化IT投入达到3 817亿元，比2004年的2 549亿元增长49.7%。今后，中国信息化建设的IT投入累计将超过1万亿元。诺贝尔经济学奖获得者索洛（Robert Solow）教授1987年在“纽约时报”上发表文章，提出了信息技术应用中的“生产率悖论”问题，并得出一个著名论断：

“计算机无处不在，除了在生产率统计方面无所表现之外”，由此引起了关于IT经济价值的广泛争论。中国在“以信息化带动工业化，以工业化促进信息化”方针的引导下，信息化资金投入呈现逐年增长的趋势，庞大的信息化资金投入也使得对信息系统绩效审计以及相关审计规范的研究迫在眉睫。

主要参考文献

[1] AICPA/CIA. Continuous Auditing, Research Report [R]. The Canadian Institute of Chartered Accountants, Toronto, Ontario, 1999.

[2] AICPA. Codification of Statements on Auditing Standards [M]. Commerce Clearing House, Inc., 1990.

[3] AICPA. The Effects of Electronic Data Processing on the Auditor' s Study and Evaluation of Internal Control [S]. AICPA, 1974.

[4] ARNO. A sociological Systems Theory of Interorganizational Network Development in Health and Social Care [J]. Systems Research and Behavioural Science, 2001 (18): 207-224.

[5] ANDERSON R.J. The External Audit 1: Concepts and Techniques [M]. Copp-clark pitman, 1977.

[6] ANDREW. The System of Professions: An Essay on the Division of Expert Labor [M]. Chicago: University of Chicago Press, 1998.

[7] ARROW, K. J. Social Chonice and Individual Values [M]. New Haven, Yale University Press, 1963.

[8] Australian Society of CPAs. EDI - A Business Perspective [M]. Information Technology Centre of Excellence, 1994.

[9] BLUMENTHAL C. Sherman. Management Information Systems: A Framework for Planning and Development [M]. Englewood Cliffs, N.J.: Prentice Hall, 1969.

[10] BLUMER H. Symbolic Interactionism, Perspective and Method [M]. Prentice-Hall: Engliwoold Cliffs, NJ, 1969.

[11] BROADBENT MARIANNE. Information Management and Educational Pluralism [M]. Education for Information, 1984.

[12] BROWN, RICHARD. A History of Accounting and Accountants [M]. T. T. and E. C. Jack, 1905

[13] BROWN, S. Making decisions in a flood of data [J]. Fortune, 2001 (3), 148.

[14] BUCKLEY W. Sociology and Modern Systems Theory [M]. Prentice-Hall: Englewood Cliffs, NJ, 1962.

[15] BURNS TR, FLAM H. The Shaping of Social Organizaions, Social Rule System Theory with Applications [M]. Sage: London, 1987.

[16] BURNS D.C, SORTON H.L. EDI security and controls [J]. Bank Management, 1991 (2): 27-31.

[17] BURRELL G, MORGAN G. Sociological Paradigms and Organisational Analysis: Elements of Sociology of Corporate Life [M]. Heinemann: London, 1979.

[18] CAROLINE. Information Systems Audit Trails in Legal Proceedings as Evidence [J]. Computers & Security, 2001 (5): 409-421.

[19] CASH J I. A survey of techniques for auditing EDP-based accounting information systems [J]. The Accounting Review, 1977 (4): 813-832.

[20] COE, M J. Trust Services: A Better Way to Evaluate IT Controls: Fulfilling the Requirements of Section 404 [J]. Journal of Accountancy, 2005 (3).

[21] CULLEN, S. Electronic data interchange: implementation and control issues [J]. Perspective on Contemporary Auditing, ASCPA Audit Centre of Excellence, 1995: 58-66.

[22] DANA R. Information Technology-Related Activities of Internal Auditors [J]. Journal of Information Systems, 2000 (14): 39-53.

[23] DEANGELO L E. Auditor independence, 'low balling', and disclosure regulation [J]. Journal of Accounting and Economics, 1981: 113-127.

[24] DIANE. An Investigation of Factors Influencing the Use of Computer-Related Audit Procedures [J]. Journal of Information Systems, 2009 (23): 97-118.

[25] EASTON D. The Political System [M]. Chicago: University of Chicago

Press, 1953.

[26] ELLIOTT R K. The third wave breaks on the shores of accounting [J]. Accounting Horizons, 1992 (2): 61-68.

[27] EMERSON R. Power-dependence relations [J]. American Sociological Review. 1962 (27): 31-41.

[28] FLINT D. Philosophy and Principles of Auditing: An Introduction [M]. Macmillan Education Ltd., 1988.

[29] FURUOTN E G, RICHTER R. Instituions and Economic Theory [M]. J. C. B. Mohr (Paul Siebeck), 1996.

[30] GARG A.The Financial Impact of IT Security Breaches: What Do Investors Think? [J]. Information Systems Security, 2003: 22-32.

[31] GUPTA P P. Management's Evaluation of Internal Controls Under Section 404 (a) Using the COSO 1992 Control Framework: Evidence from Practice [J]. International Journal of Disclosure and Governance, 2008 (5).

[32] GOEDEGEBUURE B G, STROETMANN K A. Information Management for Information Service Economic Challenge for the 90s [M]. Berlin: Deauteches Bibliothekeinstut, 1992.

[33] GUPTA P P. Management's Evaluation of Internal Controls Under Section 404 (a) Using the COSO 1992 Control Framework: Evidence from Practice [J]. International Journal of Disclosure and Governance, 2008 (5).

[34] HAYER F A.Studies in Philosophy, Politics and E-conomics [M]. Chicago: The University of ChicagoPress, 1967.

[35] HORTON F W. Commission on Federal Paperwork, The Paperwork Problem, Information Management in Public Administration Rated [M]. Information Resources Press, 1982.

[36] IAPS1001.IT Enviroments-Stand-alone Personal Computers [S]. IFAC, 2001.

[37] IAPS1002.IT Enviroments-On-line Computer Systems [S]. IFAC, 2001.

[38] IAPS1003.IT Enviroments-Database Systems [S]. IFAC, 2001.

[39] IAPS1008.Risk Assessments and Internal Control—CIS Characteristics and Considerations [S]. IFAC, 2001.

[40] IAPS1009.Computer-Assisted Audit Techniques [S]. IFAC, 2001.

[41] ICAEW.Guide to Professional Ehics [R]. ICAEW, 2004.

[42] IIA. Data Processing Audit Practices Report, Systems Auditability & Control [R]. Institute of Internal Auditors, Altamonte Springs, FL., 1977.

[43] IIA. Data Processing Control Practices Report, Systems Auditability & Control [R]. Institute of Internal Auditors, Altamonte Springs, FL., 1977.

[44] International Business Machine Corporation. The Auditor Encounters Electronic Data Processing (General Information Manual) [M]. New York: IBM Corporation, 1956.

[45] ISA315.Understanding the Entity and Its Enviroment and Assessing the Risks of Material Misstatement [S]. IFAC, 2004

[46] ISA401.Auditing in a Computer Information Systems Enviroment [S]. IFAC, 2004

[47] ISA220.Quality Control for an Audit of Financial Statements [S]. IFAC, 2009

[48] ISACA.IS Auditing Standards, Guidelines and Procedures [R]. ISACA. 2006.

[49] ISACA IS Standards.Guidelines and Procedures for Auditing and Control Professionals [R]. ISACA, 2009.

[50] JAMIESON R. EDI: An Audit Approach, Monograph Series 7 [J]. The EDP Auditors Foundation, 1994.

[51] Joyce, J. Disributed Denial of Service Attacks [J]. Scientific Computing & Instrumentation, 2002 (6): 12-47

[52] KATZ D, KAHN RL. The Social Psychology of Organizations [M]. New York: Wiley, 1966.

[53] KINNEY W. R. Auding risk assessment and risk management processes [J]. In Research Opportunities in Internal Auditing, edited by A. D. Bailey. A. A. Gramling. And S. Ramamoorti. Altamonte Springs, FL: The Institute of Internal Auditors Reseach Foundation, 2003.

[54] LEON. Audit of Information Systems: The Need for Cooperation (SOFSEM' 98: Theory and Practice of Informatics) [J]. Springer Berlin / Heidelberg, 1998 (20): 264-274.

[55] LITTLETON A. C. Structure of Accounting Theory [M]. the American Accounting Association, 1953.

[56] LYTLE R H. Information Resource Management: 1981—1986, Annual Review of Information Science and Technology [J]. New York, Knowledge Industry Publications, 1986 (21): 209-306.

[57] MARCIA J. Devil′s in the Details, SQCS No.7: A Firm′s Systems of Quali-

ty Control [J]. Lagniappe, 2009 (3): 4-6.

[58] MARTIN W J. The Information Society [M]. London: Aslib, 1988.

[59] MAUTZ R K.The Philosophy of Auditing [M]. American Accounting Association, 1961.

[60] MCGOWAN W G. Information Age Technology-The Competitive Advantage, View from the Top: Establishing the Foundation for the Future of Business [J]. edited by J. M. Rosow, New York , Ny: Facts on File Publications, 1985.

[61] MICHAEL. ICAEW Code of Ethics——Approach to independence [C], oversight and UK developments post——Enron, speech to the International Forum on Professional Ethics for CPAs, Beijing, 2002.

[62] MINTZBERG H. Beyond Configuration: forces and forms in effective organizations, In The Strategy Process: Concepts, Contexts, and Cases [J]. Mintzber H, Quinn JB. (eds), Pretice-Hall: Englewood Cliffs, NJ, 1991: 762-778.

[63] NORTH D C. Structure and Performance: The Task of Economic History [J]. Journal of Economic Literature, 1978 (16): 963-978.

[64] NORTH D C. Institutions, Institutional Change and Economic Performance [M]. Cambridge: Cambridge University Press, 1990.

[65] OSTROM E. Governing the Commons: The evolution of institutions for Collective Action [M]. Cambridge: Cambridge University Press, 1990.

[66] PALMER C C. Ethical Hacking [J]. IBM System Journal, 2001 (3): 769-780.

[67] PANETTIERI J. Security-The good news [J]. Information Week, 1995 (555): 32.

[68] PARSONS T. The Social System [M]. New York: Free Press, 1951.

[69] PEARSON M. Auditing in a paperless environment [J]. Ohio CPA Journal, 1996 (3): 31-32.

[70] PIRIE D, SHEEHY D. Electronic commerce [J]. CA Magazine, 1996 (5): 45-47.

[71] Quality Control Standards No.7: A Firm's Systems of Quality Control [S]. AICPA, 2007.

[72] RATNASINGHAM. Internet-based EDI trust and security [J]. Information Management and Computer Security, 1998 (1): 33-39.

[73] RICH, BARRY. Conservatism and Auditor-Client Negotiations [J]. Jour-

nal of Accounting Research, 1991 (29): 31-54.

[74] ROGER B. Game Theory——Analysis of Conflict [M]. Havard University Press, 1991.

[75] RON. Information Systems Control and Audit [M]. Prentice—Hall Inc., 1999.

[76] STEPHEN A. The Rise of Economic Consequences [J]. Journal of Accountancy, 1978 (12).

[77] SANDMO A. Buchanan on Political Economy [J]. Journal of Economic Literature, 1990, 28 (1): 50-65.

[78] SCHANDL C W. Theory of Auditing: Evaluation, Investigation and Judgement [M]. Sholars Book Co, 1978.

[79] SIMON H A. Rational Decision-Making in Business Organizations [G]. Nobel Memorial Lecture, 1978.

[80] STEIN D M.EDI systems: implications for audit evidence in re-engineering the audit process [J]. Internal Auditing, 1995: 10-23.

[81] STROUS L. Audit of Information System: The Need for Cooperation [J]. Paper presented at the 25th Conference on Current Trends in Theory & Practice of Informatics, Jasna, Slovaikia, 1998.

[82] TOM LEE. Company Auditing [M]. Van Nostrand Reinhold (UK) Co. Ltd, 1986.

[83] TURBEN. Information Technology for Management: Making Conneetions for strategic advantage [M]. 2nd ed. John Wiley & Sons Inc, 2001.

[84] VEBLEN. Thorstein: The Instinct of Workmanship and thd State of the Industrial Arts [M]. New York: augustus M. Kelley, 1914.

[85] VICKY ARNOLD, STEVE. Researching Accounting as an Information Systems Discipline [M]. American Accounting Association Information Systems Section, 2002.

[86] WAND Y, WEBER R. A model of control and audit procedure change in evolving data processing systems [J]. The Accounting Review, 1989 (1): 87-107.

[87] WATTS R L.Positive Accounting Theory [M]. Englewood Cliffs Prentice-Hall, 1986.

[88] WEBER M. Economy and Society: An Outline of Interpretative Sociology [M]. Edited by G. Roth and C. Wittich. Berkeley: University of California Press, 1968.

[89] WILLAIM J. The Information Society [M]. London: Aslib, 1988.
[90] WRIGHT S, WRIGHT A M. Information System Assurance for Enterprise Resource Planning Systems: Unique Risk Considerations [J]. Journal of Information Systems, 2002 (16): 99-113.
[91] WULANDARI S S. Information systems audit adopted as an assurance service in accounting firms [J]. Ingenious, 2003: 2.
[92] WOERDMAN E. The intitutional economics of market-based climate policy [M]. Amsterdam, Boston: Elsever, 2004.
[93] 詹姆斯. 信息系统审计与鉴证 [M]. 李丹, 译. 北京: 中信出版社, 2003.
[94] 维纳.控制论 [M]. 北京: 科学出版社, 2009.
[95] 科斯, 阿尔钦, 诺斯.财产权利与制度变迁——产权学派与新制度学派论文集 [M]. 胡庄君, 陈剑波, 译. 上海: 上海三联书店, 1994.
[96] 舒尔茨, 1968: 制度与人的经济价值的不断提高 [M] //财产权利与制度变迁——产权学派与新制度学派论文集.上海: 上海三联书店, 1994.
[97] 托马斯.计算机审计 [M]. 李大庆, 译. 北京: 中国财政经济出版社, 1990.
[98] 安应民. 略论道德规范与职业道德建设 [J]. 学术论坛, 1994 (2): 33-34.

[99] 蔡春. 审计理论结构研究 [M]. 大连: 东北财经大学出版社, 2001.
[100] 陈耿, 王万军. 信息系统审计 [M]. 北京: 清华大学出版社, 2009.
[101] 陈汉文, 韩洪灵. 注册会计师职业道德准则之变迁——基于公共合约观的描述与分析 [J]. 审计研究, 2005 (3): 10-17.
[102] 陈汉文, 韩洪灵, 李若山. 审计理论 [M]. 北京: 机械工业出版社, 2009.
[103] 陈婉玲, 杨文杰. ISACA信息系统审计准则及其启示 [J]. 审计研究, 2006 (s1): 108-112.
[104] 陈伟, 张金城. 计算机辅助审计原理及应用 [M]. 北京: 清华大学出版社, 2008.
[105] 中国注册会计师协会.独立审计具体准则第20号——计算机信息系统环境下的审计 [J]. 财会通讯, 1999 (10).
[106] 耿余辉, 张程. 审计机关开展联网审计工作之思考 [J]. 审计月刊, 2009 (9): 29-30.
[107] 董化礼, 刘汝焯. 计算机审计案例选 [M]. 北京: 清华大学出版社, 2003.
[108] 道格拉斯 诺斯. 制度、制度变迁与经济绩效 [M]. 刘守英, 译. 上海: 上海三联书店, 1994.
[109] 方键. 数据式审计探析 [J]. 中国管理信息化, 2007 (6): 77-79.
[110] 高尚国. 略论审计目标及其在审计理论结构中的地位 [J]. 事业会计, 2003 (3): 55-57.

[111] 葛世伦．信息系统审计的技术与方法［J］．信息系统工程，1995（2）：25-29.

[112] 哈耶克．法律、立法与自由［M］．邓正来，译．北京：中国大百科全书出版社，2000.

[113] 何芹．持续审计研究［M］．上海：立信会计出版社，2008.

[114] 胡克瑾，等．IT审计［M］．北京：电子工业出版社，2004.

[115] 胡昌平．信息管理科学导论［M］．北京：科学技术文献出版社，1995.

[116] 符福恒．信息管理学［M］．北京：国防工业出版社，1995.

[117] 胡晓明．中国信息系统审计的发展战略研究［J］．学习与探索，2005（5）：204-206.

[118] 胡晓明．信息时代的信息系统审计理论结构构建［J］．中南财经政法大学学报，2006（3）：108-116.

[119] 胡晓明.企业IT控制基本框架构建研究［J］．会计研究，2009（3）：72-78.

[120] 韩洪灵，陈汉文．会计职业道德之性质与实施：契约理论视角的解说［J］．当代财经，2007（2）：111-117.

[121] 黄颂翔．会计电算系统的审计程序［J］．广西会计，1995（11）：37-39.

[122] 柯平，高洁．信息管理概论［M］．北京：科学出版社，2007.

[123] 洪剑峭，娄贺统．会计准则导向和会计监管的一个经济博弈分析［J］．会计研究，2004（1）：28-32.

[124] 李丹．美国信息系统审计发展的历史和现状［J］．中国审计，2008（3）：25-27.

[125] 李丹．信息系统审计——传统审计的一场革命［J］．中国审计，2002（3）：57-58.

[126] 李丹．信息系统审计系列专题研讨（一）信息系统及控制审计的现状与发展［J］．中国审计，2003（1）：67-69.

[127] 李金华．审计师专业知识必备［M］．北京：中国审计出版社，1992.

[128] 李金华．审计理论研究［M］．北京：中国时代经济出版社，2005.

[129] 李若山．审计理论结构探讨［J］．审计研究，1995（3）：15-18.

[130] 李若山．注册会计师：经济警察吗？［M］．北京：中国财政经济出版社，2003.

[131] 李正龙．审计博弈分析［J］．审计研究，2001（3）：26-28.

[132] 李兆华．中国会计师事务所实行定期轮换制的博弈分析［J］．会计研究，2005（3）：63-66.

[133] 刘峰，许菲．风险导向型审计・法律风险・审计质量——兼论“五大”在中国审计市场的行为［J］．会计研究，2002（2）：21-27.

[134] 刘明辉. 高级审计研究［M］. 大连：东北财经大学出版社，2009.
[135] 刘汝焯. 计算机审计——概念、框架与规则［M］. 北京：清华大学出版社，2007.
[136] 刘汝焯. 计算机审计情景案例［M］. 北京：清华大学出版社，2006.
[137] 刘汝焯，石磊. 计算机审计国际动态（一）——信息系统审计与控制协会ISACA简介［J］. 中国审计2000（3）：29-30.
[138] 刘世锦. 经济体制效率分析导论［M］. 上海：上海人民出版社，1994.
[139] 柳新元. 制度安排的实施机制与制度安排的绩效［J］. 经济评论，2002（4）：48-50.
[140] 卢泰宏. 国家信息政策［M］. 北京：科学技术文献出版社，1993.
[141] 罗必良. 新制度经济学［M］. 太原：山西经济出版社，2005.
[142] 马万民. 试论会计信息系统的审计风险［J］. 审计与经济研究，1999（3）：34-37.
[143] 诺斯. 制度、制度变迁与经济绩效［M］. 上海：上海三联书店，1994.
[144] 马良渝，潘婉霞. ISACA信息系统审计准则体系浅析［J］. 中国管理信息化，2007（3）：69-71.
[145] 皮天雷. 中国金融制度变迁分析：基于制度变迁的路径依赖视角［J］. 经济与管理研究，2009（9）：112-117.
[146] 任夏仪. 独立审计质量缺失及其改进的博弈分析［J］. 生产力研究，2006（3）：253-254.
[147] 青木昌彦. 比较制度分析［M］. 周黎安，译. 上海：上海远东出版社，2001.
[148] 钱啸森. 国外信息系统审计案例［M］. 北京：中国时代经济出版社，2007.
[149] 邵青红，李志英.注册会计师执业准则体系与国际审计准则体系比较［J］. 审计月刊，2008（6）：32-33.
[150] 石爱中. 加强审计理论研究——坚持审计实践，注重研究方法［J］. 审计研究，2008（3）：10-16.
[151] 石爱中，孙俭. 初释数据式审计模式［J］. 审计研究，2005（4）：3-6.
[152] 孙强. 信息系统审计：安全、风险管理与控制［M］. 北京：机械工业出版社，2003.
[153] 唐志豪. 信息系统审计理论结构研究［J］. 财会月刊，2007（3）：59-61.
[154] 田芬. 计算机审计［M］，上海：复旦大学出版社. 2007.
[155] 王刚. 联网审计：全新的审计理念与审计模式［N］. 财经时报，2005-03-27（6）.
[156] 王砚书. 审计理论专题研究［M］. 石家庄：河北人民出版社，2006.
[157] 王景东. 财政审计的深化：信息系统审计［J］. 中国审计，2003（5）：77-78.

[158] 王娜．联网审计：IT审计的有效途径——第二届计算机审计国际研讨会综述[J]．中国审计，2004（19）：13-17.

[159] 王如燕．谈会计电算化信息系统审计的几个关键问题[J]．内蒙古财经学院学报，1999（3）：84-89.

[160] 王万宗，等．信息管理概论[M]．北京：书目文献出版社，1996.

[161] 王献锋．计算机信息系统审什么[J]．中州审计，2000（11）：7-8.

[162] 王振武．信息系统审计技术研究[J]．东北财经大学学报，2009（4）：21-24.

[163] 汪家常，许娟．计算机审计准则体系重构[J]．安徽工业大学学报（社会科学版），2003（05）：54-57.

[164] 韦森．经济学与哲学：制度分析的哲学基础[M]．上海：上海人民出版社，2005.

[165] 吴联生．审计理论结构：一种新观点[J]．中国注册会计师，2000（12）：15-16.

[166] 吴鑫．保险信息系统审计与测试迫在眉睫[J]．审计文摘，2009（7）：76.

[167] 吴沁红．信息系统审计的内容分析[J]．财会通讯，2008（10）：62-63.

[168] 萧应达．比较审计学[M]．北京：中国财政经济出版社，1991.

[169] 谢洪恩．干部道德论[M]．成都：四川人民出版社，1988.

[170] 谢少敏．审计学导论——审计理论入门和研究[M]．上海：上海财经大学出版社，2006.

[171] 邢俊芳．审计学辞典[M]．北京：人民出版社，1990.

[172] 徐政旦．审计研究前沿[M]．上海：上海财经大学出版社，2002.

[173] 杨蕴毅．再谈联网审计[J]．审计研究，2006（增刊）：10-11.

[174] 阎金锷，林炳．审计理论研究的新起点——审计理论结构探讨[J]．审计研究，1997（3）：18-19.

[175] 姚海鑫，尹波，李正．关于上市公司会计信息监管的不完全信息博弈分析[J]．会计研究，2003（5）：43-45.

[176] 叶少琴．中国上市公司注册会计师审计质量研究[M]．北京：中国财政经济出版社，2004.

[177] 尤家荣．审计规范论[M]．上海：上海三联书店，2002.

[178] 庄明来．电子商务会计研究[M]．北京：中国财政经济出版社，2003.

[179] 庄明来．论计算机网络环境下的详细审计[J]．审计研究，2003（6）：8-10.

[180] 庄明来，阳杰．美国IT控制的审计规范体系解读与启示[J]．经济管理，2009（11）：125-129.

[181] 庄明来，吴沁红，李俊．信息系统审计内容与方法[M]．北京：中国时代经济出版社，2008.

[182] 张春伟. 基层开展联网审计的困难及对策 [J]. 审计月刊，2009 (7)：14-15.

[183] 张金城，黄作明. 信息系统审计 [M]. 北京：清华大学出版社，2009.

[184] 张兆国，赵颖川，桂志斌. 论审计理论体系的构造 [J]. 审计研究，1999 (5)：6-9.

[185] 赵保卿，朱蝉飞. 注册会计师审计质量控制的博弈分析 [J]. 会计研究，2009 (4)：87-93.

[186] 中国内部审计协会. IIA审议通过的GAIT [EB/OL]. http：//www.ciia.com.cn/pyciia/ Dnews/ manage/news/ news_ show.asp? id=23250. 内审协会网站，2008.

索引

后记

本书是笔者在博士学位论文的基础上修改而成的。因此，本书的完成首先要感谢在厦门大学的求学生涯。荏苒冬春谢，寒暑忽流易。我在厦门大学度过了三年的求学时光。这三年的学习时间是我人生二十二年求学生涯感受最多的阶段。不仅仅是因为能在人生最黄金时光攻读博士学位，更为重要的是攻博的过程给予我的人生历练是我一生享之不尽的精神财富。三年来，我不再有正常的作息时间，不再有任何的娱乐和休闲，也不能享受在光华园中闲庭信步的感觉！当交上这份答卷之时，我欣慰之余，亦感慨万千。至今这种感谢仍在心中徘徊。

在厦门大学三年的求学生涯中，我有幸师从厦门大学会计系庄明来教授。庄老师治学严谨、学识渊博、淡薄名利，不弃雕我朽木，开我于茅塞之中。无论是在生活上，还是在学习上，都给予我无微不至的关怀，从论文的选题、构思、材料的运用、修改到最后的定稿都倾注着庄老师的心血和汗水，感激之情令我无以言表。在论文完稿之际，想象中的兴奋已不再浮现在脑海，只剩下心中的忐忑不安。一方面是担心学识水平有限，未能对信息系统审计规范这一领域进行充分、全面的论述；另一方面则是因为当我拿这篇论文作为对导师三年以来谆谆教导的回报时，我感到诚惶诚恐，怕不足以回报庄老师对我的教诲，只能对恩师致以最深的歉意和谢意。

师者，所以传道授业解惑也。三年的学习生活使我有幸聆听到厦门大学管理学院诸位老师的教诲，老师们的真知灼见使我受益匪浅。渊博的学识、严谨的治学态度不仅让我丰富了专业知识，也让我体会到了“春蚕到死丝方尽，蜡炬成灰泪始干”的无私奉献精神。在此，我衷心感谢厦门大学管理学院的葛家澍教授、吴水澎教授、曲晓辉教授、陈少华教授、黄世忠教授、刘震宇教授、傅元略教授、李建发教授、陈汉文教授、杜兴强教授、薛祖云教授、叶少琴教授、林宝玉副教授等。

在厦门大学的三年学习时光里，我有幸结识了同门师兄弟汤岩、阳杰、汤四新、汪元华、周元元，同门师姐陶丽娟、牛艳芳，以及陪我一起度过三年难忘时光的会计系同窗学友蔡明剑、陈建凯、陈玮、窦家春、郭剑花、江笑云、雷宇、刘强安、刘霞、牟韶红、南星恒、舒文定、斯思、王华兵、王健姝、肖迪、姚凌云、曾爱民，与你们课堂内外的交流开阔了我的视野，丰富了论文的写作思路。同窗情，三载友爱，八世修行，与你们的结识将成为我人生路上的宝贵财富。

最后，感谢我的父母、爷爷及家人。父兮生我，母兮鞠我，抚我，畜我，长我，育我，顾我，复我。从牙牙学语到而立之年完成博士学习都浸透着父母的养育之情，感谢父母多年来在生活上对我的关爱，在学习上对我一如既往的精神支持，是你们的关心与支持让我能无忧无虑地攻读博士学位。感谢爷爷对我十八年来的教育，已近耄耋之年的您带着对我的失望与期望离开了尘世，您的失望与期望也成为我攻读博士学位的无声鞭策，希望这篇博士论文能够弥补您的失望与遗憾。感谢家人朱燕玲以及伯父、伯母、师兄李汉文、师嫂胡杰在三年求学生涯中对我生活上和精神上的支持与帮助，论文的顺利完成离不开你们的敦促与鼓励。

汪国真在《感谢》中写到：当我走向你的时候，我原想收获一缕春风，你却给了我整个春天；当我走向你的时候，我原想捧起一簇浪花，你却给了我整个海洋。在厦门大学三年的求学生涯中，厦门大学的老师、同学以及我的家人、朋友给予我的支持与关怀太多太多。无论走到哪里，我都将带着一颗感恩的心铭记波光粼粼的芙蓉湖、海浪声声的白城沙滩、静谧安静的厦大水库、美丽的厦大夜景、浓浓的师生情谊、深厚的同学感情……

刘　杰

2016年5月于贵阳